Cristina Lenz/Andreas Mueller

Businessmediation – Einigung ohne Gericht

Cristina Lenz/Andreas Mueller

Businessmediation – Einigung ohne Gericht

verlag moderne industrie

Die Deutsche Bibliothek – CIP-Einheitsaufnahme

Lenz, Cristina
Businessmediation : Einigung ohne Gericht / Cristina Lenz/Andreas Mueller.
– Landsberg/Lech : mi, Verl. Moderne Industrie, 1999
ISBN 3-478-38140-1

Internet: http://www.mi-verlag.de

Umschlaggestaltung: Daniela Lang, Stoffen
Satz: mi, Ortrud Müller
Druck: Himmer, Augsburg
Bindearbeiten: Thomas, Augsburg
Printed in Germany 380 140/119903
ISBN 3-478-38140-1

1 Vorwort 13

2 Konfliktsystematik 17

2.1 Konflikt und Konfliktbehandlung 19
2.1.1 Definition von Konflikt 20
2.1.2 Konfliktanalyse 21
2.1.3 Warum haben Menschen Konflikte? 27
2.1.4 Wie werden Konflikte bei Gericht gelöst? 29
2.1.5 Wie löst die Wirtschaftsmediation Konflikte? 30

2.2 Die Verständnistriade 30
2.2.1 Merksatz nach Konrad Lorenz 30
2.2.2 Erläuterung und Übertragung auf die Mediation 31

2.3 Konflikte – Möglichkeiten und Konsequenzen 33
2.3.1 Typen von Konflikten im Wirtschaftsunternehmen 33
2.3.2 Parallelisierung von Bedürfnisbefriedigung und Konfliktlösung..37
2.3.3 Umfang der Konfliktlösungsmöglichkeiten 42
2.3.4 Eskalationsstufen in Konflikten 44

2.4 Zusammenfassung 50

3 Mediation im Kontext anderer Verhandlungsformen ... 53

3.1 Systematische Einordnung der Mediation in die Reihe der Konfliktlösungsstrategien 56
3.1.1 Verhandlungen 56
3.1.2 Gerichtsverfahren 64
3.1.3 Anwaltsverhandlung 64
3.1.4 Juristische Methoden 65

3.2 Typischer Ablauf eines Konflikts und mögliche Lösungswege 68

3.3 Streitkultur im Wirtschaftsunternehmen 70
3.3.1 Auswirkungen des Wettbewerbs im Unternehmen 71

3.4 Definition der Wirtschaftsmediation 72
3.4.1 Verschiedene Definitionen von Mediation 72
3.4.2 Charakteristische Eigenheiten der Mediation 73
3.4.3 Welche Vorteile ergeben sich aus der Mediation? 74
3.4.4 Für wen eignet sich Mediation? 75

3.5 Zusammenfassung 77

4 Vorteile und Risikominimierung 81

4.1 Vorteile für das Unternehmen 84
4.1.1 Kontrolle über den Ausgang der Verhandlungen 84
4.1.2 Erzielung eines wirtschaftlich sinnvollen Ergebnisses 86
4.1.3 Frei wählbarer Beginn der Mediation 87
4.1.4 Flexibilität und freie Zeiteinteilung 88
4.1.5 Wiederherstellung und Verbesserung der Geschäftsbeziehung 89
4.1.6 Erreichung einer Gewinner-Gewinner-Lösung 91
4.1.7 Vertrauliches Verfahren 92
4.1.8 Unbürokratisches Verfahren 92
4.1.9 Zeitersparnis 93
4.1.10 Kosteneinsparung 95
4.1.11 Vermeidung von Reibungsverlusten 97
4.1.12 Steigerung der Produktivität 99
4.1.13 Positive Darstellung des Unternehmens 99

4.2 Vermeidbare Risiken 100
4.2.1 Ausforschung des Unternehmens 100
4.2.2 Eskalation der Verhandlung 102
4.2.3 Mißbrauch des Mediators als Zeuge 102
4.2.4 Begünstigung des Verjährungseintritts 103

4.3 Zusammenfassung 104
4.3.1 Vermeidbare Risiken 104
4.3.2 Vorteile für das Unternehmen 104

5 Wie kommt es zu einer Mediation? 107

5.1 Eignungsprüfung 108

5.2 Übersicht über aktive und passive Auftakte 110

5.3 Eigeninitiative 112
5.3.1 Den Konflikt (an)erkennen 113
5.3.2 Analyse 114
5.3.3 Deeskalation 115
5.3.4 Beendigung 116
5.3.5 Nachbehandlung von Konflikten 116

5.4 Empfehlung des Syndikus oder Beratungsanwalts 117
5.4.1 Argumentationshilfen für Syndizi und Beratungsanwälte 117
5.4.2 Einleitung einer Mediation durch den Syndikus oder Beratungsanwalt 119

5.5 Vorschlag des Gerichts 120

5.6 Mediationsklausel 120

5.7 Vorbereitungen für eine Mediation 121

5.8 Zusammenfassung 123

6 Wissenswertes in bezug auf den Mediator 125

6.1 Möglichkeiten, den richtigen Mediator zu finden 126
6.1.1 Anwälte 127
6.1.2 Organisationen in Deutschland 127

6.2 Nach welchen Kriterien sollte man den Mediator auswählen? 128
6.2.1 Quantifizierbare Eigenschaften eines Mediators 129
6.2.2 Nicht quantifizierbare Eigenschaften eines Mediators 130
6.2.3 Liste sinnvoller Kriterien 131
6.2.4 WIPO-Datenbank 133

6.3 Funktionen eines Mediators 133
6.3.1 Aufgaben des Mediators 133
6.3.2 Pflichten des Mediators 135
6.3.3 Vertraulichkeit 137
6.3.4 Beendigung des Mediationsverfahrens 137
6.3.5 Vermeidung von Zwangssituationen 138

6.4 Unterschiede zwischen Mediator und Parteianwalt 139
6.4.1 Charakterisierung des Mediators 139
6.4.2 Charakterisierung des Parteianwalts 140
6.4.3 Der Mediator im direkten Vergleich zum Parteianwalt 141

6.5 Honorar des Mediators 142
6.5.1 Abrechnung nach Zeithonorar 142
6.5.2 Abrechnung nach Pauschalhonorar 142
6.5.3 Abrechnung nach BRAGO 143
6.5.4 Gebührentabellen 143

6.6 Zusammenfassung 151

7 Angewandte Wirtschaftsmediation 153

7.1 Vorzüge der Mediation für das Unternehmen 155

7.2 Beispielfälle 158
7.2.1 Konflikte in Familienunternehmen 158
7.2.2 Konflikte im Franchise-System 161
7.2.3 Streit zwischen Unternehmen 166
7.2.4 Erbstreit im Unternehmen 169
7.2.5 Unternehmenspartnerschaften 172
7.2.6 Symbiotische Kooperationen 174
7.2.7 Unternehmensinterne Spannungen 177
7.2.8 Baurechtliche Konflikte 180

7.3 Zusammenfassung 184

8 Phasen und Techniken 187

8.1 Generalisierter Ablauf einer Mediation 188
8.1.1 Von Positionen über Interessen zu Optionen 189
8.1.2 Prinzipien der Mediation 192

8.2 Die zwei Stadien der Mediation 194

8.3 Klärung der Voraussetzungen vor Durchführung der Mediation 195
8.3.1 Aufgaben des Anwalts 195
8.3.2 Aufgaben der Konfliktparteien 196
8.3.3 Der Mediationsvertrag 197

8.4 Die fünf Phasen einer Mediation 199
8.4.1 Erste Phase: Einleitung 199
8.4.2 Zweite Phase: Darstellung der Standpunkte 202
8.4.3 Dritte Phase: Ermittlung der Hintergründe und Interessen 203
8.4.4 Vierte Phase: Erarbeitung von Optionen und Lösungen 204
8.4.5 Fünfte Phase: Verhandlung und Vereinbarung 205

8.5 Techniken der Mediation 205
8.5.1 Spiegeln/Pacing 208
8.5.2 Paraphrasieren/Reframing 211
8.5.3 Fragestellungen, NLP und Körpersprache 212
8.5.4 Aktives Zuhören 221
8.5.5 Einsatz technischer Medien 223

8.6 Zusammenfassung 225

9 Beispiele für Verträge und Klauseln 227

9.1 Grundsatzaufbau eines Vertrags 228

9.2 Mediationsklauseln in Verträgen 229
9.2.1 Klauselbeispiele 230
9.2.2 Scheiternsklauseln 235
9.2.3 Formulierungsbeispiel 237

9.3 Inhalt eines Mediationsvertrags mit Verfahrensordnung 238
9.3.1 Präambel 238
9.3.2 Vertragsparteien 239
9.3.3 Teilnehmer 240
9.3.4 Mediationsgegenstand 240
9.3.5 Verfahrensordnung 240

9.4 Inhalt eines Mediationsvertrags ohne Verfahrensordnung 242
9.4.1 Beginn und zeitlicher Ablauf des Verfahrens 242
9.4.2 Vertraulichkeitserklärung 242
9.4.3 Verzicht auf die gerichtliche Geltendmachung 243
9.4.4 Beweisverwertungsabrede 243
9.4.5 Verjährungsregelung 243
9.4.6 Rechtsstellung des Mediators 244
9.4.7 Kostenvereinbarung 245

9.5 Formulierungsbeispiele 245

9.6 Mediationsvereinbarung 251
9.6.1 Streitparteien 252
9.6.2 Mediationsgegenstand 252
9.6.3 Mediationsergebnis 252

9.7 Weitere rechtliche Aspekte 252
9.7.1 Vollstreckungsklausel 253
9.7.2 Verjährung 254

9.8 Zusammenfassung 258

10 Präventives Konfliktmanagement 261

10.1 Kommunikative Grundeinstellung im gesamten Unternehmen 262
10.1.1 Wissenswertes über die Konfliktparteien 263
10.1.2 Förderung der Kommunikation 264

10.1.3 Verhandlungen nach dem Harvard-Konzept 266
10.1.4 Frühzeitige Erkennung von Konfliktpotentialen 270

10.2 Konfliktvermeidungsstrategien 278
10.2.1 Konfliktanalyse 279
10.2.2 Parteiliche Kontrolle 280
10.2.3 Konfliktnachbereitung und zukünftige Konfliktvermeidung 281

10.3 Einbau von Mediationsklauseln in Verträge 282

10.4 Einsparungen für das Unternehmen 283

10.5 Zusammenfassung 284

11 Übersicht verschiedener Mediationsorganisationen ..285

11.1 Allgemeine Aspekte internationaler Mediation 287

11.2 Deutschsprachiger Raum 288
11.2.1 gwmk, München 288
11.2.2 BMWA, Bad Doberan 289
11.2.3 AVM, Wien 289
11.2.4 forum wirtschaftsmediation, Wien 290
11.2.5 WIPO, Genf 290
11.2.6 fM, Bern 291

11.3 Zusammenfassung 291

12 Mediations-Checkliste 293

12.1 Vorbereitung auf eine Mediation mit der Mediations-Checkliste 294
12.1.1 Was für ein Konflikt liegt vor? 294
12.1.2 Welche Alternativen zu einer Einigung gibt es? 295
12.1.3 Unterrichtung des Klienten und Vorbereitung als Team 295
12.1.4 Bewertung der gegnerischen Unterlagen 296
12.1.5 Überprüfung der Vorbereitung anhand der Checkliste 297

12.2 Checkliste für Mediation ... 297
12.2.1 Auswahl des Mediators ... 297
12.2.2 Vertrauliche Vorab-Mediationspapiere für den Mediator ... 298
12.2.3 Vorab-Mediation im Klienten-Einzelgespräch ... 298
12.2.4 Gerichtliche Anordnung der Mediation ... 298
12.2.5 Rolle des Anwalts ... 298
12.2.6 Eröffnungsstatement des Anwalts ... 299
12.2.7 Erstes Klienten-Einzelgespräch ... 299
12.2.8 Anleitung zur Checkliste für Mediation ... 299

12.3 Besondere Anwendungsfelder für Mediation ... 308
12.3.1 Personenschäden ... 309
12.3.2 Wirtschaftsprozesse ... 310
12.3.3 Vergleiche ... 311
12.3.4 Konkurse ... 311

12.4 Fallstricke und Hindernisse der Mediation ... 312
12.4.1 Mediationsprobleme ... 312
12.4.2 Schlichtung ... 314
12.4.3 Kontrapunkt ... 314

12.5 Zusammenfassung ... 315

13 Fazit und Ausblick ... 317

14 Anhang ... 323

14.1 Literaturverzeichnis ... 324

14.2 Glossar ... 329

14.3 Abkürzungsverzeichnis ... 331

14.4 Wichtige Adressen ... 333

14.5 Stichwortverzeichnis ... 336

1 Vorwort

Rem tene, verba sequentur.
Cato

Halte die Sache fest,
die Worte werden sich einstellen.

Businessmediation – eine Verhandlungsform, die zunehmend auch in Europa bei der Lösung von Konflikten an Bedeutung gewinnt – ist eine effiziente und strukturierte Form, Streitfälle zu bewältigen. Die Verhandlungen verlaufen kooperativ und zukunftsorientiert und münden in eine konsensuale Lösung, bei der alle Betroffenen als Gewinner vom Verhandlungstisch aufstehen.

Businessmediation meint eine durch einen neutralen Dritten unterstützte Verhandlung. Manager* stehen häufig in Verhandlungen und sind in diesem Bereich sehr versiert. Daher fällt es Unternehmen leicht, die Mediation anzuwenden – sie haben jedoch meist noch wenig Kenntnis über diese Methode. Anhand eines Überblicks über die inhärenten Vorteile wird dargestellt, wie sinnvoll und zukunftsweisend die Mediation ist. Die sich anschließende Frage, wie die Mediation am besten eingeleitet wird, wird mit den Möglichkeiten der Eigeninitiative und der Verwendung passender Vertragsklauseln beantwortet.

Nachdem die Auswahl eines geeigneten Mediators keine simple Aufgabe ist, müssen die Konfliktparteien die genauen Anforderungen und Aufgaben eines Mediators kennen. Anhand von Beispielfällen werden die Kriterien besprochen, die ein Mediator erfüllen muß, um mittels der beschriebenen Techniken eine Konfliktlösungsverhandlung durch die fünf Phasen des Mediationsverfahrens zu leiten.

---

* Im Sinne einer besseren Lesbarkeit wird in diesem Buch darauf verzichtet, die sonst übliche Unterscheidung zwischen männlichen und weiblichen Berufsbezeichnungen zu verwenden.

Unternehmen, die sich für eine Businessmediation entscheiden, können anhand von Formulierungsbeispielen für Verträge und Klauseln ihre eigene mediatorische Grundhaltung festigen und ein präventives Konfliktmanagement aufbauen. Im Zuge einer zunehmenden Globalisierung der Wirtschaft und der damit einhergehenden Internationalisierung der Beziehungen ist ein Blick zu nachbarlichen Mediationsorganisationen hilfreich.

Neben der üblichen Leseweise kann der Leser Schwerpunkte auf bestimmte Bereiche legen und das Buch wie ein Nachschlagewerk nutzen. Zu diesem Zweck ist jedes Kapitel in sich abgeschlossen und mit einer Zusammenfassung und einem Merksatz versehen.

Dieses Buch stellt alle wichtigen Bereiche der Businessmediation dar und dient als Anleitung, wie die Wirtschaftsmediation effizient und wirkungsvoll im eigenen Unternehmen eingesetzt werden kann. Parallel dazu können Verhandlungstechniken optimiert werden.

Unternehmen werden

- ❑ verstehen, daß ein Konflikt auch positive Aspekte hat;
- ❑ verstehen, wie sie die Vorteile der Mediation nutzen können;
- ❑ verstehen, wie eventuelle Risiken minimiert werden;
- ❑ Prinzipien und Techniken der Mediation verstehen;
- ❑ präventives Konfliktmanagement anwenden;
- ❑ internationale Aspekte kennenlernen;
- ❑ Verhandlungstechniken intensivieren;
- ❑ entscheiden können, wann ein Fall für die Mediation geeignet ist;
- ❑ wissen, wo und wie sie den richtigen Mediator finden können.

Die erarbeiteten Erkenntnisse liegen komprimiert in einer abschließenden Mediations-Checkliste vor, auf die bei Eintreten eines Konflikts zurückgegriffen werden kann.

Merksatz

Nur ein aktiver Umgang mit einem Konflikt führt auch zu dessen Lösung.

Die Autoren wünschen dabei viel Erfolg.

Landsberg, November 1999

Cristina Lenz *Andreas Mueller*

2 Konflikt-systematik

Concordia parvae res crescunt,
discordia maximae delabuntur.
Sallust, Jogurtha, 10

Durch Eintracht wächst das Kleine,
durch Zwietracht zerfällt das Größte

Jedes Unternehmen wird durch ein Management geführt. Management bedeutet auch Konfliktmanagement.

Konfliktmanagement umfaßt die Identifikation und Analyse sowie das Handling und die weitere Prävention von Problemstellungen. Bevor eine Identifikation stattfinden kann, muß feststehen, wie Konflikt zu definieren ist und in welchem Umfeld er auftritt. Im nächsten Schritt sind die möglichen Ursachen zu eruieren, um zu einer Lösung für die Zukunft gelangen und anschließende Präventionsstrukturen entwickeln zu können.

Dabei ist es notwendig, die bisherigen Methoden der Konfliktbehandlung sowie deren Vor- und Nachteile zu kennen. Die hierbei gewonnenen Erkenntnisse können im weiteren Verlauf auf die Mediation übertragen werden. Mediation ist ein Verfahren zur Bewältigung von Konflikten und damit ein wichtiger Teil des Konfliktmanagements.

Konflikte in Unternehmen unterscheiden sich von Konflikten im privaten Bereich bzw. solchen auf nationaler oder internationaler politischer Ebene. Sie lassen sich typologisieren und einteilen. Daraus ergeben sich verschiedene Möglichkeiten, Konflikte zu lösen. Dabei soll der Blick auf die neun möglichen Eskalationsstufen gerichtet werden, um die richtige Art der Intervention zu wählen.

2.1 Konflikt und Konfliktbehandlung

Konflikt bedeutet biologisch gesehen Streß. Streß hat einen enorm hohen und schnellen Adrenalinausstoß zur Folge. Der Mensch ist ein Säugetier und hat daher ebenso wie das Tier zwei Möglichkeiten, auf den Adrenalinausstoß zu reagieren: Kampf oder Flucht.

Bei Tieren ist je nach Rasse festgelegt, wie sie sich verhalten. Die Antilope wird vor dem Löwen flüchten, der Tiger wird die Gazelle angreifen. Innerhalb einer Rasse bzw. Gruppe bestimmt die hierarchische Position die Reaktion. Das rangniedrigere Tier wird vor dem ranghöheren flüchten, also nachgeben und sich unterwerfen. Das ranghöhere Tier wird durch den Kampf seine Position verteidigen und ausbauen. Wenn ein Jungtier seinen Platz in der Gruppe erst noch finden muß, muß es dafür kämpfen.

Ähnlich verhält es sich bei den Menschen. Die Hierarchie bestimmt die Reaktion auf denjenigen, mit dem der Konflikt besteht.

Die Geschichte des Konflikts ist so alt wie die Geschichte der Menschheit. Nicht erst seit biblischen Zeiten werden Meinungsverschiedenheiten offen ausgetragen, meist jedoch mit wenig konstruktivem, sondern eher destruktivem Ausgang. Über die Jahrtausende hat es der Mensch verstanden, seine Konflikte vornehmlich in kämpferischer Weise zu lösen. Dabei hat er eine unüberschaubare Menge an technischen Hilfsmitteln geschaffen mit dem Ziel, Konflikte mit noch mehr Zerstörung zu „lösen“. Einer friedlichen Regelung von Konflikten kam eine eher untergeordnete Bedeutung zu, da mit ihr die Erfüllung von Macht- und Gebietsansprüchen schwieriger durchzusetzen war.

Alle, die nicht kämpfen konnten oder wollten, z.B. Frauen, Kinder oder Arme, mußten eine andere Strategie zur Bewältigung von Konflikten entwickeln. Sie erreichten ihre Ziele durch Intrigen, Diplomatie und Verhandlungsgeschick, allesamt Strategien, die nur schlecht propagandistisch verwertbar waren.

Aus diesem Grund hat es sich in unseren Kulturkreisen etabliert, den siegreichen Helden mehr zu feiern als den erfolgreichen Verhandler. Dabei ist der Konflikt ein natürliches und sehr typisches

Phänomen. Ohne Konflikte gibt es keine Auseinandersetzungen und ohne Auseinandersetzungen keine Weiterentwicklung.

Konflikte sind in jeder Form und auf jeder Ebene menschlicher Beziehungen vertreten: Die Bandbreite reicht von intrapersonalen (innermenschlichen) bis hin zu interpersonalen (zwischenmenschlichen) Konflikten.

Auf jeder Ebene haben Konflikte signifikante gemeinsame Charakteristika und Dynamiken, und daher ist es sinnvoll, sie gemeinsam und vergleichend zu untersuchen.

2.1.1 Definition von Konflikt

Neben der klassischen Definition eines Konflikts:

> *Eine (offene) Auseinandersetzung zwischen zwei oder mehr Beteiligten*

trifft nachfolgende Definition den Ansatzpunkt der Mediation besser:

> *Ein Konflikt liegt vor, wenn die Interessen des einen von denen des anderen abweichen. Inwieweit es dann in einer Auseinandersetzung zur Eskalation kommt, liegt an den weiterführenden Interessen und Möglichkeiten der Beteiligten.*

Aufbauend auf dieser Definition können Konflikte frühzeitig erkannt und präventiv bearbeitet werden. Sind die Mechanismen der Konfliktentstehung bekannt, können wirkungsvolle Gegenmaßnahmen eingesetzt werden.

Der Konfliktvermeidung kommt eine zentrale Bedeutung zu, vor allem bei der Analyse, welche Ressourcen eingespart werden können, die durch die Austragung des Konflikts verschwendet würden.

Zur Vermeidung von Konflikten ist es auch erforderlich zu wissen, wie ein Konflikt entstehen kann. Eine Analyse bereits bekannter Konflikte kann helfen, eigene Konflikte anhand von wiederkehrenden Mustern frühzeitig zu erkennen bzw. zu vermeiden.

2.1.2 Konfliktanalyse

Der erste Schritt besteht darin, den eigenen Konflikt zu analysieren. Die nachfolgenden Diagramme zeigen vier Möglichkeiten auf, einen Konflikt systematisch zu erfassen. Die simplifizierte lineare Darstellung soll dabei nur proportionale Relationen aufzeigen, die in Wirklichkeit meist nonlinear verlaufen.

Es kommt zunächst darauf an, den Konflikt ganzheitlich zu erfassen und zu begreifen. Je nach Ausprägungsgrad der konfliktbegleitenden Symptome kann auf den Grad der Intensität des Konflikts rückgeschlossen werden. Die Zusammenfassung einzelner Äußerungen von Gewalt kann dabei unterstützend wirken und vereinfacht Vergleiche mit anderen ähnlich gelagerten Konflikten.

Am augenfälligsten sind Konflikte, bei denen Gewalt angewendet wird. Deren Organisationsgrad und Ausprägungsgrad sind einfach verifizierbar. In solchen Fällen läßt sich der Verlauf des Konflikts relativ leicht nachprüfen. Schwieriger ist das Erkennen und Messen der psychischen Belastung mittels geeigneter vergleichender Methoden. Diese kann in physische Schäden umschlagen, wie beispielsweise ein Magengeschwür.

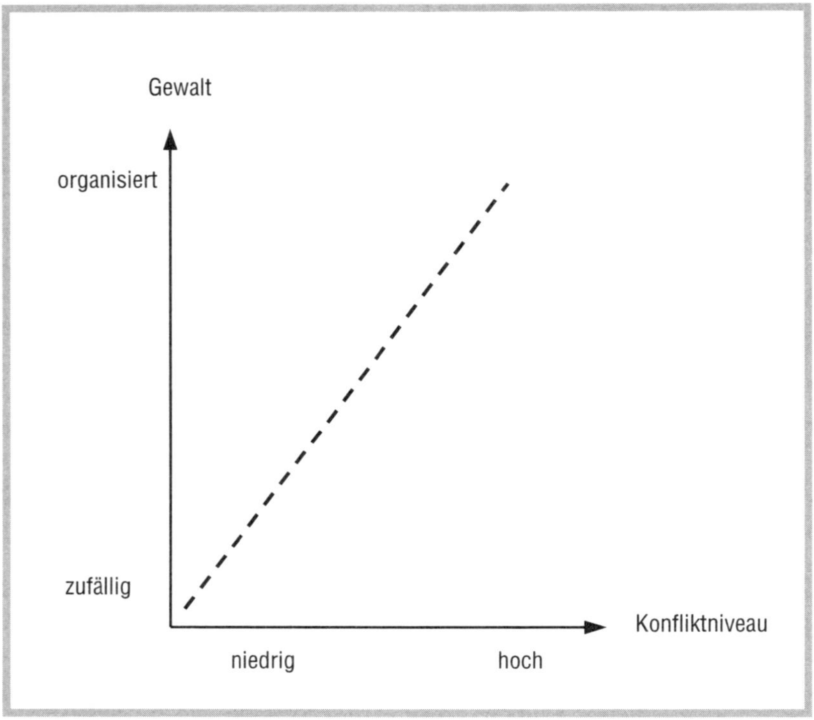

Abb. 1: Relation zwischen Konfliktniveau und dem Organisationsgrad der Gewalt

Proportional mit dem Niveau des Konflikts steigt der Organisationsgrad der gezeigten Gewalt. Bei einem niedrigen Niveau ist das Auftreten von Gewalt von Zufällen geprägt; mit zunehmendem Konflikt wird diese immer organisierter und kann damit enden, daß Gewalt gezielt eingesetzt wird.

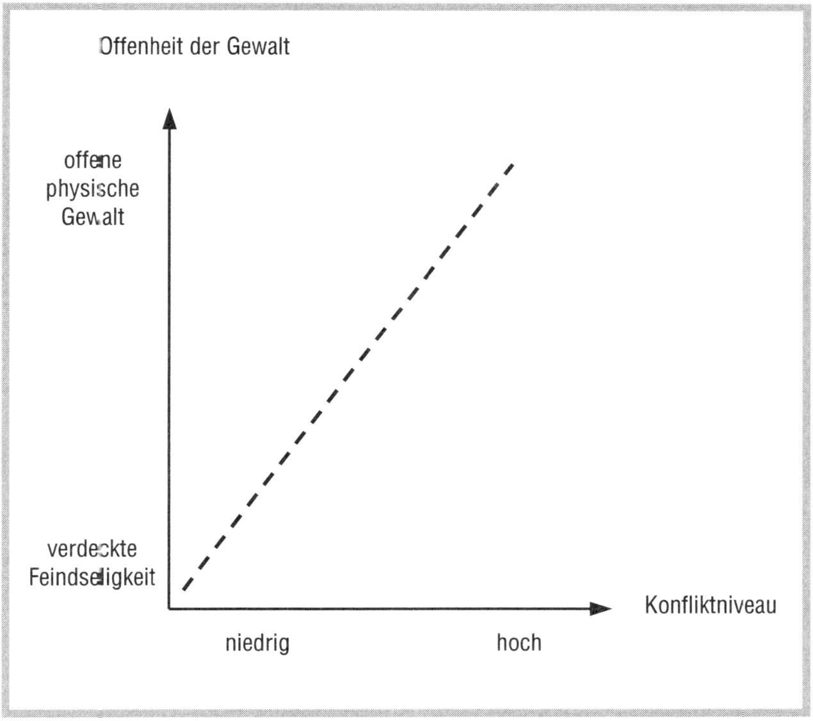

Abb. 2: Relation zwischen dem Konfliktniveau und der Offenheit der Gewalt

Bei einem Konflikt auf niedrigem Niveau äußert sich Gewalt nur in Ansätzen. Zunehmende Intensivierung führt zu offeneren Gewaltäußerungen, die über direkte Bedrohung bis zur physischen Vernichtung reichen können. Gerade der untere bis mittlere Bereich ist für die Konfliktentwicklung der bedeutendste. Zur Intervention müssen bereits in diesem Stadium die vorhandenen Anzeichen erfaßt, richtig gedeutet und effizient bearbeitet werden.

Ob es sich um einen Konflikt zwischen Kollegen verschiedener Abteilungen oder Mitarbeitern verschiedener Firmen handelt, spielt dabei keine Rolle. Je frühzeitiger das Problem erkannt wird, um so leichter ist seine Lösung.

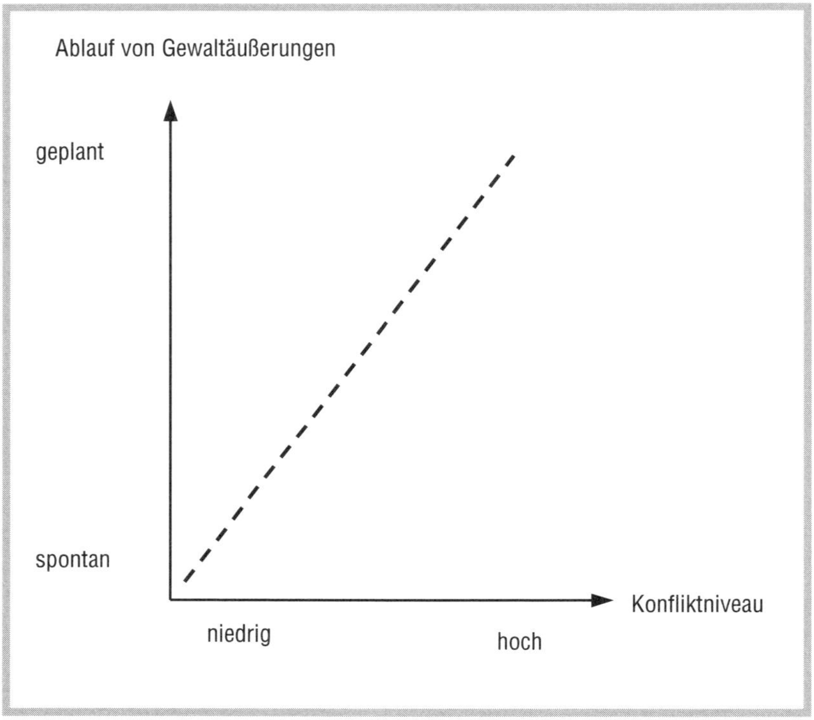

Abb. 3: Relation zwischen dem Konfliktniveau und dem Ablauf von Gewaltäußerungen

Ein niedriges Konfliktniveau bedingt nicht nur geringe und/oder verdeckte Gewaltäußerungen, sondern auch einen spontanen, zeitlich unkontrollierten Einsatz der Gewalt. Steigt das Konfliktniveau, nimmt der Planungsaufwand zu, bis beispielsweise Feldzüge gegen eine Nation ausgearbeitet werden.

Übertragen auf den Konflikt im Wirtschaftsleben bedeutet dies, daß Kapazitäten gebunden werden, die für die Firma von eminenter Wichtigkeit sind. Wenn Mitarbeiter zweier Abteilungen fortwährend damit beschäftigt sind, sich gegenseitig Fehler, Unfähigkeit, schlechte oder nicht fristgerechte Arbeit nachzuweisen, geht wertvolle Produktionskraft verloren. Darüber hinaus wird das Arbeitsklima dergestalt geschädigt, daß auch vom Konflikt nicht betroffene Mitarbeiter mittelbar negativ beeinflußt werden.

Dieses Phänomen verbreitet sich dann so wie die Kreise, die ein ins Wasser geworfener Stein hervorruft. Das Phänomen tritt innerhalb von Firmen ebenso auf wie zwischen Firmen.

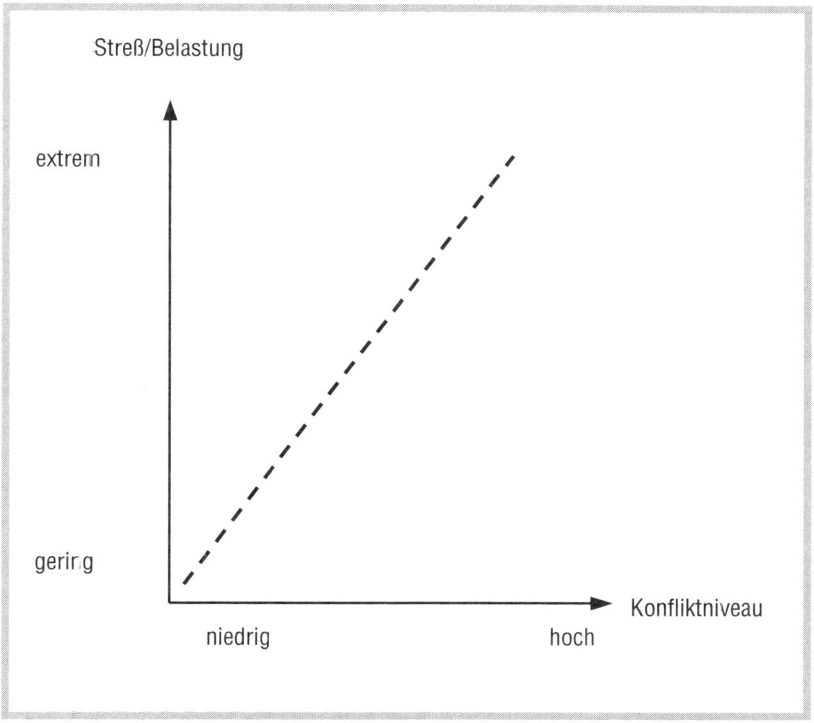

Abb. 4: Relation zwischen dem Konfliktniveau und der Belastung für die Einzelperson oder die Gruppe

Bei noch niedrigem Konfliktniveau ist die Belastung für den einzelnen am geringsten. Bei einem eskalierenden Konflikt steigert sich das Streßmoment derart, daß es psychische Einwirkungen und Schäden zur Folge haben kann.

Diese Auswirkungen, die sich im Arbeitsleben durch „krankheitsbedingte“ Fehlzeiten bemerkbar machen, schmälern die Produktivität des Unternehmens. Gleichzeitig zieht dieses Phänomen Kreise: Nicht betroffene Mitarbeiter sind verärgert und reagieren nach kürzester Zeit mit einem ähnlichen Verhalten. Als Folge sinken Motivation und Arbeitsmoral, die Fehlerquote steigt, und innere und offene Kündigungen scheinen probate Mittel.

Fazit zur Konfliktanalyse

Die vier Diagramme können in abstrahierter Form auf jede Art des Konflikts angewandt werden. Es muß nicht unbedingt von einem physischen Kampf ausgegangen werden, wie man beim sogenannten Psychoterror innerhalb einer Gruppe deutlich sehen kann.

Durch Analyse eines Konflikts unter Zuhilfenahme der vier Diagramme kann dieser gemessen und eingeordnet werden. Für den undurchsichtigsten Faktor Streß/Belastung gibt es besondere Meßmethoden und Ansätze, um dessen Vorhandensein bzw. Ausprägungen zu quantifizieren. Die anderen Begriffe können erfaßt werden, indem einfache Ja/Nein-Abfragen Aussagen über Gewalttaten und Gewalttäter liefern.

Verallgemeinernd kann festgestellt werden, daß ein Konflikt um so leichter zu analysieren ist, je offener die Gewaltäußerungen zutage treten. Ein Konflikt innerhalb einer Zweierbeziehung ist schwerer zu erfassen als Kampfhandlungen zwischen Nationen.

Ist ein Konflikt hinreichend analysiert, kann an der Eindämmung des Konflikts und anschließend an der Beendigung des Streits gearbeitet werden. Eine Bewältigung des Konflikts ohne das Wissen über das Wesen dieses Konflikts einschließlich seiner Hintergründe ist beschwerlich und nicht selten zum Scheitern verurteilt. Ebenso ist sonst die produktionserhaltende und -steigernde Konfliktprävention nicht möglich.

Konflikte von geringem Umfang und Ausprägungsgrad sind erforderlich, um über die Auseinandersetzung eine Klärung in bezug auf den Grund und den Inhalt des Konflikts zu ermöglichen. Sie gelten als positiv, können nicht vermieden werden und sollen es auch nicht.

Es ist etwas ganz anderes, wenn Konflikte eskalieren und der positive Effekt einem destruktiven Platz macht. Um diesen Umkehrpunkt zu erkennen, muß Ursachenforschung betrieben werden, die recherchiert, warum Konflikte überhaupt entstehen.

2.1.3 Warum haben Menschen Konflikte?

Der Hauptgrund für zwischenmenschliche Konflikte besteht in der Störung der Kommunikation. Entweder fehlt die benötigte Information ganz oder teilweise, oder sie wird nicht zur richtigen Zeit an den richtigen Adressaten geliefert. Weiterhin ist problematisch, wenn die Information mißverständlich oder falsch wiedergegeben wird oder von der anderen Seite mißverstanden bzw. fehlinterpretiert wird. Ebenso sind Zeitpunkt, Timing und die Art und Weise des Informationsaustauschs von großer Bedeutung, Fehler auf dieser Ebene können Konflikte einleiten.

Insbesondere spielt der Ausgangspunkt der Betrachtung eine gewichtige Rolle. An dem folgenden Beispiel soll graphisch verdeutlicht werden, wie ein gleicher Sachverhalt aufgrund unterschiedlicher Standpunkte verschieden bewertet wird.

Abb. 5: Unterschiedliche Blickwinkel führen zu verschiedenen Auffassungen

Ein Konflikt ist im Gegensatz zur herrschenden Meinung nichts Negatives, sondern etwas Positives – eine Chance. Wie im Chinesischen das Schriftzeichen für „Konflikt" aus zwei Teilen besteht, die „Risiko" und „Chance" bedeuten, sollte ein Konflikt stets auch als Chance aufgefaßt werden.

Abb. 6: Die chinesischen Schriftzeichen für Konflikt bedeuten „Risiko und Chance"

Wie bei allen Dingen gibt es bei Konflikten Gegensätze: Konflikte haben sowohl positive als auch negative Seiten. Unsere westlich geprägte Kultur stuft den Konflikt als etwas einseitig Negatives ein, als etwas Gegenteiliges zu den geordneten Verhältnissen einer Konfliktlosigkeit. Dabei sind Gegenteile nur passende Teile eines Ganzen.

Ähnliches ist vom Streß bekannt, der landläufig als rein negativ empfunden wird. Er hat jedoch zwei Seiten. Die eine ist der Eustreß, der positive Streß, der den Menschen motiviert und zu größeren Leistungen anspornt. Die andere verkörpert der Disstreß, der negative Streß, der dem Menschen schadet und ihn in seinen Leistungen einschränkt. Im weiteren Verlauf kann er zu gesundheitlichen Schäden führen.

Genau wie Streß beinhaltet ein Konflikt zwei Kräfte: Risiko und Chancen bzw. Energiepotential. Letztere können bei Kenntnis über ihre Wirkungen in Erfolge umgewandelt werden.

Aus Wünschen und Bedürfnissen resultierende Konflikte lassen sich in passive und aktive Konflikte unterteilen:

Passiver Konflikt	**Aktiver Konflikt**
Flucht	kämpfen
Umleitung	streitend verhandeln
Delegation	vermittelnd verhandeln

2.1.4 Wie werden Konflikte bei Gericht gelöst?

Ähnlich dem Kampf auf einem Schlachtfeld, bei dem es Gewinner und Verlierer gibt, verhält sich das Urteil in einem Gerichtssaal: Es gibt Gewinner und Verlierer.

Das Resultat Sieger-Verlierer verschärft den Konflikt. Selbst der Gewinner verliert dabei.

Ein offensiver Rechtsanwalt kämpft für seinen Mandanten, um das Bestmögliche für ihn aus der Sache herauszuholen. Daß dabei die Gegenseite verliert, wird in Kauf genommen und ist oft unausweichlich. Vielfach herrscht die Devise: „Es reicht nicht, nur zu gewinnen, der Gegner muß auch vernichtet werden."

Die einzige andere Lösung ist ein Kompromiß, der sogenannte Vergleich. Dieser bezieht sich jedoch nur auf die gesetzlich vorgegebenen Ansprüche, die erst noch bewiesen werden müssen. Da der Konflikt jedoch deutlich vielschichtiger ist, kann er auch mit einem gerichtlichen Vergleich nur in den seltensten Fällen gelöst werden.

2.1.5 Wie löst die Wirtschaftsmediation Konflikte?

Diese aus dem Gerichtssaal bekannte gegnerverachtende Grundhaltung findet sich auch häufig in außergerichtlichen Verhandlungen. Es scheint unmöglich, sich von der Einbahnstraße des „Ich-will-haben-und-der-andere-gibt-nicht-her!“ zu lösen, den Blick zu erweitern und andere Möglichkeiten zu suchen. Diese neu zu findenden Möglichkeiten könnten jedoch zu einem beiderseitigen Gewinn führen.

Die Wirtschaftsmediation hat als außergerichtliches Verfahren das Ziel, von diesen Anspruchspositionen losgelöst die dahinterstehenden Interessen ausfindig zu machen und so eine für beide Seiten optimale Lösung des Konflikts zu erzielen.

Der entscheidende Unterschied zwischen einer Verhandlung und einer Mediation ist das „setting“, das durch den neutralen Dritten, den Mediator, geschaffen wird. Dieser entscheidet den Streit nicht wie ein Richter und löst auch nicht den Konflikt. Aufgabe des Mediators ist, die Parteien zu unterstützen, ihren Konflikt selbst zu lösen.

Durch begleitende Hilfestellung gelangen die beteiligten Parteien von ihren Interessen zu den Optionen und somit zu einer MAS, einer „Mumtually Agreed Solution“, einer von beiden Seiten vereinbarten Lösung, die einerseits die Ansprüche befriedigt und andererseits eine gemeinsame Zukunft ermöglicht.

2.2 Die Verständnistriade

2.2.1 Merksatz nach Konrad Lorenz

Der Verhaltensforscher Carl Konrad Lorenz hat nach eingehendem Studium menschlichen Konfliktverhaltens nachfolgende Erkenntnis destilliert und in einem Merksatz komprimiert (s. S. 31).

In seinem geistreichen Dreizeiler hat er die Grundlage für Kommunikationsstörungen benannt, die unweigerlich zu Konflikten führen.

Verstanden?

Gesagt ist nicht gehört

Gehört ist nicht verstanden

Verstanden ist nicht einverstanden

Carl Konrad Lorenz

2.2.2 Erläuterung und Übertragung auf die Mediation

Dieser Dreizeiler zeigt anschaulich, wie Konflikte entstehen, und gleichzeitig auch, an welchen Punkten angesetzt werden muß, um sie vermeiden zu können.

Konflikte haben ihre Ursachen häufig in Mißverständnissen, unzureichenden Informationen, falschen Annahmen und mangelhafter Gesprächsbereitschaft. Verschärfend können dabei Faktoren wirken wie ungleiche Vorkenntnisse und Vorbildung, Streß, persönliche Abneigungen, etc.

Die drei Merksätze lassen sich vor diesem Hintergrund wie folgt interpretieren:

Gesagt ist nicht gehört
Die Information muß dem Empfänger in einer ihm zugänglichen Form übermittelt werden. Dessen Aufnahmebereitschaft muß zum

Zeitpunkt der Übermittlung vorhanden sein. Nur weil eine Seite Informationen abgegeben hat, ist nicht sichergestellt, daß die andere Seite diese auch aufgenommen hat.

Gehört ist nicht verstanden
Selbst wenn Informationen aufgenommen wurden, müssen sie nicht in ihrer Bedeutung und/oder Tragweite begriffen worden sein. Entscheidend ist die Wahl einer an den Intellekt des Empfängers angepaßten Form der Informationsaufbereitung.

Verstanden ist nicht einverstanden
Trotz Informationsaufnahme und ihres Verstehens besteht nicht automatisch das Einverständnis hinsichtlich des Informationsgehalts. Ein Einverständnis darf nicht selbstverständlich angenommen werden, sondern bedarf einer entsprechenden Äußerung des Empfängers. Diese ist für die Gewißheit des Informationssenders, inwiefern seine Informationen akzeptiert werden, unverzichtbar.

Die Folgerung: Ausgehend davon, daß der andere zugehört und verstanden hat, ergeben sich weitergehende, darauf aufbauende Annahmen. Wenn der andere nicht bestätigt, daß er zugehört und verstanden hat, bzw. eine solche Bestätigung nicht abgewartet wird, sind Fehlinterpretationen die Folge. Durch diese Fehlinterpretationen werden erwartete Reaktionen auf Fragen, Wünsche und Anregungen nicht erfüllt oder nicht hinreichend erfüllt. Schlimmstenfalls erfolgen sogar konträre Reaktionen.

Dies führt zu den beiden konfliktbegünstigenden Faktoren: Ärger über „den anderen" und eigene Unzufriedenheit, die sowohl verbal als auch nonverbal geäußert wird. Die Rückkopplung über die andere Person wirkt katalytisch und beschleunigt den aufkeimenden Konflikt.

Inwieweit daraus ein offener Konflikt entsteht, hängt in erster Linie davon ab, ob die Parteien versuchen, Klarheit in mißverständliche Situationen zu bringen, bzw. sicherstellen, daß die Gegenseite weiß, was gemeint ist und wovon ausgegangen wird.

Es liegt also an jedem einzelnen, seine Positionen und Interessen dem Gegenüber klar zu übermitteln und unmißverständlich darzulegen. Im Gegenzug muß jeder sich darum bemühen, die Positionen und Interessen des anderen korrekt aufzufassen und zu verstehen.

Die Herstellung dieser Gesprächsbereitschaft im Konfliktfall mit Hilfe von bestimmten Verhandlungstechniken ist eines der vordringlichen Ziele der Mediation. Dazu sind (Lebens-)Erfahrung, Menschenkenntnis und rhetorische Fertigkeiten ebenso erforderlich wie die Verhandlungstechniken, die in den folgenden Kapiteln erläutert werden.

2.3 Konflikte – Möglichkeiten und Konsequenzen

2.3.1 Typen von Konflikten im Wirtschaftsunternehmen

Es gibt verschiedene Typen von Konflikten. Diese Konfliktarten müssen zunächst als solche von den Betroffenen erkannt werden. Zur weiteren Behandlung des Konflikts sind erlernbare Interventionsstrategien erforderlich:

- *Strukturelle Konflikte*
  - unterschiedliche Zeitabläufe
  - ungleiche Voraussetzungen
  - andersartige Ziele
- *Informationskonflikte*
  - Mangel an Informationen
  - Fehlinformationen
  - falsch verstandene Informationen
- *Beziehungskonflikte*
  - unterschiedliche Formen der Wahrnehmung
  - starke positive/negative Emotionen

- unangemessenes Verhalten

❑ *Interessenkonflikte*

- verfahrensbedingte Interessenkonflikte
- psychologische Interessenkonflikte
- verhaltensbedingte Interessenkonflikte

❑ *Wertkonflikte*

- Alltagswerte
- Extremwerte
- Selbstwert

Strukturelle Konflikte

Strukturelle Konflikte lassen sich in einem hierarchischen System durch „Anweisung von oben“ kurzfristig lösen. Strukturelle Konflikte sind leichter analysierbar als die anderen Konflikttypen. Hierfür gibt es neben dem Instrument der Mediation auch eine Lösungsoption in Form von Qualitätsmanagement. Die gemeinsame Nutzung von Qualitätsmanagement und Mediation ist in jedem Unternehmen durchführbar.

Informationskonflikte

Die ausschließliche Ursache für Informationskonflikte ist mangelhafte Kommunikation. Diese kann verbal oder auch nonverbal sein. In beiden Fällen spielt Interpretation eine große Rolle – inbesondere deshalb, weil bei der zwischenmenschlichen Kommunikation bewußte und unterbewußte Wahrnehmungsebenen angesprochen werden. (Näheres dazu siehe Kapitel 10.)

Beziehungskonflikte

Diese Konfliktart tritt im geschäftlichen wie im privaten Bereich gleichermaßen auf. Dabei kann der Konflikt im Privatbereich unterschiedlicher Ausprägung oder gegenteiliger Natur im Vergleich zu dem im Wirtschaftsbereich sein. Wenn es gelingt, den beruflichen Konflikt durch die Übertragung des Lösungswegs eines ähnlich gelagerten privaten Konflikts zu bewältigen, kann die Bereitschaft, Frustration zu ertragen, stark erhöht werden.

Interessenkonflikte

Die Arbeitsleistung eines Arbeitnehmers ist geleitet von dem Kompromiß, gute Arbeit leisten zu wollen und gleichzeitig „auch nur ein Mensch zu sein, der Fehler machen kann". Zusätzlich möchte er ein Privatleben ohne Einfluß durch die Firma führen können. Die Interessen von Arbeitnehmern und Arbeitgebern können dabei voneinander abweichen und konfliktfördernd wirken.

Ein verfahrensbedingter Interessenkonflikt liegt beispielsweise vor, wenn geleistete Arbeit schnell und gleichzeitig perfekt sein soll. „Schnell und gut" bzw. „langsam und perfekt" sind zwei gegensätzliche Extreme, die nicht vereinbar sind. Dieser Konflikt kann entweder durch den Kompromiß „zeitgerecht und gut genug" oder durch eine Änderung bzw. Anpassung der Rahmenbedingungen gelöst werden.

Wertkonflikte

Jeder Mensch hat ein eigenes Wertesystem, in das er die komplette Umwelt und sich selbst einordnet. Erziehung, Umgang und äußere Einflüsse prägen den Wertemaßstab, der für jeden Menschen individuell gilt. Alle Menschen führen dauernd eine unbewußte Einordnung der Umwelt in ihr vorhandenes Wertesystem durch. Meist sind die alltäglich zu bewertenden Einflüsse von stark untergeordneter Bedeutung. Andererseits können Einzelereignisse, die weit vom gewohnten Wertemaßstab abweichen, zu Verwirrung und Beunruhigung und somit zum Konflikt führen. Dies gilt insbesondere für Situationen oder Ereignisse, die den Selbstwert der Person empfindlich treffen. Es treten dann bisweilen massive innere Konflikte auf, die bei längerer Beeinträchtigung zu offenen Auseinandersetzungen mit den Einflüssen führen können.

Interdependenzen zwischen den drei wichtigsten Konflikttypen

Im Wirtschaftsbereich treten die ersten drei Konflikttypen (strukturelle Konflikte, Informationskonflikte und Beziehungskonflikte) am häufigsten auf. Diesen drei Typen gilt das Hauptaugenmerk der Wirtschaftsmediation.

Das Zusammenspiel zwischen den einzelnen Konflikttypen zeigt die Komplexität der Konfliktstruktur und die damit verbundene Schwierigkeit beim Umgang mit Konflikten deutlich auf. Problematisch bei allen drei Typen ist, daß sie häufig erst sehr spät erkannt werden und folglich gravierende Gegenmaßnahmen ergriffen werden müssen. Erschwert wird dieses Erkennen dadurch, daß die Konflikte nicht einzeln auftreten, sondern daß die drei Typen miteinander verflochten sind. Die Wert- und Interessenkonflikte spielen dabei in die Beziehungskonflikte hinein.

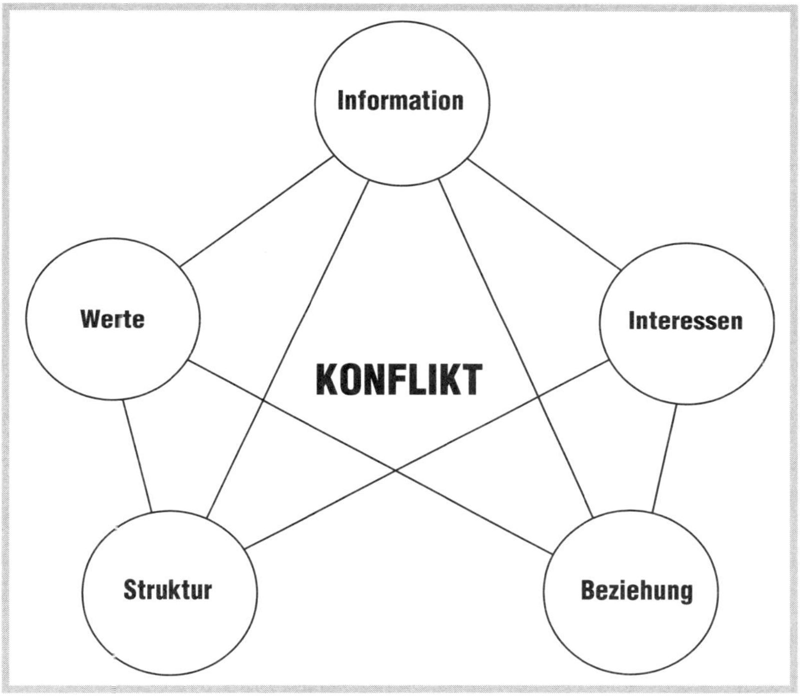

Abb. 7: Konfliktarten

2.3.2 Parallelisierung von Bedürfnisbefriedigung und Konfliktlösung

Menschen werden in Konflikte verwickelt, weil ihre Interessen oder Werte angegriffen werden oder weil ihre Bedürfnisse nicht befriedigt werden.

Zum Themenkomplex Bedürfnisse sei an die Bedürfnispyramide nach Abraham Maslow erinnert, die die Persönlichkeitsentwicklung anhand einer achtstufigen Einteilung vornimmt. Auf jeder Stufe werden Bedürfnisstrukturen erfaßt, die befriedigt sein müssen, bevor die nächsthöhere Stufe erklommen werden kann.

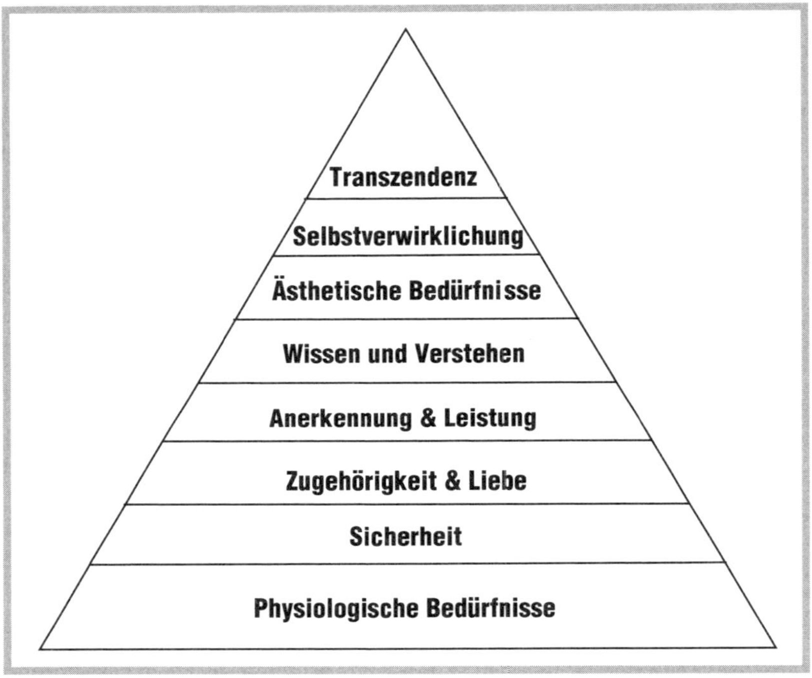

Abb. 8: Bedürfnispyramide nach Abraham Maslow

Die unteren vier Stufen stellen existentielle Bedürfnisse dar, die mittleren beiden kognitive. Die Spitze der Pyramide bilden transzendente Bedürfnisse.

Auf jeder Stufe kann es durch Nichterfüllung von Bedürfnissen zu den unterschiedlichsten Konflikten kommen. Nachdem Konflikte oft negative Auswirkungen auf das Individuum haben, kommt der raschen Konfliktlösung ein zentraler Stellenwert im menschlichen Weltbild zu. Was bedeutet jedoch „Konfliktlösung“ und wie ist sie auf den vorliegenden Konflikt anzuwenden?

- Unter „Konfliktlösung“ versteht man einen friedlichen und beiderseitig befriedigenden Weg, einen Konflikt zu beenden oder signifikant zu deeskalieren. Natürlich kann ein Konflikt auch durch Gewalt oder Krieg beendet werden oder dadurch, daß der Gegner vernichtet wird, ebenso kann ein Konflikt durch Aufgabe und Kapitulation beendet werden. Alternativ kann ein Konflikt vorübergehend durch Täuschung des Gegners abgeschwächt werden. Solche Optionen sind jedoch nicht als wirkliche Konfliktlösungen zu verstehen. Sie lösen keinen Konflikt: Der Konflikt bleibt bestehen.

- Es ist einfach, einen Konflikt zu lösen oder lösen zu helfen, der aus einem Widerstreit von Interessen herrührt. Schwieriger ist es, mit einem Konflikt zurechtzukommen, der aus einem Widerstreit von Werten entsteht. Und es ist noch schwieriger, einen Konflikt zu behandeln, bei dem die Grundbedürfnisse mindestens einer Partei nicht befriedigt werden. Solche Konflikte sind kaum zu lösen.
- Es gibt mehrere menschliche Bedürfnisse, die bezogen auf Konflikt und Konfliktlösung besonders wichtig sind: der Wunsch nach Anerkennung, nach Entwicklung und Selbstverwirklichung, nach Sicherheit, nach Identität, nach Bindung und letztlich nach Feindbildern.
- Es ist für die Konfliktparteien extrem schwierig, selbst – ohne Hilfe von außen – eine Lösung zu finden, die alle obengenannten Bedürfnisse für alle Beteiligten befriedigen würde. Die westliche Streitkultur benötigt immer einen „Feind“, der für die Krise oder den Konflikt verantwortlich gemacht werden kann. Diese Fokussierung braucht nicht personenbezogen zu sein, sondern kann auf äußere Umstände, Schicksale oder andere nicht greifbare Einflüsse ausweichen. Erschwerend kommt hinzu, daß dieses Bedürfnis nach Feinden üblicherweise durch die Intensivierung des Konflikts befriedigt wird und nicht durch dessen Lösung.
- Mediatoren, Mittler und Dritte sind nicht Konfliktlöser in dem Sinne, daß sie den Konflikt selbst lösen könnten. Sie können nur die Bemühungen der direkt betroffenen Parteien erleichtern, den Konflikt zu lösen. Daher sind die streitenden Parteien, die Menschen oder Gruppen, die direkt vom Konflikt betroffen

sind, diejenigen, die die wahren Konfliktlöser sein müssen und können.

- Manche Konflikte können jedoch nicht ohne die Hilfe eines Dritten gelöst werden. Die Wahrnehmung der Parteien gegenüber der jeweils anderen Partei und der Streitpunkte ist derart subjektiv, daß sie keine beiderseitig befriedigende, beiderseitig förderliche oder integrierende Lösungen zuläßt. Auch dann nicht, wenn beide den Wunsch haben, ihren Streit beizulegen. Es sind solche Fälle, in denen Dritte am hilfreichsten sein können. Indem sie ihr eigenes Wissen und ihre Erfahrung in den Konflikt einbringen, werden bisher unberücksichtigte Optionen sichtbar und realisierbar.
- Sobald ein Betroffener den Eindruck hat, daß seine Seite nicht richtig (an)gehört wird, wird er ein für ihn ablehnend erscheinendes Ergebnis nicht akzeptieren. Der wirkliche Rechtsfrieden wird sich nicht einstellen. Das Problem ist demnach die Ausgewogenheit beim Beilegen des Konflikts aus Sicht des nachteilig Betroffenen. Es ist nicht die Enttäuschung über das Ergebnis, sondern das Gefühl, daß die eigenen Bedürfnisse und Interessen nicht ernst genommen werden.
- Soweit es um das Bedürfnis nach Feinden geht, können Mediatoren den Parteien verstehen helfen, was sie zum Feind des anderen werden läßt: Welche sozialökonomische Bedingungen, welche Dynamiken, welche Ideen und Ideologien, welche falschen Wahrnehmungen herrschen vor? Die Parteien können dann ihre negativen Emotionen und Energien auf die Konfliktursachen projizieren und miteinander bei deren Eliminierung kooperieren.

Die Konfliktlösung ist ein umfangreiches, komplexes, multidisziplinäres Feld. Sie ist eine Mischung aus Psychologie, Philosophie, Politologie, Soziologie, Anthropologie, Recht, Wirtschaft etc. Welche Elemente aus welcher Disziplin die dominanten sind oder sein sollen, hängt davon ab, mit wem man spricht. Nach Meinung der Autoren ist die Interdisziplinarität am wichtigsten. Daraus folgert, daß Forscher und Praktiker den Psychodynamiken des Konflikts und seiner Lösung ebenso viel Aufmerksamkeit schenken sollten wie den rechtlichen und sozialen Aspekten des gesamten Konfliktfelds.

Wichtig ist dabei die Kenntnis über die verschiedenen sozialen Bedürfnisse, die jeder Menschen hat. Individuelle Unterschiede finden sich im Ausprägungsgrad der jeweiligen Bedürfnisse, der sich im Laufe der Zeit auch verändern kann.

Nachfolgende graphische Darstellung verdeutlicht den Umfang der wichtigsten sozialen Bedürfnisse, deren Mißachtung die Konfliktentstehung begünstigt und die bei der Konfliktlösung besonders berücksichtigt werden müssen:

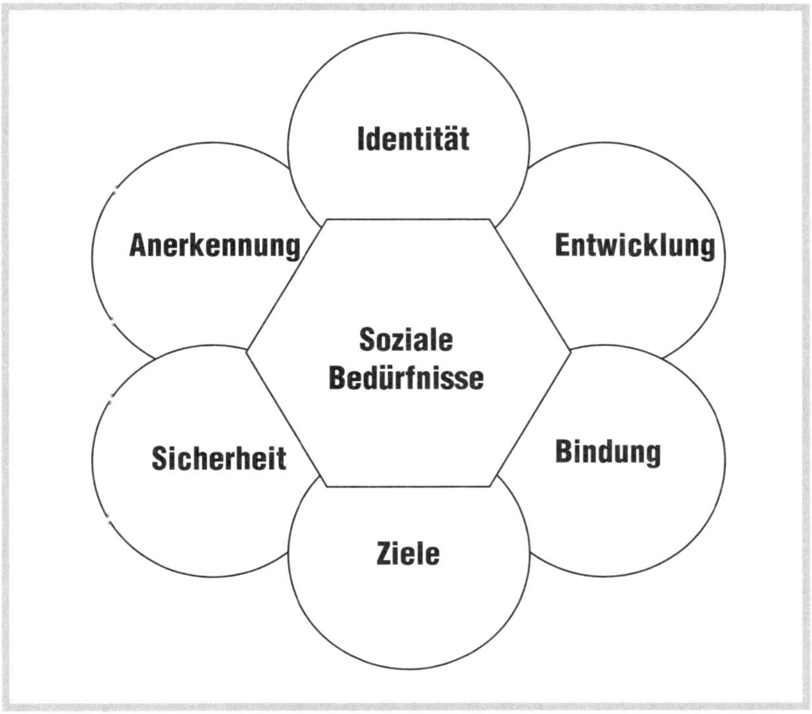

Abb. 9: Verschiedenartigkeit sozialer Bedürfnisse

Die Interdependenzen der einzelnen Grundbedürfnisse untereinander wurden aus Gründen der Vereinfachung und Übersichtlichkeit weggelassen.

2.3.3 Umfang der Konfliktlösungsmöglichkeiten

So wie es unterschiedliche Arten des Konflikts gibt, sind auch verschiedene Reaktionen auf einen Konflikt möglich. Abbildung 10 zeigt die verschiedenen Möglichkeiten der Konfliktlösung.

Offensichtlich ist die Flucht keine aktive Lösungsmöglichkeit, sondern die bloße Abkehr vom Konflikt. Dies schützt jedoch nicht vor einer Vernichtung, weswegen die Flucht nicht als vorrangige Möglichkeit in Betracht gezogen werden sollte.

Der Kampf als Gegenstück zur Flucht bringt ebenfalls keine dauerhafte Lösung, da zwar der Gegner zerstört werden kann, das damit verbundene Problem jedoch nicht verarbeitet wird.

Auch die Delegation bringt nur eine vorübergehende Vertagung der Entscheidung und keine wirkliche Lösung mit sich.

Welche Möglichkeiten ergeben sich aus dem reaktiven Umgang mit Konflikten?

Je nach Konfliktart, technischen Möglichkeiten und sozialen Verhaltensweisen sind verschiedene Reaktionsmöglichkeiten denkbar. Von Kenneth Cloke stammt die umfangreiche Liste möglicher Reaktionen bzw. unterschiedlicher Strategien (s. S. 44).

Die Reihenfolge stellt keine Wertung dar; die Liste enthält auch Alternativen bzw. Reaktionen, die nicht geeignet sind, Konflikte zu bereinigen.

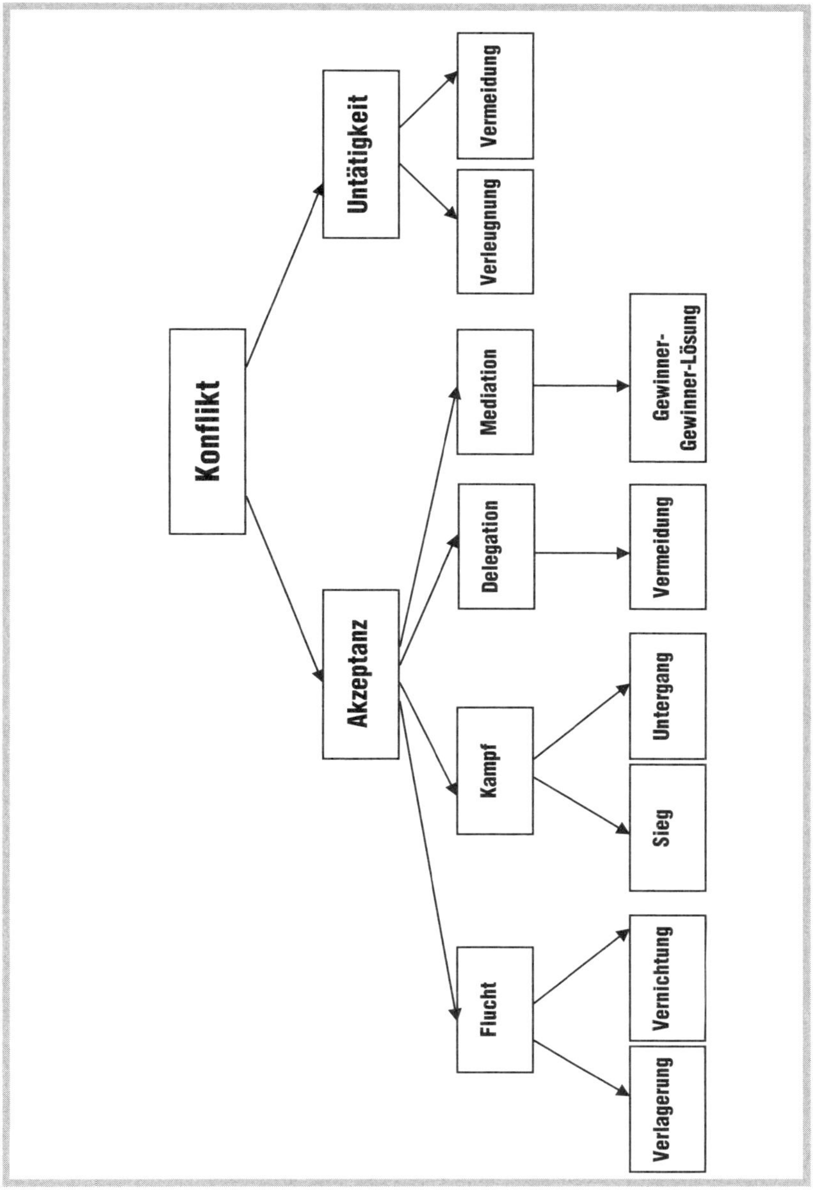

Abb. 10: Mögliche Reaktionen auf einen Konflikt

Englische Bezeichnung	**Deutsche Bezeichnung**
Surrender	Kapitulation
Avoidance	Meidung
Accomodation	Anpassung
Meeting	Zusammentreffen
Problem Solving	Problemlösung
Action Planning	Planung von Handlungen
Collaborative Negotiation	Kollaborative Verhandlung
Ombudsperson	Ombudsmann
Conciliation	Versöhnung
Mediation	Mediation
Compromise	Kompromiß
Aggressive Negotiation	Aggressive Verhandlung
Mini-Trial	Gerichtsverhandlung
Arbitration	Schlichtung
Summary Jury Trial	Schnellgericht
Litigation	Prozessieren
Lobbying	Lobbying
Elections	Wahlen
Demonstrations	Demonstrationen
Confrontations	Konfrontationen
Self-Defense	Selbstverteidigung
Revenge	Rache
Violence (Aggression)	Gewalt (Aggression)
Suicide	Selbstmord
War	Krieg

2.3.4 Eskalationsstufen in Konflikten

Konflikte, die nicht in einem frühen Stadium gelöst werden, werden eskalieren und dabei die nachfolgend dargestellten Stufen durchlaufen.

Es werden immer alle neun Stufen durchlaufen, manche vollziehen sich jedoch so unmerklich oder so kurz, daß sie übersprungen zu sein scheinen, andere treten dafür ausgeprägter auf. Den höheren Stufen ist gemeinsam, daß mindestens eine Partei verlieren wird.

Friedrich Glasl unterscheidet in der Konflikteskalation neun Abstufungen (siehe Abb. 11).

Die neun Eskalationsstufen werden drei großen Bereichen zugeordnet, je nachdem, ob beide Konfliktpartner gewinnen (Gewinner-Gewinnner-Bereich – Stufen 1-3), ob nur einer gewinnt (Gewinner-Verlierer-Bereich – Stufen 4-6) oder ob beide verlieren (Verlierer-Verlierer-Bereich – Stufen 7-9).

Die Mediation kann besonders gut in den Gewinner-Verlierer-Bereichen der neunstufigen Konfliktskala eingesetzt werden, um in den Gewinner-Gewinner-Bereich zu gelangen. Ebenso kann sie im Gewinner-Gewinner-Bereich unterstützend wirken, wenn die Streitpartner versuchen, den Konflikt durch eigene Verhandlungen zu lösen.

Im Bereich der Verlierer-Verlierer-Konfliktsituation kann die Mediation eine Rückführung in eine frühere Stufe erzielen. Gerade in diesem Bereich ist den Konfliktparteien eine Lösungsfindung ohne Unterstützung von außen nicht mehr möglich.

Je nach Unternehmensstruktur und -ausrichtung geht die Tendenz entweder zur „harten Linie“ und zum sofortigen Gerichtsprozeß oder es besteht eine extrem hohe Bereitschaft zu Verhandlungen und Vergleichen. Da diese Vergleiche fast ausschließlich im Wege des Basar-Verhandelns erreicht werden und nicht alle Interessen aufgedeckt werden, wird schlußendlich keine wirkliche Befriedung erreicht: Dies liegt an dem Phänomen, daß bei dem Versuch einer Seite, die Interessen aufzudecken, die jeweils andere Seite argwöhnisch reagiert und eine Strategie zu ihrem Nachteil vermutet. Die sogenannte „einvernehmliche Lösung“ ist damit sogar für beide Seiten nachteilig. Hier schafft die Mediation dadurch Abhilfe, daß sie mit Hilfe des neutralen Dritten, des Mediators, alle Interessen erforscht und die Streitparteien auf dieser Gundlage eine bereinigende Lösung finden können.

Mediation ist demnach gegenüber der vorgenannten Vergleichslösung kein „fauler Kompromiß“ und auch kein Zeichen mangelnder Stärke desjenigen, der die Mediation propagiert. Sie ist

Abb. 11: Eskalationsstufen nach Friedrich Glasl

5. Gesichtsverlust	**6. Drohstrategien**	**7. Begrenzte Vernichtungsschläge**	**8. Zersplitterung**	**9. Gemeinsam in den Abgrund**
Öffentliche und direkte Angriffe. Inszenierte Demaskierungsaktion. Ritual Démasqué: Aha-Erlebnis, rückwirkend. Engel-Teufel als Bild. Doppelgänger. Ausstoßen, Verbannen, Isolation, Echohöhle. Sozialer Autismus, Ekel. Ideologie, Werte, Prinzipien. Rehabilitierung.	Drohung und Gegendrohung. Forderung, Sanktion, Sanktionsdrohung. Glaubwürdigkeit: Proportionalität. Selbstbindungsaktivitäten, Stolperdrähte. „Second Move". Akzeleration durch Ultimaten. Scherenwirkung.	Denken in „Ding-Kategorie". Keine menschlichen Qualitäten mehr. Begrenzte Vernichtungsschläge als „passende Antwort". Umkehrung der Werte in Gegenteil. Relativ kleinerer Schaden (= Gewinn).	Paralysieren und Desintegrieren des feindlichen Systems. Abschnüren der Exponenten vom Hinterland. Vitale Systemfaktoren zerstören, dadurch System unsteuerbar, zerfällt gänzlich.	Kein Weg zurück! Totale Konfrontation. Vernichtung zum Preis der Selbstvernichtung. Lust am Selbstmord, wenn auch der Feind zugrunde geht!

Verlierer →

← Verlierer-Verlierer →

ein Hilfsmittel, das den Managern und Wirtschaftsjuristen die Schaffung einer effizienten und optimierten Lösung ermöglicht.

Wirtschaftsjuristen sind geschult, die Bedürfnisse im eigenen Unternehmen herauszufinden und dann mit dem Ziel einer Einigung an die Gegenseite heranzutreten. Sie sind zumeist der Meinung, daß durch ihre so geartete Tätigkeit bereits alle Interessen auf den Tisch gelangt sind und in den anschließenden Diametral-Verhandlungen alle Argumente ausgetauscht wurden. Dies ist jedoch nicht der Fall. Der Grund liegt darin, daß jeder Verhandlungspartner in den Fragestellungen des Gegenübers eine negative Taktik vermutet und bei Vorschlägen mutmaßt, daß die andere Seite nur auf ihren eigenen Gewinn aus ist.

Ganz anders verhält es sich, wenn der Mediator als neutraler Dritter Fragen stellt, die es den Streitbeteiligten ermöglichen, ihren Blickwinkel zu verändern und neue Erkenntnisse zu gewinnen. Gleichermaßen verhält es sich bei Vorschlägen, die der Mediator aufgrund der von den Streitparteien dargelegten Optionen einbringt.

Für das Unternehmen ist es wichtig, zu entscheiden, wann ein Fall für die Mediation geeignet ist und zu welchem Zeitpunkt sie begonnen werden soll.

Als Anhaltspunkt für den Einsatz der Mediation kann die selbstkritische Überlegung dienen, ab wann ein Konflikt nicht mehr sinnvoll mit eigenen Mitteln gelöst werden kann.

Problematisch für die Beurteilung ist dabei insbesondere, daß auch subjektive Kriterien mitspielen: Der Entscheidungsträger überlegt in zwei Richtungen; zum einen im Sinne des Unternehmens und zum anderen im Hinblick auf seine persönliche Risikominimierung. Wie bei jeder Entscheidung würde der Entscheidende dafür verantwortlich gemacht werden, falls das gewünschte Ergebnis nicht erzielt würde. Es kommt folglich nicht nur auf die Qualitäten der Mediation an, sondern auch sehr stark darauf, wie sie von den Führungspersonen beurteilt wird.

Zu den Bedenken, daß alle Argumente ausgetauscht seien und eine Mediation deshalb keinen weiteren Nutzen erbringen könnte, ist die Filter-Problematik zu beachten. Sie bedeutet, daß die Manager ähnlich wie Juristen in einem Prozeß nur auf die Problempunkte fixiert sind und damit den Sachverhalt filtern. Da bei den Verhandlungen nur ein Teil der gesamten Situation im Kopf der teilnehmenden Personen präsent ist und argumentativ bearbeitet wird, kann kein allseits befriedendes Ergebnis erzielt werden. Dies ist nicht etwa der Inkompetenz des Managements zuzuschreiben, sondern ist ein logischer, folgerichtiger Prozeß einer problemorientierten Denkweise. Durch die Mediation kann diese Hürde überwunden werden.

Eine weitere Überlegung für eine Mediation sind die unbefriedigenden Ergebnisse, die ein rasche Lösungen bevorzugendes Unternehmen in Schiedsgerichtsverfahren erreicht. Zur Durchführung sind die Unternehmen durch die Schiedsgerichtsklauseln verpflichtet, die erst in letzter Zeit durch Mediationsklauseln ersetzt werden.

Dadurch, daß Schiedsgerichtsverfahren meist dann angewandt werden, wenn es um internationale Streitigkeiten geht und sie im Ausgang unsicher sind, wird von jeder Seite über die Auswahl der Richter eine Einflußnahme versucht. Durch einen dritten Richter, der den Vorsitz übernimmt, wird ein Ausgleich geschaffen, da er von neutraler Seite bestimmt wird.

Dieses wichtige Kriterium der Einflußnahme wird in der Mediation dadurch zu 100 % erfüllt, daß nur den betroffenen Unternehmen Entscheidungskompetenz zugestanden wird.

Im Wege der Mediation kann zwischen den Streitparteien eine räumliche und sprachliche Nähe geschaffen werden. Die hinzukommende Kontrolle über das Ergebnis, unterstützt durch den nicht entscheidungsbefugten Mediator, ist im Gegensatz zur eingeführten Verhandlung eine ideale Ausgangsposition für einen optimierten Output.

Je nach Zeitpunkt des Einsatzes der Mediation kann ihre Ausprägung mehr moderierenden oder mehr problemorientierten Charakter annehmen.

2.4 Zusammenfassung

Konflikt ist eine naturgegebene Erscheinung, die nicht gänzlich ausgeräumt werden kann. Entgegen anderslautenden Bestrebungen kann Konflikt nicht aus dem menschlichen Zusammenleben entfernt werden; der sinnvolle Umgang damit kann jedoch erlernt und kultiviert werden.

Konflikte gibt es in allen wirtschaftlichen Bereichen. Bleiben sie ungelöst, schaden sie Menschen, Unternehmen und der gesamten Wirtschaft. Sie wirken kontraproduktiv, blockieren Arbeitsabläufe, untergraben die Arbeitsmoral und verursachen enorme Kosten. Daher sind sie möglichst frühzeitig und ohne langwierige Verfahren zu beenden.

Die Lösung von Konflikten erfolgte bisher in einer von Anspruchsdenken geprägten kämpferischen Art. Das Ergebnis lautete demzufolge: Sieg oder Niederlage. Die chinesische Transkription von Konflikt – „Risiko und Chance" – spiegelt im ersten Wort die Randbedingung jeder kämpferischen Auseinandersetzung wider. Durch die Mediation kann auf der vermittelnden Ebene der zweite Begriff „Chance" umgesetzt werden

Werden Konflikte nur als negativer Bestandteil menschlichen Wesens betrachtet, entgeht dem Bewerter die Alternative, Konflikte in ihren positiven Auswirkungen zu sehen. Getreu der chinesischen Sichtweise „Risiko und Chance" lassen sich eng begrenzte (Interessen-)Konflikte zur Produktivitätssteigerung sowie zur Erschließung neuer Möglichkeiten und Ideen verwenden. Dies bedingt kooperative Verhandlungen.

Kommunikation ist der Schlüssel zum Erfolg dieser vermittelnden Verhandlungen: Sie muß jedoch in vielen Fällen erst wiederhergestellt bzw. kultiviert werden. An diesem Punkt setzt die Wirtschaftsmediation an. Sie basiert auf dem Kerngedanken eines zu weckenden und verstärkenden gegenseitigen Verstehens und schafft eine Grundlage, auf der die Streitparteien eine einvernehmliche Lösung erarbeiten. Im Rahmen einer gemeinsamen Konfliktanalyse und Erforschung der dahinterliegenden Interessen werden Ansatzpunkte zur zügigen Eindämmung, geordneten Deeskalation und nachhaltigen Beendigung des Streits gefunden.

Dabei umfaßt das Konfliktmanagement ein vielfältiges Aufgabengebiet, das einzelfallbezogen dem aktuellen Streit angepaßt werden muß, um optimale Ergebnisse zu erzielen. Unter Anwendung verschiedener Aspekte aus Recht, Betriebswirtschaft, Psychologie, Soziologie und Politologie werden ehemalige Streitparteien zu erfolgreichen Verhandlungspartnern vereint.

Unternehmen in Kulturen mit einem hohen Zivilisationsanspruch sollten zunehmend zur Mediation als vermittelnde Verhandlungsweise übergehen, um eine an den heutigen Marktgegebenheiten orientierte, zeitgemäße Form der tragfähigen Bewältigung von Konflikten zu nutzen.

Merksatz

Jeder Mensch ist sein eigenes Referenzsystem – Betrachtungsweisen sind daher subjektiv und personengebunden.

3 Mediation im Kontext anderer Verhandlungsformen

Et semel emissum volat irrevocabile verbum.
Horaz, Episteln, 1,18,84

Und einmal entsandt,
fliegt unwiderruflich das Wort hin.

Mediation ist eine seit Jahrhunderten bekannte Methode zur Bewältigung von Konflikten. Zu Zeiten, in denen politische Machtkämpfe und erbitterte Kriege geführt wurden, praktizierte man Konfliktlösungen in Form von Krieg, Kampf und Wettbewerb. Seltener angewandt wurden alle Formen von Verhandlungen.

Verhandlungen, die von unparteiischen Dritten geleitet wurden, beschränkten sich vielfach auf Gerichte und Schiedsgerichte. In den letzten Jahrzehnten entwickelte sich eine wiederentdeckte Form der moderierten Verhandlung zur gleichwertigen Lösungsoption: die Mediation.

Diese Art der durch einen neutralen Dritten unterstützten Verhandlungen läßt den Streitparteien im Gegensatz zu anderen Verfahren zur Lösung von Konflikten ein Höchstmaß an eigener Kontrolle über den Ablauf und den Ausgang des Verfahrens. In einem Gerichts- oder Schiedsgerichtsverfahren gibt die Konfliktpartei diese Kontrolle völlig aus der Hand.

Mediation ist keine Erfindung der Neuzeit, vielmehr lassen sich mediatorische Ideen und Anwendungen über einen sehr langen Zeitraum nachweisen. Beispielhaft sollen einige Fälle als Hinweis auf die zwar wenig bekannt aber dennoch vorhandene friedliche Lösung von Konflikten dienen:

- Im Jahre 594 v. Chr wurde Solon (640 v. Chr. – 561 v. Chr.) zum „Archon von Athen“ gewählt. In dieser Eigenschaft trat er als Vermittler und Versöhner bei den sozialen und politischen Kämpfen zwischen dem Adel und den in Schuldknechtschaft geratenen Bauern auf. Zu seinem großen Verdienst zählt die Erhebung der drei Werte Gesetzmäßigkeit, Gerechtigkeit und

Frieden (verkörpert durch die Göttinen Eunomia, Dike und Eirene) zu Maximen bei Verhandlungen. In der Mediation sollen diese drei Begriffe die innere Grundhaltung der Verhandlungsteilnehmer bilden und zu einem nachvollziehbaren, gerechten und friedlichen Ergebnis führen.

- Aloysius Contareno hat vor ca. 350 Jahren als „Legatus et mediator“ im Rahmen der Verhandlungen gewirkt, die in der Unterzeichnung des Westfälischen Friedens (1648) gipfelten. Der Begriff Mediator wurde damals verstanden als „Mittler ohne Parteilichkeit“, ähnlich wie der „Juge de paix“, der Friedensstifter oder Friedensrichter.
- Immanuel Kant (1724 – 1804) hat sinngemäß dargelegt, daß es einen tatsächlichen Friedensschluß nur dann gibt, wenn er ohne geheimen Vorbehalt geschlossen wird, der wiederum Grundlage für einen Konflikt ist. Dies trifft die Kernüberlegung der Mediation: Es muß eine wirkliche Befriedung der Parteien eintreten, kein Scheinvergleich.
- Georg Wilhelm Friedrich Hegel (1770 – 1831) verfaßte folgende Triade: Die Antithese, das Neue, negiert die These, das Alte, während das auf der folgenden Stufe entstehende Neue, die Synthese, einerseits die Antithese negiert und andererseits sich als das Positive, das der These und Antithese eigen war, bewährt. Die daraus abgeleitete Formel „These und Antithese = Synthese“ läßt sich auch in mediatorischer Hinsicht verstehen. Dort entspricht die These der Auffassung einer Seite, die Antithese der der anderen Seite und die Synthese dem gemeinsam gefundenen Gewinner-Gewinner-Ergebnis.

Vor etwa 30 Jahren maßen die Pioniere der Mediationsbewegung dem Begriff Mediation neuen Inhalt und neue Bedeutung bei: Struktur, geregelte Kommunikationsfertigkeiten, geregelte Verhandlungsfertigkeiten. Alle drei sind von profunden Werten wie Machtzunahme für die Teilnehmer und Respekt vor der Verschiedenartigkeit geprägt.

3.1 Systematische Einordnung der Mediation in die Reihe der Konfliktlösungsstrategien

3.1.1 Verhandlungen

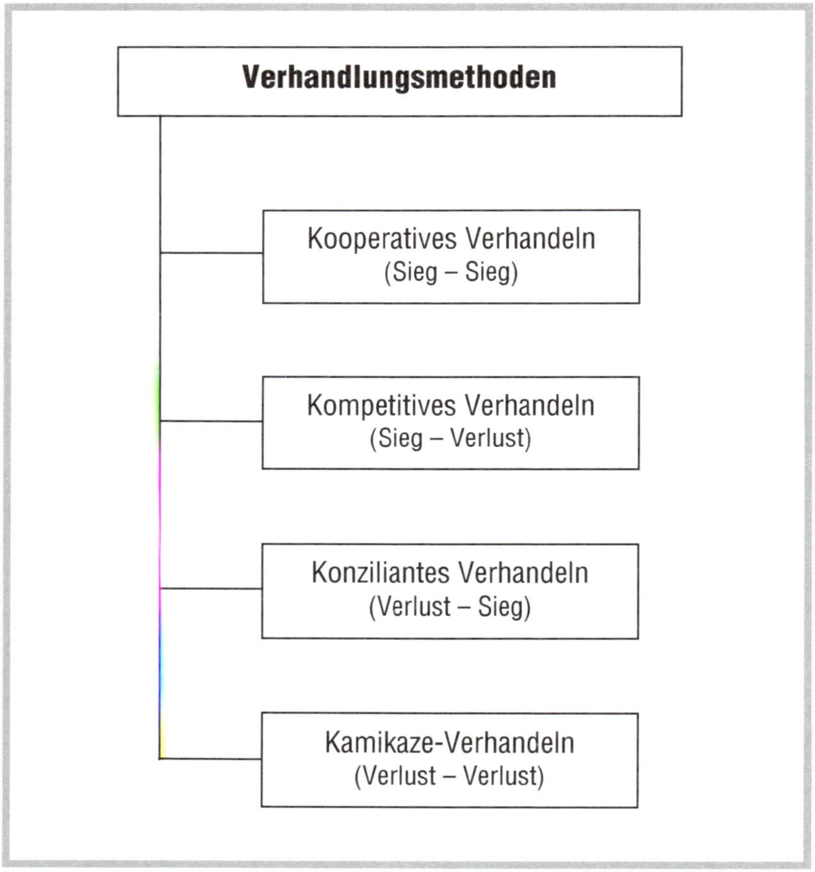

Abb. 12: Verhandlungsmethoden nach dem 4-K-Modell

Auf einen Streit über die interessengerechte Aufteilung eines Kuchens angewandt, stellen die vier Verhandlungsmethoden unterschiedliche Ansätze der befriedigenden Lösung dar.

- Kooperatives Verhandeln bedeutet: vor der Verteilung den Kuchen vergrößern.
- Kompetitives Verhandeln bedeutet: Die eigene Seite erhält den ganzen Kuchen oder den größeren Teil des Kuchens.
- Konziliantes Verhandeln bedeutet: Verzicht auf den eigenen Kuchenanteil zugunsten der Gegenseite.
- Kamikaze-Verhandeln bedeutet: Zerstörung des Kuchens, ohne daß eine Seite einen Teil davon erhält.

Die Aufteilung in diese vier Verhandlungsmethoden stellt eine Unterscheidung nach Gewinn bzw. Verlust für jede der beiden Seiten dar. Am sinnvollsten wäre ein Verhandeln nach der erstgenannten Methode, bei der beide Seiten einen Gewinn verbuchen können. Dies entspräche einem mediatorischen Ergebnis.

Die beiden mittleren Methoden, die als komplementär gelten und der traditionellen gerichtlichen Praxis entsprechen, führen zwangsläufig zum Verlustergebnis für eine der beiden Parteien und legen somit den Grundstein für weitere Konflikte.

Die letztgenannte Methode ist keine wirkliche Alternative, da keiner der Kontrahenten mit einem positiven Ergebnis aus den Verhandlungen zurückkehrt, sondern beide zusätzlichen Schaden nehmen. Diese Methode ist daher grundsätzlich abzulehnen.

Wirtschaftlich betrachtet ist nur der Blick auf die kooperative Verhandlungsmethode sinnvoll, die eine einvernehmliche Lösung sucht. Im Kontext mit der Findung derartiger Lösungen ist die Mediation in die Reihe unterstützter Verhandlungsformen einzugruppieren.

Sobald ein Konflikt als solcher erkannt ist, wird zunächst versucht, diesen zu ignorieren. Ist er nicht mehr zu leugnen, muß man sich mit ihm auseinandersetzen. Dies geschieht zunächst firmenintern bzw. zwischen den betroffenen Unternehmen. Wenn diese Verhandlungen nicht zum gewünschten Erfolg führen, kann das

Scheitern zu einer unmittelbaren gerichtlichen Auseinandersetzung führen, oder die Verhandlungen können in unterstützter Form vorangetrieben werden. Dabei treten folgende bekannte Verhandlungsformen auf:

- Anwaltsverhandlung (zwei Rechtsanwälte)
- Vierer-Gespräch (zwei Unternehmer und zwei Rechtsanwälte)
- Moderierte Verhandlung (zwei Unternehmer und zwei Rechtsanwälte plus Moderator)
- Mediation (zwei Unternehmer und zwei Rechtsanwälte plus Mediator)

Die Berater, in der Regel Rechtsanwälte, setzen sich nach Instruktion durch die Unternehmen mit der Gegenseite auseinander. Wenn diese Methode, bei der der Konflikt auf „Unbeteiligte" verlagert wird, keine konsensuale Lösung bringt, wird vornehmlich zum sogenannten Vierer-Gespräch übergegangen. Im Vierer-Gespräch stehen sich zwei Unternehmer mit ihrem jeweiligen Anwalt gegenüber.

Wenn die Anwälte die Argumente austauschen, stellen sie die Position ihrer Seite dar, die ihrer Ansicht nach gegebenenfalls gerichtlich durchsetzbar wäre. Sinnlogisch liegen die Positionen diametral gegenüber. Grundsätzlich kann auch in diesem Stadium noch kooperativ verhandelt werden.

Das ist jedoch nur dann möglich, wenn jeder Berater/Rechtsanwalt zuvor die gesamten Interessen seiner Mandantschaft geklärt hat und sich beide Seiten kooperativ und offen gegenübertreten.

Im anschließenden Vierer-Gespräch besteht die Möglichkeit, nach den vier oben dargestellten Verhandlungsmethoden vorzugehen. Sollte auch danach kein adäquates Ergebnis vorliegen, gibt es zwei Alternativen:

- der Weg in die Mediation
- der Gang zu Gericht

Bei der Mediation kommt der Mediator als neutraler Dritter zur Runde dazu, so daß letztlich fünf Personen zusammen verhandeln. Durch den Mediator werden die Perspektiven erweitert, insbesondere die der außenstehenden, in keiner Weise vom Konflikt betroffenen Personen. Durch dieses „setting“ und die Vorgehensweise in der Mediation besteht erneut die Chance auf eine Gewinner-Gewinner-Lösung.

Verhandlungsziele

Auf dem Weg zur Erreichung der verschiedenen Verhandlungsziele gibt es eine Reihe unterschiedlicher Vorgehensweisen: Die Bandbreite reicht von aggressiv über passiv bis hin zu indifferent.

Innerhalb von Verhandlungen lassen sich fünf klassische Stilrichtungen erkennen, die nachfolgend aufgezeigt und miteinander verglichen werden. Die besonderen Eigenheiten der Stilrichtungen sind am Verhalten des Verhandelnden ablesbar und können der Verfolgung unterschiedlicher Ziele zugeordnet werden.

- Kampf
- Beschwichtigung
- Flucht/Zaudern
- Analyse
- Wahrheitssuche

Verhandler, die zum *Kampf* neigen, weisen folgende Charakteristika auf:

Ziele:	Sie trachten danach, zu gewinnen. Das Ziel ist der Sieg, der darin besteht, den Gewinn für die Klienten zu maximieren und den gegnerischen Anwalt auszumanövrieren oder zu schlagen.

Eigenheiten: Sie drohen, beleidigen, vorenthalten Informationen, „beugen“ die Wahrheit und verlangen einseitige Gewinne.

Verhandler, die zur *Beschwichtigung* neigen, weisen folgende Charakteristika auf:

Ziele: Sie sind bemüht, sich fair zu verhalten. Das Ziel ist Zustimmung, die darin besteht, ein faires Ergebnis für ihre Klienten zu erzielen, wobei auf die Beziehung zwischen den Anwälten und Klienten besonderer Wert gelegt wird.

Eigenheiten: Sie sind höflich, in ihren Positionen realistisch und teilen Informationen offen mit. Oft machen sie einseitige Konzessionen, mit der Erwartung, daß der Gegner moralisch gezwungen ist, sich zu revanchieren.

Verhandler, die zu *Flucht* oder *Zaudern* neigen, weisen folgende Charakteristika auf:

Ziele: Sie trachten danach, zu gewinnen, sind aber unsicher darüber, was dies bedeutet. Das Ziel ist Überleben, das darin besteht, nicht zu verlieren oder geschlagen zu werden.

Eigenheiten: Sie schwanken zwischen zwei Mustern: Angriff, Beschwichtigung und Verstecken/Verzögern/Aufhalten. Sehr viele Anwälte, die als Angriffs- oder Beschwichtigungsanwälte gesehen werden, sind in Wirklichkeit zaudernde Anwälte. Sie sind oft unverbindlich und wünschen Verlust oder Schaden zu vermeiden. In einer Angriffsorientierung lautet die Grundfrage: „Was kann ich erobern oder nehmen?“ Im Zaudern heißt es: „Wie kann ich vermeiden, zu verlieren?“

Verhandler, die zur *Analyse* neigen, weisen folgende Charakteristika auf:

Ziele:	Sie versuchen zu verstehen. Ziel ist, das Problem zu lösen (oft unabhängig vom Nutzen für die Parteien) und das Verständnis zu vergrößern.
Eigenheiten:	Sie sind nachdenklich und handeln unabhängig vom Vertrauen. Analytische Anwälte sehen Vertrauen nicht als sehr wichtigen Punkt an. Sie neigen dazu, sich auf objektive Kriterien zu stützen und mehrfache Optionen zu suchen – auch wenn es nur eine Lösung gibt.

Verhandler, die zur *Wahrheitssuche* neigen, weisen folgende Charakteristika auf:

Ziele:	Sie suchen abstrakte Wahrheit oder Gerechtigkeit oft ohne Bezug zu menschlichen Faktoren oder zur Realität. Sie vertreten häufig eine singuläre „Wahrheit" (z.B. globale Erwärmung oder globale Abkühlung), auf der sie trotz rationaler Erwägungen bestehen (Pro oder Kontra).
Eigenheiten:	Ehrlich, aufrichtig, pflichtbewußt. Oft sind sie angespannt, unflexibel und idealistisch.

Der Verhandler kann sich die Kenntnis über die verschiedenen Verhandlungsstile zunutze machen und Verhandlungen, die mit einer Methode nicht zum Erfolg führen, durch die Wahl eines anderen Verhandlungsstils aus der Sackgasse herausführen.

Wichtiger wäre es jedoch, die Mediationssitzung auf den reinen Austausch von Informationen und die Verschiebung von Positionen zu reduzieren. Es kommt nicht darauf an, die Streitparteien gegeneinander auszuspielen oder zuzulassen, daß diese das selbst tun. Vielmehr ist es gewinnbringend, eine konsensuale Gesprächsatmosphäre zu schaffen, in der gemeinsam eine Lösung erarbeitet wird.

Dieser Ansatz läßt sich verallgemeinernd auf jede Art der Verhandlung übertragen.

Gerichtliche und außergerichtliche Verhandlungen

Im allgemeinen Sprachgebrauch wird das Wort „verhandeln“ bzw. „Verhandlung“ sehr häufig uneinheitlich verwendet. Gerade im Zusammenhang mit Mediation als einer Form der unterstützten Verhandlung ist es sinnvoll, die verschiedenen Verhandlungsmodi zu klären.

Im juristischen Kontext wird zwischen zwei großen Bereichen differenziert:

- gerichtliche Verhandlung
- außergerichtliche Verhandlung

Das außergerichtliche Verhandeln beginnt in alltäglichen privaten Situationen und endet bei großen internationalen Unternehmenstransaktionen. Das Schema ist immer das gleiche. Eingangs wird das Ziel definiert; danach werden die Vorgehensweise und mögliche Alternativen überlegt. Dabei werden auch Szenarien durchgespielt, wie bei einem Scheitern der Verhandlung fortgefahren werden soll. Je komplexer der Sachverhalt und je wichtiger das Ziel, desto umfangreicher die notwendigen Vorüberlegungen und Vorbereitungen. Gegebenenfalls wird zu diesem Zeitpunkt bereits firmeninternes Consulting in Anspruch genommen.

Die Verhandlungen beginnen meist mit einem direkten Gespräch, um den Verhandlungspartner zu überreden, zu überzeugen, mitunter auch zu manipulieren.

Je schwieriger das Ziel zu erreichen ist, weil entweder bereits ein Konflikt vorliegt oder das eigene Ziel sich auf den ersten Blick wie ein Verlust für die Gegenseite darstellt, desto frühzeitiger werden externe Berater hinzugezogen: Dann liegt der eigentliche Verhandlungsbeginn entweder im Vierer-Gespräch oder in der moderierten Verhandlung.

Die moderierte Verhandlung ist ein Zwischenstadium zwischen dem Vierer-Gespräch, das in komplexen Fällen auch eine „Sechser-" oder „Achter-Runde" sein kann, und der Mediation. Die moderierte Verhandlung wird bereits sehr häufig in Unternehmen genutzt, wenn ein Ziel erreicht werden soll und noch kein Konflikt vorliegt.

Zu jedem Zeitpunkt des Verfahrens, so auch bei Scheitern einer Mediation, ist der Gang zu Gericht möglich. Mit der Übergabe an das Gericht wird jedoch die Kontrolle vollständig aus der Hand gegeben. Dies ist eines der wichtigsten Unterscheidungskriterien gerichtlicher und außergerichtlicher Verhandlungen.

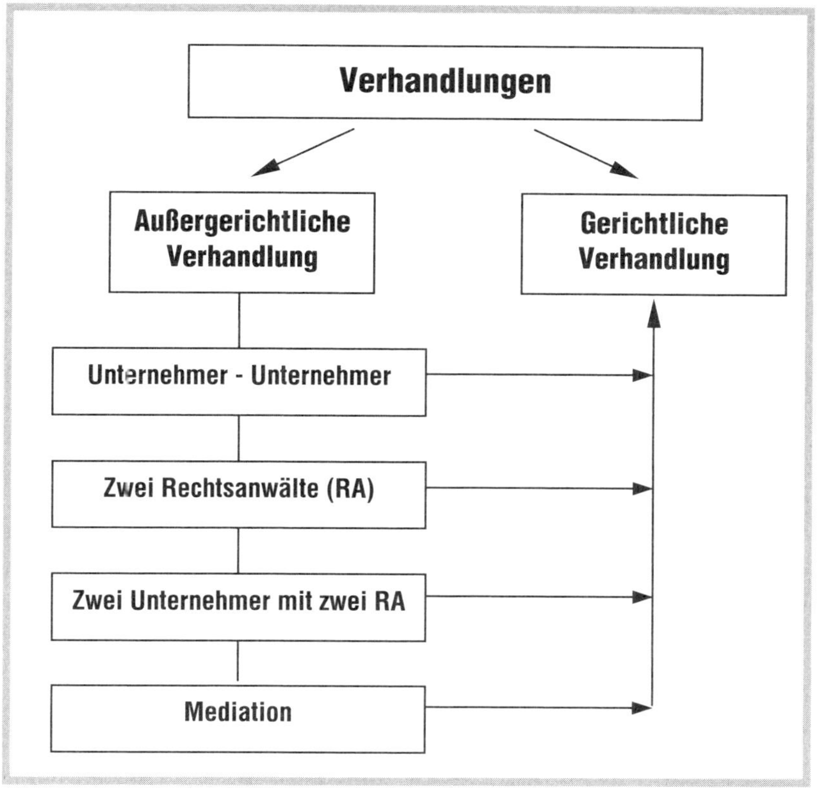

Abb. 13: Außergerichtliche und gerichtliche Verhandlungen

Nachfolgend ein Vergleich der Mediation mit anderen Verfahren.

3.1.2 Gerichtsverfahren

- Das Gerichtsverfahren dauert in der Regel wesentlich länger.
- Das Ergebnis vor Gericht ist trotz vorher ergangener Urteile in ähnlich gelagerten Fällen unvorhersehbar. In der Mediation besteht keine Gefahr, daß eine Entscheidung getroffen wird, mit der ein Beteiligter nicht einverstanden ist.
- Vor Gericht kämpfen die Parteien um ihr Recht, d.h. darum, daß der Richter ihrer Rechtsauffassung folgt. Das Gerichtsverfahren zielt auf eine richterliche Entscheidung, orientiert an einer durch Plädoyers und Beweise gefundenen objektiven Wahrheit. Im Mediationsverfahren werden alle subjektiven Sichtweisen berücksichtigt.
- Das Gerichtsverfahren wirkt streitverschärfend durch die Pflicht, Anspruch und Gegenanspruch darzulegen. Über die Rechtsansprüche hinaus werden im Mediationsverfahren eine Vielzahl anderer Aspekte zum Ausdruck gebracht.

3.1.3 Anwaltsverhandlung

- Mediation und Anwaltsverhandlung gleichen sich darin, daß sie Regelungen finden können, die stärker an den individuellen Interessen und den zukünftigen Bedürfnissen der Beteiligten orientiert sind, als dies im Gerichtsverfahren möglich ist.
- Der Anwalt ist in der Anwaltsverhandlung Fürsprecher seines Mandanten. Der Mandant delegiert damit die Verantwortung für den Konflikt und dessen Lösung.
- In der Anwaltsverhandlung muß der Anwalt stets auf den Wechsel in das streitige Gerichtsverfahren vorbereitet sein. Er kann daher nicht in gleichem Maße die Interessen seines Mandanten und die der Gegenseite herausarbeiten, wie dies der Mediator kann.

3.1.4 Juristische Methoden

Die Vielzahl juristischer Methoden zur Streitschlichtung läßt sich in zwei Hauptbereiche unterteilen. Der eine Bereich verfolgt eine streit- und anspruchsorientierte Lösung, die mit Gewinnern und Verlierern endet. Der andere Bereich verkörpert die kooperative und zielorientierte Ausrichtung, die auf eine Gewinner-Gewinner-Lösung abzielt.

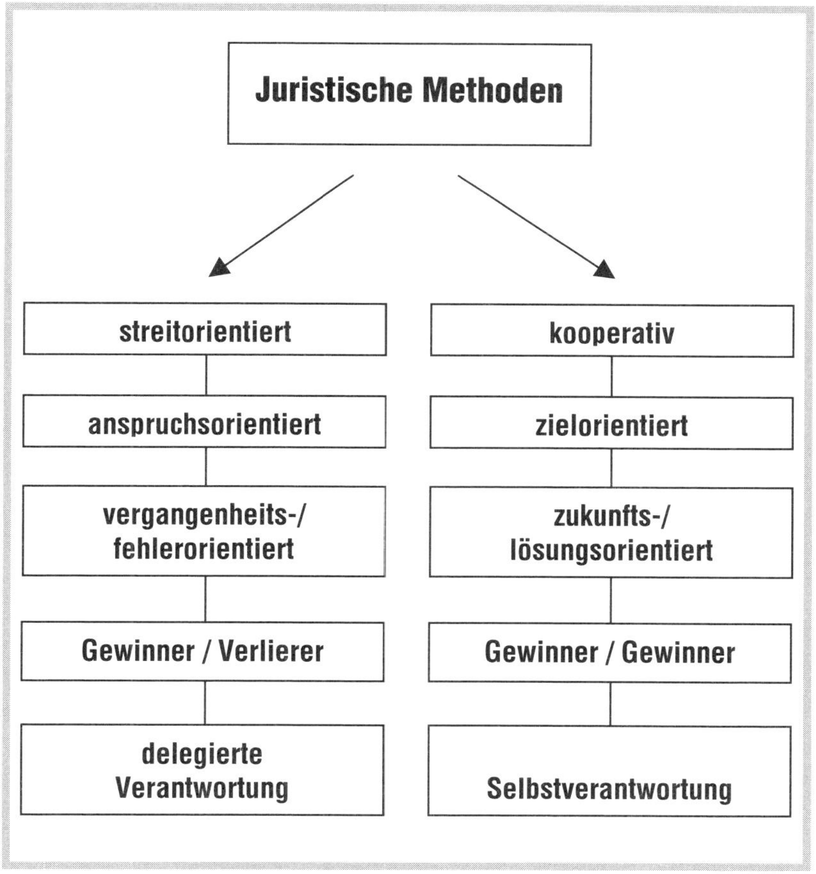

Abb. 14: Juristische Methoden

Die Unterteilung in zwei Hauptbereiche stellt die gegensätzliche Ausrichtung der streitorientierten/gerichtlichen und der kooperativen/mediatorischen Verhandlungsmethoden dar. Sie dient als Kurzzusammenfassung der wesentlichen Aspekte, deren Hinterfragung vor der Planung einer Gerichtsverhandlung eine Mediation sinnvoll werden läßt.

Mit welcher Methode ein Fall am besten bearbeitet wird, hängt davon ab, ob

- die Begegnung der jetzigen Streitparteien eine einmalige geschäftliche Aktion war,
- die Beweislage entsprechend günstig ist,
- es sich um rein finanzielle Ansprüche handelt oder
- es sich um rein rechtliche Aspekte dreht.

Ist auch nur einer dieser Faktoren zu verneinen, kommt bereits die Verhandlungs-/Mediationsmethode in Betracht.

Wenn es sich nur um eine einmalige Begebenheit handelt und nur geklärt werden muß, wer wem wieviel zu zahlen hat und ob er dies gegebenenfalls vor Gericht beweisen kann, kommen alle Positiva der klassisch- juristischen Methode zum Tragen.

Die Vorgänge in der Vergangenheit werden genauestens analysiert: Wer hätte was zum welchem Zeitpunkt wie machen müssen, wo hat er versagt und welche Konsequenzen resultieren daraus. Wenn dies auch noch mit den für den Zivilprozeß gängigen Beweismitteln des SAPUZ:

- Sachverständiger
- Augenschein
- Partei
- Urkunde
- Zeuge

zu beweisen ist, ist diese Methode perfekt geeignet. Sie erleichtert das Vorgehen gegen eine Streitpartei, die nicht verhandlungsbereit ist. Die Betrachtung des Falls, die lediglich einen Ausschnitt aus einem Gesamtsachverhalt und wirtschaftlichen Kontext darstellt, wird unter Hinzuziehung der gesetzlichen Normen und deren Tatbestandsmerkmale genauso geprüft, beurteilt und bewertet wie ein anderer beliebiger Fall. Hierdurch versucht die Justiz, per Gesetz Gerechtigkeit zu schaffen. Dies ist auch dann möglich, wenn nur bestimmte „Interessen", nämlich „Einzelfall", „Finanzen" und „Einmaligkeit" befriedigt werden sollen.

Durch die Betrachtung, wie andere ähnlich gelagerte Fälle vorher vom Gericht beurteilt wurden, kann eine etwaige Prognose darüber erstellt werden, wie der jetzt in Rede stehende Fall beurteilt werden wird. Dies ist bei einer Verhandlung, die viele Ergebnisse zuläßt, anders. Und darin liegt umgekehrt wieder ein Vorzug. Es ist von eminenter Bedeutung, vor der Festlegung auf ein Verfahren zu prüfen, welche Voraussetzungen vorliegen und was erreicht werden soll oder erreicht werden könnte.

Die Gegensätze „streitorientiert – kooperativ" und „delegierte Verantwortung – Selbstverantwortung" korrelieren. Der Streit, der zwischen den Parteien ausgefochten wird, ist in seiner Lösung nicht selbstbestimmt. Vielmehr werden Verantwortung sowie Entscheidung delegiert. Der Blick richtet sich auf das Gegensatzpaar „vergangenheits-/fehlerorientiert" und „zukunfts-/lösungsorientiert" bei der klassisch-juristischen Methode zurück in die Vergangenheit, während die mediatorische Verhandlungsmethode in die Zukunft blickt. Es sollen Lösungen gefunden werden, die wirtschaftlich sinnvoll und umsetzbar sind.

Bei der juristischen Betrachtungsweise geht die Suche in Richtung Fehler und Verantwortlichkeiten, um damit den geltend gemachten Anspruch zu untermauern. Dies reflektiert das nächste Gegensatzpaar: „anspruchsorientiert" im Gegensatz zu „zielorientiert". Bei der klassisch-juristischen Methode kommen nur die bisher gesetzlich festgelegten Anprüche in Betracht; eine Fortentwicklung über die Rechtsprechung hinaus dauert viele Jahre, teilweise Jahrzehnte, und geht mindestens über mehrere Instanzen.

Ganz im Gegensatz dazu steht die Zielorientiertheit der Mediation: Alle nur erdenklichen Ziele sind möglich. Das Ergebnis soll sein, daß beide gewinnen. Alle Seiten sind zufrieden und haben eine optimal auf sie zugeschnittene Lösung erreicht. Es wird eine wirkliche Befriedung erzielt.

Eine solche Gewinner-Gewinner-Situation kommt in der klassisch-juristischen Methode nicht vor, da diese bestenfalls einen gerichtlichen Vergleich vorsieht, der sich ausschließlich an Ansprüchen orientiert. Er ist weder nach wirtschaftlichen Gesichtspunkten differenziert, noch bezieht er kreative Aspekte mit ein. Der Grund liegt darin, daß das Gericht nur lösen kann, was rechtsanhängig gemacht wurde. Der Regelfall ist demzufolge ein Ausgang Gewinner-Verlierer oder Verlierer-Gewinner. Dafür wird mit allen Beweismitteln und Strategien gekämpft; das dazugehörige Regelwerk stellt die Zivilprozeßordnung.

In der Verhandlung und Mediation formulieren die Parteien selbst die Regeln. Diese Selbstverantwortung spiegelt sich sowohl in der Auswahl des Mediators und des Verfahrens als auch in seiner Durchführung und vor allen Dingen in der Art, wie Ergebnisse erzielt werden, wider.

3.2 Typischer Ablauf eines Konflikts und mögliche Lösungswege

Die Konflikte, die Unterstützung durch externe Berater sowie die möglichen Lösungsvarianten und ihre Konsequenzen werden in der folgenden Abbildung zusammenfasssend dargestellt.

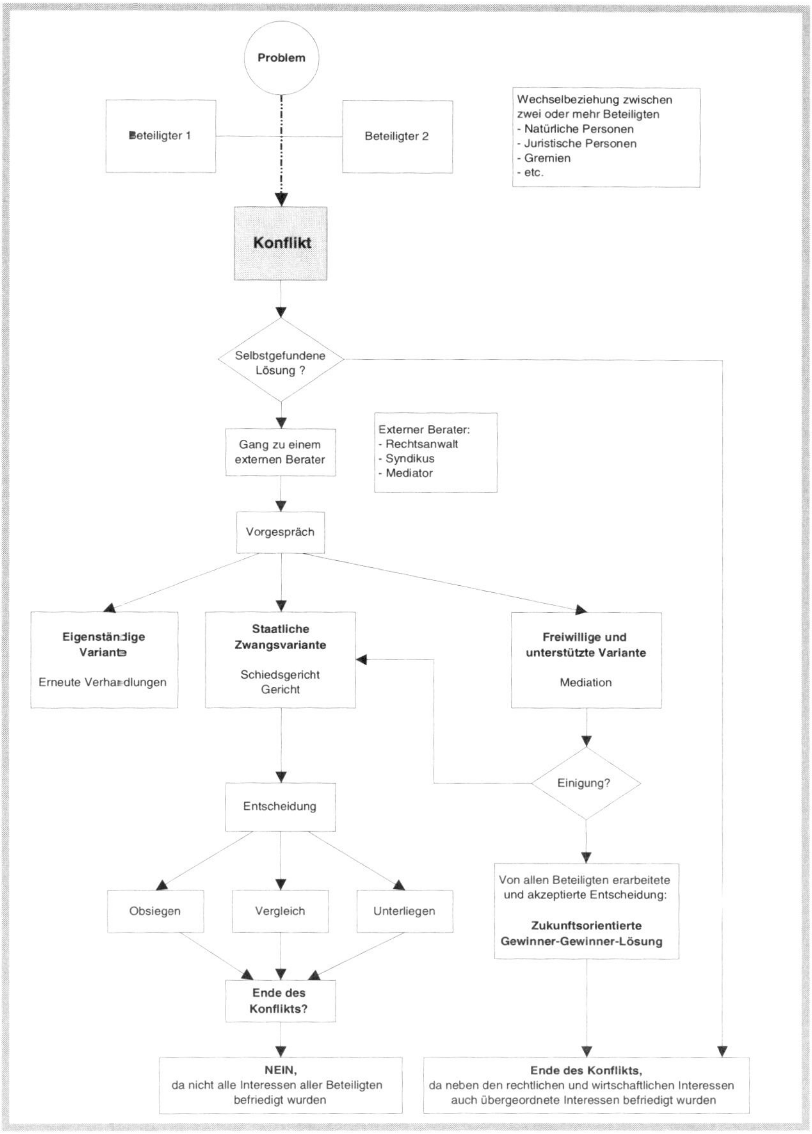

Abb. 15: Flußdiagramm zu Konflikten

3.3 Streitkultur im Wirtschaftsunternehmen

Eine oberflächliche Betrachtungsweise würde vorschnell fragen, ob Streit im Unternehmen überhaupt kultiviert werden sollte. Dies würde voraussetzen, daß Streit im Unternehmen generell existiert. Viele Manager würden dies sicherlich verneinen: „Bei uns gibt es keinen Streit – bei uns wird gearbeitet."

Was bedeutet eigentlich Streitkultur? Es ist der richtige „Umgang mit Konflikten".

Und was umfaßt ein Konflikt? Unterschiedliche Interessen, Standpunkte und Meinungen.

In diesem Punkt scheiden sich die Geister. Fast in allen Wirtschaftsunternehmen in Deutschland bzw. in ganz Europa wird Konflikt als etwas Negatives empfunden: „Menschen, die Konflikte haben, haben auch Probleme. Wir haben keine Probleme, also haben wir auch keine Konflikte." Hierin liegt die Crux. Wenn zwei Menschen miteinander kooperieren, kommt es zwangsläufig zu unterschiedlichen Auffassungen. Das ist bereits eine Vorform von Konflikt. Um diesen lösen zu können, muß eine gewisse Konfliktkultur existieren, ein Instrument, wie in dieser Situation mit unterschiedlichen Meinungen zu verfahren ist.

Da jedoch viele Geschäftsleute Konflikte als etwas Pathologisches empfinden, negieren oder ignorieren sie meist deren Existenz gänzlich. Besser wäre es, wenn sie den Konflikt gemäß seiner chinesischen Bedeutung als „Risiko" und „Chance" auffassen und sowohl die negativen als auch die positiven Anteile sehen würden.

Nachdem dies häufig nicht erfolgt, können Meinungsverschiedenheiten, die zunächst noch kreativ und effizient für das Unternehmen beigelegt hätten werden können, eskalieren und die Betroffenen persönlich berühren. Dabei sehen die Beteiligten nur ihre Position: „Das ist mein Standpunkt, und um diesen kämpfe ich." Es wird demnach zu einem persönlichen Konflikt kommen. Ob es für sie selbst bzw. das Unternehmen förderlich ist, zählt an dieser Stelle nicht mehr.

Statt eine Lösung zu suchen, wird das Problem in eine Ecke gestellt und zugedeckt. Wenn das Problem dann sprichwörtlich zu

„stinken" beginnt, muß man sich damit auseinandersetzen, weil auch bisher Unbeteiligte davon Kenntnis erhalten. In diesem Stadium ist es für die Betroffenen meist gar nicht mehr möglich, den Konflikt selbst aktiv zu lösen. Jetzt kommt es nur darauf an, die eigene Haut zu retten.

Dazu gibt es zwei Vorgehensweisen: Entweder man gibt vor, das Problem betreffe einen selbst gar nicht, oder man sieht sich nach jemand um, dem man das Problem anlasten kann. Gerade wenn es um die Befugnisse im Unternehmen, die eigene Position oder gar um den eigenen Arbeitsplatz geht, wird jedes Mittel recht sein, nicht für das Problem zur Verantwortung gezogen zu werden. In einem hierarchisch orientierten Unternehmen kann es auf die Mitarbeiter abgewälzt werden; in einem teamorientierten Unternehmen muß der „Schwarze Peter" einem Teammitglied zugeschoben werden.

Unterstützung oder gar Hilfe anzunehmen würde den Beteiligten als Schwäche angelastet werden, womit sich diese Möglichkeit von vornherein ausschließt.

Dadurch entfernen sich die Betroffenen jedoch von der Möglichkeit, den Konflikt zu lösen.

3.3.1 Auswirkungen des Wettbewerbs im Unternehmen

Unternehmen erkennen seit vielen Jahren, daß Wettbewerb zwischen Bereichen desselben Unternehmens sowohl gefährlich als auch anregend sein kann. Wenn der Wettbewerb gesund ist, stimuliert er die Motivation und fördert neue Ideen zutage. Wenn er zu einem Kampf eskaliert, bei dem der andere Bereich besiegt werden soll, dann kann Wettbewerb für das Überleben des Unternehmens sehr gefährlich werden.

Beispielsweise hat ein Direktor herausgefunden, daß eine Abteilung einer anderen bewußt Informationen vorenthalten hat, um ihre eigene Position zu verbessern. Die andere Abteilung hat jedoch aufgrund dieser zurückgehaltenen Informationen bedeutende Geschäfte verloren. Die Aufforderung an die beiden Abteilungen, sie sollen zusammenarbeiten, hat nicht viel geholfen, weil die Unternehmenskultur auf Wettbewerb ausgerichtet war.

Als ein Mediator hinzugezogen wurde, bestand sein großes Problem darin, beiden Parteien gegenüber neutral aufzutreten, obwohl er vom Direktor engagiert worden war. Daher begann er eine Reihe von Strategien, mit denen er sich in den frühen Stadien der Mediation vom Direktor distanzierte. Er handelte mit den Betroffenen zuerst eine Vereinbarung aus, nach der er dem Direktor nicht berichten würde, bis die Sache geklärt sei. Dann mußte er Strategien entwickeln, um das Vertrauen des Managements der beiden sich bekriegenden Abteilungen zu gewinnen. Nachdem dieses hergestellt war, konnte er die beiden Parteien für eine erste Angesicht-zu-Angesicht-Sitzung zusammenbringen. Diese Sitzung führte zu einer Vereinbarung, nach der beide Abteilungen sich um eine Änderung der Wettbewerbskultur kümmern wollten bzw. sie durch eine kooperative Kultur zum Wohle des ganzen Unternehmens ersetzen wollten.

3.4 Definition der Wirtschaftsmediation

3.4.1 Verschiedene Definitionen von Mediation

Die nachfolgenden Definitionen lassen erkennen, daß Mediation zwar zunächst einfach zu erfassen ist, sich bei näherer Betrachtung jedoch als überaus vielfältig und komplex erweisen kann. Das bedeutet nicht, daß Mediation per se kompliziert ist, sondern nur, daß eine knappe Definition den während einer Mediationsverhandlung auftretenden vielfältigen Aspekten nicht gerecht wird.

- *Definition nach Breidenbach, Frankfurt*
  Mediation ist die Einschaltung eines neutralen Dritten zur Vermittlung in Zwei- oder Mehrparteienkonflikten, mit dem Ziel einer Einigung, deren Besonderheit darin besteht, daß die Parteien freiwillig eine faire und rechtsverbindliche Lösung mit Unterstützung des Mediators auf der Grundlage der vorhande-

nen rechtlichen, wirtschaftlichen, persönlichen und sozialen Gegebenheiten und Interessen selbstverantwortlich erarbeiten.

- *Definition nach Lenz/Mueller, München*
  Mediation ist ein von einem neutralen Dritten moderiertes Konfliktlösungsverfahren, dessen charakteristisches Merkmal ein von den Konfliktparteien gemeinsam erarbeiteter, akzeptierter und vereinbarter Ausgang unter größtmöglicher Schadensbegrenzung bei gleichzeitiger Wahrung der persönlichen sowie geschäftlichen Interessen aller Kontrahenten ist.

  Aufgabe der Mediation ist es, alle Interessen aller Beteiligten unter Abwägung ihrer Möglichkeiten zu kanalisieren und in einen konzeptionellen Rahmen überzuleiten. Dieser Rahmen dient den Konfliktbeteiligten als Basis, auf der sie eine beiderseitig einvernehmliche Lösung entwickeln. Der Mediator, der als neutraler Verhandlungsteilnehmer weder Partei ergreift noch richterlich tätig ist, moderiert in der Hauptsache die Verhandlungen, zeigt Lösungsansätze auf und fungiert als vermittelnder Katalysator: Dadurch, daß einzig die Konfliktbeteiligten die freie Entscheidung über den Ausgang der Verhandlungen treffen, wird die Tragweite des Ergebnisses erhöht und ein Folgekonflikt verhindert.

3.4.2 Charakteristische Eigenheiten der Mediation

- *Der Mediator hat keine Entscheidungsgewalt*
  Nur die Parteien entscheiden über Durchführung, Fortführung, Änderung, Abbruch und Einigung.

- *Der Prozeß wird durch neutrale, allparteiliche Dritte unterstützt.*
  Der Mediator hat nur eine unterstützende Rolle und verhält sich absolut neutral. Er darf keinerlei Partei ergreifen.

- *Als Ziel gelten individuelle, parteibestimmte Lösungen*
  Sinn der Mediation ist eine von den Parteien selbst erarbeitete, auf ihren Konflikt abgestimmte, einvernehmliche Lösung.

- *Die direkte Kommunikation zwischen den Parteien steht im Vordergrund*
  Eine der wichtigsten Aufgaben des Mediators ist, die Kommunikation zwischen den Parteien anzuregen, zu fördern, zu etablieren und zu erhalten. Nur durch Kommunikation mit der gegnerischen Partei läßt sich ein gemeinsames Ziel erreichen.

- *Die Teilnahme an einer Mediation ist freiwillig*
  Weder der Mediator noch die Regeln der Mediation erlegen den Parteien irgendwelche Zwänge auf. Den Parteien steht es völlig frei, die Mediation durchzuführen oder zu jedem Zeitpunkt abzubrechen.

3.4.3 Welche Vorteile ergeben sich aus der Mediation?

- Die Mediation zielt darauf ab, in konkreten Konflikten tragfähige Lösungen zu erarbeiten.
- Mediation weckt und fördert den friedfertigen Umgang der Streitparteien miteinander und sorgt dafür, daß die Beziehungen der Parteien nach Beilegung des Konflikts friedlich fortbestehen.
- Sie dient den Konfliktbeteiligten dazu, durch ein wachsendes Verständnis füreinander die Fähigkeit zur Kooperation zu stärken.
- Mittels Mediation kann eine Konfliktlösung selbst dann noch erzielt werden, wenn sie aufgrund eines fortgeschrittenen Konfliktstadiums von den Streitparteien aufgegeben wurde.

3.4.4 Für wen eignet sich Mediation?

Im Wirtschaftskontext lassen sich grob drei Bereiche unterscheiden. Die Betrachtungsweise erfolgt vom Unternehmen aus gesehen nach außen sowie nach innen. Zur Verdeutlichung sind diese mit Beispielen versehen. Zusammenfassend ist erkennbar, daß fast jeder potentielle Konflikt mit Hilfe der Wirtschaftsmediation geregelt werden kann.

Zwischen Unternehmen im In- und Ausland

- bei Verhandlungen über bestehende Verträge
- bei Dauerschuldverhältnissen
- bei Problemen, die eine hohe zeitliche Brisanz haben
- bei Projekten, an denen mehr als zwei Parteien beteiligt sind

Innerhalb von Unternehmen im In- und Ausland

- zwischen Arbeitnehmern (Mobbing)
- Konflikte zwischen Arbeitnehmern und Arbeitgeber
- zwischen Unternehmen und Arbeitnehmer/Betriebsrat
- konzerninterne Konflikte (Umstrukturierungen, Fusionen, Aufkäufe)

Zwischen Unternehmen und Kunden im In- und Ausland

- bei Verhandlungen über bestehende Verträge mit Kunden
- bei Dauerschuldverhältnissen mit Kunden
- bei Problemen, die eine hohe zeitliche Brisanz haben
- bei Projekten, an denen mehr als zwei Parteien beteiligt sind
- bei Konflikten zwischen Franchisenehmer und -geber
- bei Konflikten zwischen Unternehmen und Behörde (Umwelt, Baurecht, öffentliches Verwaltungsrecht)

Generell eignet sich Mediation für jeden, der die Lösung eines Konflikts anstrebt und zu Gesprächen mit der Gegenseite bereit ist. Jeder, der in einen Streit verwickelt ist, sucht eine Lösung für eine Beendigung des Konflikts. Der bisherige Umgang mit Konflikten hat gelehrt, einem Streit offensiv zu begegnen. Als Kämpfer in der eigenen Sache sammeln die Streitparteien Munition, um ihr Anspruchsdenken zu verteidigen, den Gegner zu bekämpfen und einen alleinigen Sieg davonzutragen. An eine zukünftige gemeinsame Arbeit mit dem Gegner wird dabei nicht gedacht: Es gilt, den Gegner im Kampf zu besiegen und möglichst zu vernichten.

An diesem Punkt setzt die Mediation an. Die Streitparteien haben zwar gegensätzliche Positionen, sind jedoch keine Feinde, deren ausschließliches Interesse es sein kann, die Gegenpartei zu vernichten. Vielmehr wollen sie „nur" die eigenen Ansprüche und Wünsche durchsetzen. Mit Hilfe der Mediation können alle Parteien ihre Interessen und Positionen darlegen und gemeinsam eine Lösung erarbeiten, die nicht mit der Vernichtung der Gegenseite endet.

Dies zeigt die wesentliche Voraussetzung auf, die erfüllt sein muß, damit eine Mediation stattfinden kann. Alle Konfliktparteien müssen bereit sein, die Mediation als Konfliktlösungsstrategie anzuerkennen, und sich auf die Erarbeitung einer beiderseitig akzeptablen Kompromißlösung einstellen. Konfliktpartner, die diese Voraussetzung nicht mitbringen, eignen sich nicht zur Mediation.

Jeder Konflikt kann mit Hilfe von Mediation gelöst werden, wenn die Streitparteien zur Einigung bzw. zu einem Kompromiß bereit sind. Trotzdem gilt zu beachten, daß sich nicht alle Konflikte ohne weiteres mittels Mediation lösen lassen. Beispielsweise lassen sich religiöse oder ethnische Konflikte nicht auf diese Art bewältigen. Daher muß im Einzelfall untersucht werden, inwieweit die Mediation der geeignetste Weg ist, eine Lösung herbeizuführen. Sollte sich die Mediation als der für einen Konfliktfall ungeeignete Weg herausstellen, bleibt immer noch der Gang zum Gericht als letzte Option.

3.5 Zusammenfassung

In der Wirtschaftsmediation bewegt sich das Unternehmen trotz der völlig neuen Art, zu einer einvernehmlichen Entscheidung zu gelangen, in einer vertrauten Umgebung. In mediatorischen Verhandlungen geht es darum, ein Ziel zu definieren und eine Lösung zu erarbeiten.

Um die Streitkultur im Wirtschaftsunternehmen weiterentwikkeln zu können, muß Konflikt zunächst als etwas Normales akzeptiert werden. Sehr hilfreich ist die Betrachtung der chinesischen Deutung: Konflikt als „Risiko und Chance". Die darin enthaltene „Chance" wird noch zuwenig genutzt. Sie kann die Produktivität des Unternehmens fördern, Kosten einsparen und damit zum Wohle aller beitragen.

Mediation ist eine außergerichtliche Verhandlungsform, die auf die Erzielung einer für alle Streitparteien vorteilhaften Lösung ausgerichtet ist. Im Vergleich zu den sonst üblichen Verhandlungsmethoden bietet sie den Vorteil einer Gewinner-Gewinner-Lösung.

Diese kooperative Verhandlungsform führt im Gegensatz zu kompetitiven und konzilianten Verhandlungen, bei denen eine Partei verliert, zu einem Gewinn für beide Parteien. Die vierte Alternative, die des Kamikaze-Verhandelns, fügt allen Streitbeteiligten nur Verluste zu und kommt somit nicht in Frage.

Die Mediation ist zügiger und erheblich kostengünstiger als eine Gerichtsverhandlung. Zudem bedingen Gerichtsverhandlungen ausnahmslos kompetitive bzw. konziliante Ausgänge. Mediation eignet sich grundsätzlich für jeden Konflikt, dessen Beteiligte über ein Mindestmaß an Kompromißbereitschaft verfügen.

Die Mediation ist durch folgende Punkte charakterisiert:

- freiwillige und unbeeinflusste Teilnahme
- freie Entscheidung der Parteien
- Unterstützung durch neutralen, allparteilichen Dritten
- direkte Kommunikation der Beteiligten
- Möglichkeit, Beweggründe, Interessen und Standpunkte zu erläutern

Die Streitkultur im Unternehmen sollte von einem für alle akzeptablen Umgang mit auftretenden Konflikten geprägt sein. Der anschließende Überblick über verschiedene Strategien der Konfliktlösung und ihre Kurzbewertung im Hinblick auf Einseitigkeit, Zwanghaftigkeit und Zukunftsorientierung zeigt, wie die kooperative Verhandlungsform der Mediation eine optimale Leistungsbilanz erzielt.

Strategie	Beteiligter 1	Beteiligter 2	Bemerkungen	Zukunftsorientiert?
Faustrecht	Gewinner	Verlierer	Einseitige Lösung	Nein
Ältestenrat	Gewinner	Verlierer	Von Gemeinschaft gesteuerte einseitige Lösung	Nein
Gericht	Gewinner	Verlierer	Staatliche einseitige Zwangslösung	Nein
Schlichtung	Teilweise Gewinner	Teilweise Gewinner	Staatliche beidseitige Zwangslösung	Teilweise
Mediation	Gewinner	Gewinner	Freiwillige, beiseitig einvernehmliche Lösung	Ja

Abb. 16: Vergleich der Konfliktlösungsstrategien

Mediation ist eine von einem neutralen Dritten ohne Entscheidungsgewalt oder Zwangsmittel moderierte Verhandlung, in der die Parteien selbst eine Einigung erarbeiten. Als solche ist sie in jedem Unternehmensbereich einsetzbar. Sie kann nach innen wirken wie nach außen. Im Vergleich der Strategien ist die Mediation das Verfahren, das den Konflikt nicht nur beilegt, sondern tatsächlich beendigt. Mediation ist das Verfahren, das beide Seiten zu Gewinnern macht.

Merksatz

Bei vorliegender Kompromißbereitschaft der Kontrahenten kann jeder Konflikt mit Hilfe von Mediation gelöst werden.

4 Vorteile und Risikominimierung

Tu ne cede malis,
sed contra audentior ito.
Vergil, Äneis, 6,95

Weiche dem Unheil nicht,
noch mutiger tritt ihm entgegen.

In den vorigen Kapiteln wurde die Mediation definiert und in die Reihe der Strategien zur Lösung von Konflikten eingeordnet. Dabei hat der Vergleich mit den anderen Strategien gezeigt, daß die Mediation die geeignetste Konfliktlösungsstrategie ist, wenn es darum geht, eine tragfähige Gewinner-Gewinner-Lösung herauszuarbeiten. Die gefundene Einigung findet bei den Beteiligten Zuspruch und Akzeptanz, weil sie sie selbst erarbeitet haben und weil sie eine wirtschaftlich sinnvolle Entscheidung darstellt. Sie enthält erhebliche Vorteile, wie Zeit- und Kostenersparnis sowie Kontrolle über das Ergebnis. Dadurch legt die Mediation den Grundstein für Zufriedenheit auf allen Seiten und ermöglicht eine weitergehende Zusammenarbeit.

Neben diesen fundamentalen Aspekten gibt es weitere für das Unternehmen wichtige Vorteile, die die Entscheidung für eine Mediation vereinfachen.

Mögliche Risiken sollen jedoch nicht ungenannt bleiben, denn die Kenntnis darüber hilft, sie durch Abschluß des Mediationsvertrags von vornherein zu vermeiden. Zusätzlich können die Mediationsteilnehmer hinsichtlich der emotionalen Komponenten rechtzeitig und zielgerichtet einem Scheitern entgegenwirken. Darüber hinaus sollten im Verlauf des Mediationsgesprächs Fehler vermieden werden, die das erwünschte und erzielbare Ergebnis gefährden könnten.

Vorbehalte in den Bereichen Image und Unternehmenskultur

Trotz der außergewöhnlich hohen Erfolgsquote der Wirtschaftsmediation und trotz der für sich selbst sprechenden Vorteile gibt es in vielen Unternehmen gewisse Vorbehalte gegen diese neuartige Konfliktlösungsoption. Manche Vorbehalte beruhen schlicht auf fehlender bzw. unvollständiger Information über Mediation. Andere sind von psychologischen Aspekten geleitet, die sich durch Ängste vor „Neuem und Ungewohntem" charakterisieren lassen.

❑ *Vorurteile im Bereich Image*

- Informationen über Mediation sind mangelhaft.
- Mitteilungen von schlecht durchgeführten Mediationen schrecken ab.
- „Mediation" wird mit „Meditation" assoziiert.
- Mediation ist keine „harte" Lösungsstrategie, sondern ein „Soft Approach", der angeblich an „Psycho-Chaos" erinnert.
- Das Ganze sei ein neumodischer Ansatz, der an den Traditionen vorbeilaufe.

❑ *Vorbehalte im Bereich Unternehmenskultur*

- keine Promotion durch Unternehmensverbände
- keine Promotion innerhalb der Unternehmen
- keine Erfahrungswerte vorhanden, Informationen über Erfolge aus abgeschlossenen Mediationen nicht verfügbar
- fehlende Vorbildfunktion der Führungskräfte
- berufliche Konkurrenz zwischen den Rechtsabteilungen gegnerischer Unternehmen
- Konkurrenzdenken aufgrund negativer Einstellung zu unbekannten Verfahren
- Angst vor Verantwortung bei Empfehlung dieses Verfahrens
- Angst vor Macht- und Anerkennungsverlust im Falle des Scheiterns

- keine Kostentransparenz wie in einem Rechtsstreit
- Mediation als revisionstechnisch nicht nachvollziehbar erachtet
- Mediation bisher nicht als Marketinginstrument erkannt

Diese häufig geäußerten Vorurteile und Vorbehalte dokumentieren die noch geringe Verbreitung der Mediation in bestimmten Wirtschaftszweigen. Sie auszuräumen ist Aufgabe dieses Kapitels.

4.1 Vorteile für das Unternehmen

Zur besseren Übersicht sind nachfolgend die wichtigsten Vorteile aufgelistet, die im Anschluß detailliert beschrieben werden:

- ❑ Kontrolle über den Ausgang der Verhandlungen
- ❑ Erzielung eines wirtschaftlich sinnvollen Ergebnisses
- ❑ frei wählbarer Beginn der Mediation
- ❑ Flexibilität und freie Zeiteinteilung
- ❑ Wiederherstellung und Verbesserung der Geschäftsbeziehung
- ❑ Erreichung einer Gewinner-Gewinner-Lösung
- ❑ vertrauliches Verfahren
- ❑ unbürokratisches Verfahren
- ❑ Zeitersparnis
- ❑ Kosteneinsparung
- ❑ Vermeidung von Reibungsverlusten
- ❑ Steigerung der Produktivität
- ❑ positive Darstellung des Unternehmens

4.1.1 Kontrolle über den Ausgang der Verhandlungen

Einer der Hauptvorteile der Mediation ist, daß die Beteiligten zu jedem Zeitpunkt des Verfahrens die Kontrolle über das Ergebnis haben. Sie sind nicht gezwungen, sich zu einigen.

Die Parteien sprechen miteinander in einem Klima, das von vornherein auf die Lösung des Konflikts in einer für beide Seiten akzeptablen Weise ausgerichtet ist. Die Parteien haben den Ablauf und die Stimmung der Verhandlung selbst im Griff; sie werden lediglich durch den Mediator geleitet.

Die Mediation berücksichtigt, daß die Parteien sich meist seit Jahren kennen und seit langer Zeit funktionierende Geschäftsbeziehungen unterhalten, und greift diese Basis für die Lösungsfindung auf.

Ist ein Gerichtsverfahren erst einmal in Gang gesetzt, dann ist es mit einer Lawine vergleichbar; das Verfahren kommt ins Rollen, und man weiß nicht, was alles in die Lawine mit hineingezogen wird und wo sie zur Ruhe kommt. Das einzige scheinbar Vorhersehbare ist: Einer wird gewinnen, und der andere wird verlieren. Die alleinige Ausnahme dazu bildet der gerichtliche Vergleich. Das Gericht ist gem. § 279 ZPO gehalten, einen Vergleich vorzuschlagen. Dieser besteht regelmäßig darin, daß sich die Beteiligten in der Mitte treffen sollen. Ein Eingehen auf unternehmerische Bedürfnisse ist nicht möglich, da als Ausgangspunkt immer der juristische Anspruch gilt.

Bei der Mediation sind die Beteiligten nicht dem Risiko ausgesetzt, daß ein Gericht so entscheidet, wie sie es auf gar keinen Fall wünschen oder vielleicht anders wollten. Die Parteien können vor allem Inhalt und Ziele der Mediation selbst bestimmen. Entscheidend ist, daß erst wenn beide Seiten völlig mit einer Lösung einverstanden sind, diese akzeptiert werden muß.

Da der Mediator keine Entscheidungskompetenz hat, sondern nur für die Durchführung des Verfahrens verantwortlich ist, stellt er insoweit keinen Unsicherheitsfaktor dar. Von ihm kommt keine Entscheidung, der sich die Beteiligten unterwerfen müßten. Damit ist die Unsicherheit des Gerichtsverfahrens, u. U. alles verlieren und darüber hinaus noch für alle Kosten aufkommen zu müssen, nicht gegeben.

Die Kontrolle über die Entscheidung ist mehrschichtig. Zunächst besteht Freiheit darüber, ob das Unternehmen die gefundene und von der anderen Seite akzeptierte Lösung selbst auch annehmen will. Weiter besteht Entscheidungsfreiheit darüber, zu welchem Zeitpunkt eine vereinbarte Lösung angenommen wird. Wenn alle Bedenken und Vorbehalte ausgeräumt sind und jede Seite wirklich mit dem Ergebnis zufrieden ist, steht ihnen frei, der Lösung zuzustimmen. Selbstverständlich besteht Kontrolle auch über den gesamten Inhalt der Mediationsvereinbarung. Das, was in der Wirtschaft gerne als „Paket" behandelt wird, wird weder durch juristische Spitzfindigkeiten beeinträchtigt noch durch die Fokussierung auf ein besonderes juristisches Problem eingeschränkt, sondern als Ganzes mit allen wirtschaftlichen Konsequenzen beurteilt und möglicherweise akzeptiert. Dies ist eine Betrachtungsweise, die dem Wirtschaftsunternehmen viel näher liegt als rein juristische Abwägungen, ob ein Anspruch gegeben und nach der Beweislage auch durchsetzbar ist. Hinzu kommt, daß das Unternehmen diese Vorgehensweise gewohnt ist. Daher ist die Mediation ein für das Wirtschaftsleben höchst geeignetes Verfahren.

4.1.2 Erzielung eines wirtschaftlich sinnvollen Ergebnisses

Bei der Mediation wird das „Treffen in der Mitte", das aus gerichtlichen Vergleichen bekannt ist, ersetzt durch ein hohes Maß an Flexibilität bei ungeahnten Varianten. Im Gerichtsverfahren versuchen die auf juristische Ansprüche fixierten Parteien diese durchzusetzen. Aufgrund von Beweisschwierigkeiten können sie dies jedoch nur zum Teil.

Die Mediation bietet ihnen die Chance, Optionen und damit Einigungsmöglichkeiten zu finden, die von einem hohen Maß an Kreativität gekennzeichnet sind und inhaltlich weit über juristische Ansprüche hinausgehen.

Bei der Mediation werden die konkreten Interessen und Prioritäten der beteiligten Unternehmen berücksichtigt, und zwar durch die Unternehmen selbst. Im Rahmen des Verfahrens wird das Verständnis für die andere Seite gefördert. Wenn mehrere kreative Optionen auf dem „Mediationstisch" liegen, kann jedes Unternehmen entscheiden, was für sie die BATNA ist, die „best alternative to a negotiated agreement". Anhand objektiver Kriterien wird diese von jeder Seite separat für sich bestimmt. Gemeinsam wird dann eine Lösung erarbeitet, die beiden BATNAs nahekommt.

Wenn beide Seiten sich auf eine der gefundenen Varianten geeinigt haben, wird diese schriftlich in einer Mediationsvereinbarung niedergelegt. Wirtschaftlich untragbare Alternativen, wie sie beispielsweise beim Unterliegen in einem Gerichtsverfahren geradezu vorprogrammiert sind, scheiden vollkommen aus. Nur die Lösungen, die bezogen auf die jeweiligen Unternehmen wirtschaftlich sinnvoll und zukunftsorientiert sind, werden umgesetzt.

In der Mediation werden, bedingt durch das flexible, nicht an juristische Ansprüche geknüpfte Verfahren, kreativere Lösungen möglich. Eine objektive Gegenprüfung, ob die Einigung, die von den Unternehmen in Betracht gezogen wird, den allgemeinen Gerechtigkeits- und Rechtsvorstellungen entspricht, ist dabei unerheblich. Wichtig ist allein, daß für die beteiligten Parteien oder Unternehmen eine subjektiv optimale Lösung gefunden wurde.

In der Mediation wird kein vergangener Zustand behandelt, der ohnehin statisch ist.

4.1.3 Frei wählbarer Beginn der Mediation

Eine Mediation kann zu jedem Zeitpunkt eines Konflikts begonnen werden. Dies gilt ebenso für ein Stadium, in dem zwar der Konflikt bereits als „Sandkörnchen im Getriebe" steckt, aber die wirtschaftlichen, rechtlichen und emotionalen Implikationen noch relativ gering sind. Je frühzeitiger eine Mediation eingeleitet wird, um so einfacher, schneller und kostengünstiger verläuft sie.

Die Mediation ist nicht an bestimmte Situationen, Konstellationen oder rechtliche Vorgaben gebunden. Selbst wenn die Konfliktpartner bereits kurz vor dem Entschluß stehen, mit ihrem Streit vor Gericht zu gehen, kann noch immer eine Mediation eingeleitet werden, die eine probatere Lösung herbeiführt. Selbst nach Beginn eines Gerichtsverfahrens können die klassischen Vergleichsverhandlungen durch die Wirtschaftsmediation ersetzt werden, um eine optimierte Lösung zu erreichen, die gerichtlich protokolliert wird und damit gleich zwei Effekte vereint: die richtige Lösung und die Beendigung des Gerichtsverfahrens.

Bei gerichtlichen Verfahren müssen Termine und ein erheblicher zeitlicher Vorlauf eingehalten werden. Im Gegensatz dazu kann eine Mediation ohne viel Zeitverlust initiiert, durchgeführt und abgeschlossen werden. Ausschlaggebend ist nur der Wille, mit Hilfe der Mediation etwas zu erreichen.

4.1.4 Flexibilität und freie Zeiteinteilung

Die Flexibilität gilt sowohl für die Gesamtdauer des Mediationsverfahrens als auch für die Fixierung der einzelnen Mediationstermine und deren Dauer. Es kann ganz nach den Bedürfnissen der beteiligten Unternehmen festgelegt werden, wann, wo und wie lange die Treffen stattfinden. Spontane, unvorhergesehene oder für das Unternehmen unaufschiebbare Termine können hierbei berücksichtigt werden. Wenn ein wichtiger Geschäftsabschluß ansteht, kann ein angesetzter Mediationstermin leicht durch telefonische Absprache verschoben werden. Zur Verschiebung eines Gerichtstermins dagegen müßten entsprechende Anträge gestellt und Begründungen für die Verschiebung geliefert werden, die vom Gericht nicht akzeptiert werden müssen.

In bestimmten Branchen ist es besonders wichtig, bei Konflikten schnell eine Lösung zu finden. Beispielsweise ist es im gesamten Software-Bereich in Anbetracht der rasch fortschreitenden Entwicklung sinnvoll, im Mediationsverfahren zu einer außergerichtlichen Einigung zu kommen, anstatt jahrelang durch die Instanzen zu streiten, da die Programme schneller veralten, als ein Urteil selbst in beschleunigten Verfahren erstritten werden kann. Somit gelangt man in diesem unbürokratischen, aber strukturierten Verfahren entsprechend zügig zu einem konkreten Ergebnis.

Anwälte, die an Mediationen teilnehmen, beschränken ihren Beitrag meist auf die Bereitstellung der notwendigen Informationen und die Beratung ihrer Klienten. Zusätzlich könnten sie Dokumente und Schriftsätze vorbereiten. Die Konfliktbeteiligten können all jene Informationen zur Mediation mitbringen, die der Streitlösung dienlich sein können. Es ist nicht erforderlich, Informationen formalistisch aufzubereiten und hinsichtlich ihres Beweiswerts zu hinterfragen.

Die Zeitplanung einer Mediation ist effizient. Es ist nicht ungewöhnlich, daß eine Mediation innerhalb von zwei Wochen, nachdem der Wunsch zur Durchführung eingegangen ist, stattfindet. Dies bedeutet, daß die Zeitspanne zwischen dem Eintreten eines Ereignisses und seiner Lösung gegenüber den traditionelleren Gerichts-, Schiedsgerichts- oder Schlichtungsverfahren erheblich verkürzt wird. Daraus folgen für die Parteien hohe Effizienz und Gewißheit darüber, daß sie innerhalb eines vernünftigen zeitlichen Rahmens den Konflikt beenden werden. Insbesondere bei Arbeitsplatzstreitigkeiten kann ein ungelöster Konflikt schwelen und sich ausbreiten, wenn er nicht bereinigt wird. Mediation ist ein konstruktiver Weg, Streit anzugehen.

4.1.5 Wiederherstellung und Verbesserung der Geschäftsbeziehung

Durch faire, interessengerechte und kreative Lösungen kann eine Geschäftsbeziehung wiederhergestellt werden, die bereits beendet schien. Aufgrund des Verständnisses für die jeweils andere Seite, das durch die Mediation gewonnen wird, kann eine unter Spannungen stehende Geschäftsbeziehung wieder fortgeführt und im Vergleich zum früheren Zustand mitunter verbessert werden.

Das Unternehmen, das sich einem Inkasso-, Mahn- oder Gerichtsverfahren ausgesetzt sieht, wird die Geschäftsbeziehungen zu dem Unternehmen abbrechen, das auf der anderen Seite steht. Die bestehende Verbindung könnte nur unter erheblichen Schwierigkeiten aufrechterhalten werden, da die Geschäftsbeziehung durch den Konflikt und die Auseinandersetzung deutlich belastet wird.

Die Durchführung des Mediationsverfahrens führt auf beiden Seiten zu mehr Verständnis für die wirtschaftliche Situation des jeweils anderen Unternehmens und zu mehr Verständnis für die Beweggründe der dahinterstehenden Personen. Wird bedacht, daß ein Unternehmen nur so gut sein kann wie seine Mitarbeiter, ist es eminent wichtig, daß diese ohne Reibungsverluste im eigenen und mit anderen Unternehmen arbeiten können. Durch den fairen Umgang miteinander im Mediationsverfahren und das Finden zukunftsorientierter Lösungen leben beendete Geschäftsbeziehungen wieder auf. Wenn ein Mediationsverfahren eingeleitet wird, bevor staatliche Zwangsmaßnahmen angedroht oder durchgeführt werden, dann führt das insgesamt zu einer Verbesserung der Beziehung aus den oben dargestellten Gründen.

Da die Mediation ein flexibles und zugleich strukturiertes Verfahren ist, können alle daran beteiligt werden, auf die der Konflikt eine Auswirkung hatte. Gerade bei Schwierigkeiten mit dem Personal kann im Mediationsverfahren ein ganzes Beziehungsgeflecht erfaßt werden, was in einem Gerichtsverfahren unmöglich wäre. Eine dadurch gefundene Lösung wirkt vierfach. Erstens sind alle Beteiligten mit ihrem Konflikt und den damit für sie verbundenen Problemen gehört und verstanden worden, was eine wichtige Voraussetzung für die Lösung des Konflikts ist. Zweitens hatten sie Gelegenheit, die Hintergründe aller anderen Betroffenen zu hören und damit Verständnis für die Gesamtsituation zu entwickeln. Dies wiederum führt drittens zur Vermeidung solcher Konflikte in der Zukunft, und viertens wurde durch das Mediationsverfahren sehr viel Zeit und Geld gespart.

Die Parteien befassen sich nicht mit den Problemen, die sie trennen, sondern mit Lösungen, die sie wieder zu dem zusammenführen, womit sie einmal begonnen haben: einer funktionierenden Geschäftsbeziehung. Der wichtigste Grund für Unternehmen, die Mediation zur Lösung von Streitfällen in Betracht zu ziehen, ist die Tatsache, daß sie funktioniert. Sie funktioniert in mehrerlei Hinsicht besser als andere formale Methoden. Der wichtigste Grund ist, daß für viele Unternehmen eine weitergehende Geschäftsbeziehung unumgänglich hinsichtlich des Unternehmenserfolgs ist. Die Mediation kann oft Streitfälle lösen und gleichzeitig die Geschäftsbeziehung bewahren.

4.1.6 Erreichung einer Gewinner-Gewinner-Lösung

Jedes Unternehmen verhandelt täglich unter verschiedensten Bedingungen mit höchst unterschiedlichen Ausgängen. Grundsätzlich kann man drei unterschiedliche Arten des Verhandelns beobachten. Bei der ersten Art gibt es immer einen Sieger und einen Verlierer: „Weil ich gewinne, verlierst du“ oder „Ich muß verlieren, damit du gewinnst.“ Die Einstellung der Parteien ist dabei von Schwarzweiß-Entscheidungen geprägt. Kompromisse oder über das Konfliktfeld hinausgehende kreative Lösungen sind undenkbar. Die zweite Verhandlungsmethode ist diejenige, die zum beiderseitigen Verlust führt: der negativste aller denkbaren Ausgänge. Die dritte und bisher am wenigsten praktizierte Art ist das kooperative Verhandeln, bei dem beide Seiten den Verhandlungstisch als Gewinner verlassen.

Der Grund dafür, daß diese Methode nur so selten angewendet wird, mag an dem Vorurteil liegen, das Kooperation mit Schwäche gleichsetzt. Dieses Vorurteil, das seinen gesellschaftlichen Ursprung in der irrigen Meinung hat, nur der siegreiche Kämpfer verkörpere eine starke Person, wird durch die enormen Chancen entkräftet, die die mediatorische Zusammenarbeit bietet. Das alte Sprichwort „Viel Feind’, viel Ehr’“ wird ersetzt durch „Weniger Verlust, mehr Gewinn“!

Hieran orientiert sich die Mediation. Durch die ihr eigene Flexibilität, die Lösungen ermöglicht, die nicht an juristische Ansprüche gebunden sind, bleiben beide beteiligten Unternehmen Gewinner. Hinter der Mediation steht der Gedanke von Fair play und der Versuch, den anderen Beteiligten zu verstehen, indem man sich in ihn hineinversetzt. Eine Haltung, die generell in gut geführten kooperativen Verhandlungen vorzufinden ist. Eine derart erzielte Lösung birgt die vorgenannten Vorteile in sich. Da beide Seiten die gefundene Lösung selbst erarbeitet haben und voll dahinterstehen, werden sie sie langfristig akzeptieren und einhalten.

Wenn beide Beteiligten Gewinner sind, entfallen die Probleme eines Gerichtsverfahrens, bei dem ein Urteil erstritten wird und dieser juristische Titel dann im Wege der Zwangsvollstreckung durchgesetzt werden muß. Dies spart Zeit und Geld. Das gegenseitige Verständnis und die Akzeptanz der von beiden Seiten gefundenen Entscheidung schafft wiederum neue Kreativitätspotentiale, die wirtschaftlich genutzt werden können.

4.1.7 Vertrauliches Verfahren

In bestimmten Branchen spielt Schnelligkeit eine ganz entscheidende Rolle, in anderen Branchen besitzt Vertraulichkeit die größere Bedeutung. Im Mediationsverfahren ist sichergestellt, daß nur die Beteiligten Kenntnis von dem Konflikt, dem Verfahren und der Lösung erhalten. Im Mediationsvertrag verpflichten sich die Beteiligten schriftlich dazu. Imageverluste, die entstehen können, wenn ein Unternehmen vor Gericht verklagt wird und dadurch sowohl Konkurrenz als auch Kunden von den Schwierigkeiten und Konflikten erfahren, werden im Mediationsverfahren auf Null reduziert.

Ebensowenig kommen Imageverluste gegenüber der anderen Seite, die durch das Unterliegen in einer Gerichtsverhandlung entstehen, zum Tragen, da keine Entscheidung akzeptiert werden muß, die nicht dem entspricht, was das Unternehmen wirtschaftlich tragen kann und will.

Eine Ausnahme zur vereinbarten Vertraulichkeit liegt dann vor, wenn alle Beteiligten die erfolgreiche Durchführung eines Mediationsverfahrens in der Öffentlichkeit zu Marketing- oder Publicityzwecken darstellen wollen. Dies muß vertraglich jedoch fixiert werden.

4.1.8 Unbürokratisches Verfahren

Auch für prozeßerfahrene Unternehmen hat das Mediationsverfahren aufgrund seiner unbürokratischen Durchführung viele Vorteile.

Vorherrschend bei der Mediation sind die Interessen der beteiligten Unternehmen, die direkt von Bedürfnissen und Zwängen aus der Wirtschaft geprägt sind und nur mittelbar von juristischen Ansprüchen. Demzufolge wird auch in der „Sprache“ verhandelt, in der die Unternehmen gewohnheitsgemäß kommunizieren. Juristische Verklausulierungen und Fachausdrücke sowie die Einhaltung von Formalien – wie die Antragstellung, die gerichtliche Protokollierung nach jedem Satz etc. – behindern den Mediationsablauf nicht. Das Verfahren kann ganz nach den Wünschen der Beteiligten durchgeführt werden. Gewollte Unterbrechungen können jederzeit abgestimmt werden, beispielsweise zur Beschaffung weiterer Informationen.

Weniger prozeßerfahrenen Unternehmen bietet die Mediation die Möglichkeit, sich ähnlich wie in einer Geschäftsverhandlung zu verhalten. Aufgrund dieser bekannten und gewohnten Situation sind die Beteiligten entspannter und können sich mehr auf die Sachinhalte konzentrieren, was wiederum schneller zu einer Einigung führt.

Letztlich ist das Verfahren an sich effizient, weil es vom Mediator so strukturiert wird, daß es die speziellen Belange der betroffenen Individuen aufgreift und die Verfügbarkeit und Terminpläne all derer berücksichtigt, die anwesend sein müssen. Mediatoren sind geschult, eine flexible Strategie zu verwenden, die die Parteien ihre Entscheidungen selbst fällen läßt – die meisten Unternehmer haben kein Interesse an künstlich in die Länge gezogenen Sitzungen und sind daher eher geneigt, ihre Belange so effizient und effektiv wie möglich darzustellen. Die Präsenz eines neutralen Dritten, der Hilfestellung gibt, Stolpersteine zu identifizieren, verwirrende Aussagen zu klären, kreative Optionen zu erforschen und das gegenseitige Verständnis der Interessen zu sichern, verstärkt das Potential, eine effiziente Lösung der Probleme zu finden.

4.1.9 Zeitersparnis

Fast jedes Unternehmen sah sich schon einmal gezwungen, gegen säumige Schuldner vorzugehen – sei es mit einem Mahnbescheid oder mittels einer Klage. Ebenso kann sich ein Unternehmen in der anderen Position wiederfinden – gerechtfertigt oder ungerechtfertigt – nämlich verklagt zu werden. In jedem Fall ist sowohl das vorgerichtliche Mahnverfahren als auch das gerichtliche Verfahren langwierig. Um im Mahnverfahren einen vollstreckbaren Titel zu erwirken, muß zunächst das richtige Formular vorliegen. Andernfalls muß es erst beschafft werden. Der Aufwand für Besorgung und Ausfüllen des Formulars sowie die Beschaffung von Gerichtskostenmarken kosten Zeit und Geld. Danach muß bis zur Zustellung des Mahnbescheids vier Wochen gewartet werden. Legt der Schuldner nicht binnen zwei Wochen nach Zustellung fristgerecht Widerspruch ein, kann der Vollstreckungsbescheid beantragt werden. Dieser benötigt ebenfalls bis zu vier Wochen für die Zustellung. Einige Zeit später wird der Vollstreckungsbescheid erlassen. Erst danach beginnt die eigentliche Prozedur. Der Vollstreckungsbescheid muß an die zentrale Verwaltungsstelle der Gerichtsvollzieher geleitet werden, um von dort dem richtigen Gerichtsvollzieher zugewiesen zu werden. Noch immer hat das Unternehmen kein Geld: Schuldner behaupten gegenüber Gerichtsvollziehern recht erfolgreich, zur Zeit nicht liquide zu sein. Oft geben sich diese damit zufrieden. Das Unternehmen, das nun nach anderen Möglichkeiten der Vollstreckung sucht, stellt fest, daß bereits einige Monate ins Land gegangen sind, ohne daß neben viel Arbeit und Kosten ein verwertbares Ergebnis vorliegt.

Wenn im Wege des Mahnverfahrens vorgegangen wird und der Schuldner rechtzeitig Widerspruch einlegt, muß sich das Unternehmen entscheiden, ob es klagen wird oder die Angelegenheit fallenlassen möchte. Trotz sofortiger Einreichung der Klage muß dafür Zeit aufgewendet werden. Die im Unternehmen zuständigen Personen müssen den Sachverhalt schriftlich oder mündlich dem Rechtsanwalt zur Kenntnis geben. Beim Amtsgericht ginge das theoretisch auch ohne, wird so jedoch nie von Unternehmen gehandhabt. Der Anwalt fertigt den Schriftsatz, der vom Mandanten bzw. Unternehmen Korrektur gelesen werden muß. Dann benötigt der Anwalt den Kostenvorschuß für das Gericht, evtl. auch einen Vorschuß auf sein eigenes Honorar. Nach der Einreichung wird der Beklagte aufgefordert, binnen zwei Wochen anzuzeigen, ob er sich gegen die Klage verteidigen will.

Je nach Komplexität des Falls wird die Angelegenheit im schriftlichen Verfahren oder, wie der Regelfall lautet, im mündlichen Verfahren mit Gerichtsterminen durchgeführt. Ein Gerichtstermin ist meist erst nach einigen Monaten zu erwarten. Dabei stellt sich möglicherweise heraus, daß Zeugen befragt werden müssen, die noch nicht benannt sind. Dergestalt zieht sich die ganze Angelegenheit noch weitere Monate hin.

In der Mediation organisiert der Mediator kurzfristig einen Termin mit der anderen Seite. Das kann bei Angelegenheiten, die große zeitliche Brisanz haben, bereits innerhalb weniger Tage sein. Bei der Vorbereitung klärt der Mediator ab, welche Personen teilnehmen sollen und welche Unterlagen benötigt werden, um für die beteiligten Parteien möglichst kurzfristig eine Lösung zu ermöglichen. Je nach Kooperation der Beteiligten kann eine Mediationsvereinbarung in wenigen Sitzungen im Abstand von einigen Tagen erreicht werden. Im Extremfall kann eine Vereinbarung gefunden werden, noch bevor daran zu denken wäre, daß der Mahnbescheid auszufüllen sei.

Zeit ist der wichtigste Kostenfaktor eines Unternehmens. Zeit, die für unproduktive Arbeiten aufgewandt wird, fehlt dem Unternehmer für seine originären Aufgaben wie Kundenakquisition, Entwicklung und Sicherung der Unternehmensstabilität sowie Erhaltung und Steigerung der Produktivität.

Wenn es stimmt, daß für die Unternehmen Zeit Geld ist, dann bedeutet Mediation gespartes Geld.

4.1.10 Kosteneinsparung

Die Mediation ist fast immer kostengünstiger als ein Gerichtsverfahren. Neben der vordergründigen Einsparung von Gerichts- und Anwaltskosten spielen die insgesamt kürzere Dauer, die sich wiederum auf die Kosten auswirkt, und die Einsparung an Arbeitsleistung eine gewichtige Rolle, ebenso die Vermeidung von Reibungsverlusten.

Da die Mediation in einem kürzeren Zeitrahmen durchgeführt wird als ein Gerichtsverfahren, können sich die Mitarbeiter, die sonst mit dem Gerichtsverfahren, der Informationsbeschaffung und -weitergabe zu beschäftigen wären, wieder auf ihre eigentlichen Aufgaben konzentrieren.

Zur Anschauung mögen folgende Zahlen dienen: Das CPR Institut in New York, eine Organisation zur Förderung von Mediation, getragen von 500 großen Unternehmen, Anwaltskanzleien und Rechtsfakultäten, errechnete für 681 US-Firmen, die über CPR im Zeitraum von 1991 bis 1996 Mediation in Anspruch genommen haben, eine Einsparung an Verfahrenskosten von insgesamt 211 Mio. US-Dollar, pro Unternehmen im Schnitt 310.000 US-Dollar.

Diese vermeidbaren Kosten umfassen Prozeßkosten, Anwaltsgebühren, diverse Auslagen und Ausgaben, weil die Mitarbeiter nicht am Arbeitsplatz sind, Kosten aufgrund von Produktionsverzögerungen oder schlechter Moral auf der Arbeitsebene, Nachschulungskosten für neue Mitarbeiter. Es gibt zusätzlich indirekte Kosten, die mit dem Verlust von Kunden und/oder des positiven Images in der Branche verbunden sind, sowie andere ungeplante finanzielle Einbußen, die aus Streitigkeiten innerhalb eines Unternehmens oder mit anderen Unternehmen resultieren.

Ein nicht faßbarer Kostenpunkt, den das Unternehmen berücksichtigen sollte, sind die „emotionalen Kosten" formaler Verfahren: Unternehmer oder Mitarbeiter, die in lang andauernde Verfahren eingebunden sind, werden oftmals von ihren eigentlichen Aufgaben oder Verpflichtungen abgelenkt und leiden unter mentalem und physischem Streß, der ihre Arbeitsleistung negativ beeinflußt. Nachdem eine Mediation ein informelles und privates Verfahren ist, das gleichwohl sehr emotional sein kann, ist es für die Teilnehmer weniger streßbehaftet als eine öffentliche Anhörung oder ein Gerichtsverfahren.

Selbst Mediationen, die nicht in einer kompletten Lösung eines Konflikts enden, sind kostensparende Investitionen für ein Unternehmen. Unabhängig vom Ausgang sind die Parteien in einer Mediation aufgerufen, Informationen auszutauschen, die sonst nicht (mit)geteilt werden würden. Diese Informationen sind selbst dann nützlich, wenn sie aufgrund einer Übereinkunft oder gesetzlichen Schutzes nicht gegen die jeweils andere Partei verwendet werden dürfen.

4.1.11 Vermeidung von Reibungsverlusten

Bei der Vorbereitung und Durchführung eines gerichtlichen Verfahrens sind Informationen aus der Vergangenheit zusammenzutragen und mit dem Rechtsanwalt zu besprechen. Vielfach müssen Schriftsätze gegengelesen werden und Mitarbeiter des Unternehmens bei Gericht als Zeugen erscheinen. Vor Gericht sind nicht unerhebliche Wartezeiten einzukalkulieren; ebenso können angesetzte Termine länger als vorgesehen dauern. In dieser Zeit kann der Mitarbeiter nicht seiner eigentlichen Tätigkeit im Unternehmen nachgehen, die zukunftsorientiert auf die Erstellung einer Dienstleistung oder eines Produkts ausgerichtet ist.

Bei Gericht geht es nur um die Aufarbeitung der Vergangenheit. Seit der Konflikt zwischen den beteiligten Seiten existiert, bestehen auch Reibungsverluste in der Abwicklung der geschäftlichen Angelegenheiten. Diese verschlimmern sich mit Beginn des Gerichtsverfahrens. Zeitliche, inhaltliche und emotionale Belange spielen eine große Rolle, weitere geschäftliche Aktivitäten werden davon deutlich überschattet. Durch den Standpunkt „Denen werden wir es schon zeigen“ sind neue Konflikt vorprogrammiert; ein sinnvolles Miteinander wird unmöglich. Die Geschäftsbeziehung wird für die Zukunft zerstört, und beiden Seiten geht es nur noch darum, der anderen möglichst viel zu schaden. Dies führt zu weiteren Reibungsverlusten und neuen Konflikten innerhalb des Unternehmens. Der klassische Dominoeffekt tritt ein.

Im Mediationsverfahren kennen beide Unternehmen die Probleme der jeweils anderen Seite und können daher gegenseitiges Verständnis entwickeln. Getragen von diesem Verständnis und geleitet von ihren Interessen, können sie Optionen finden, die es ihnen ermöglichen, den Konflikt aus der Vergangenheit zukunftsorientiert zu lösen und weiterhin gut miteinander zu arbeiten.

Die nicht zu unterschätzende nervliche Belastung, die sich bei einem Gerichtsverfahren über Monate oder Jahre hinziehen kann, fällt beim Mediationsverfahren völlig weg.

John M. Haynes, einer der bekanntesten Mediatoren in den USA, hat für die Vermeidung von Reibungsverlusten ein Beispiel parat, das stellvertretend für die vergleichbare Situation in Deutschland stehen kann:

In größeren Kanzleien gibt es Seniorpartner, Partner, Juniorpartner, Angestellte und freie Mitarbeiter. Die Seniorpartner treffen gewöhnlich die Entscheidungen. In einem Fall nahmen die Seniorpartner einen Juniorpartner auf, der behauptete, innerhalb von fünf Jahren mehr als 1 Mio. Dollar Gewinn im Immobiliengeschäft zu erzielen. Sein Grundgehalt wurde in Erwartung der enormen zu erwartenden Einkünfte höher angesetzt als das der anderen Juniorpartner. Obwohl der neue Juniorpartner nach zwei Jahren nicht ein Viertel des versprochenen Umsatzes erreichte, sahen die Seniorpartner keine Notwendigkeit, sein Grundgehalt zu ändern. Die anderen Juniorpartner verlangten jedoch eine Anpassung, die den wahren Wert aller Juniorpartner reflektierte.

Der Mediator wurde hinzugezogen, als die Partner keine Einigung erzielten und die Einkünfte der Kanzlei unter der sinkenden Moral zu leiden begannen. Sein erster Schritt war, sich mit den beiden Gruppen getrennt zu treffen. Die Seniorpartner räumten ein, daß es ein Fehler war, den neuen Partner zu diesen Konditionen aufzunehmen, sträubten sich jedoch, nachdem sie sich zu einem bestimmten Einkommen für ihn verpflichtet hatten, ihr Wort zu brechen und das Grundgehalt zu ändern. Für sie war es eine Frage der Ehre. Die Juniorpartner waren erbost darüber, daß der neue Juniorpartner ein zusätzliches Einkommen erhielt, ohne sich zu bewähren, während sie sich als freie Mitarbeiter bei einem niedrigeren Einkommen bewähren müßten bevor sie Partner würden.

Der Mediator arbeitete mit beiden Gruppen die Positionen klar heraus, um sich darauf zu konzentrieren, was am besten für die Kanzlei wäre und nicht für die Juniorpartner oder die Seniorpartner. Als er sicher war, daß ihre Positionen von dem übergeordneten Ziel bestimmt waren, die Kanzlei erfolgreich zu machen, brachte er sie in einer gemeinsamen Sitzung zusammen. In dieser wurde vereinbart, daß eine Kommission aus Seniorpartnern und Juniorpartnern sich mit dem Juniorpartner, der im Immobiliengeschäft tätig war, trifft und sein Einkommen basierend auf seiner Leistung neu verhandelt. Indem die Juniorpartner in die Kommission einbezogen wurden, konnten die Seniorpartner bei der Anpassung ihr Gesicht wahren. Moral und neuer Arbeitselan kehrten in die Kanzlei zurück, nachdem der Streit beigelegt war.

4.1.12 Steigerung der Produktivität

Die Mediation hat den Vorteil, ein schnelles Verfahren zu sein, durch das die beteiligten Unternehmen rasch zu einer Lösung kommen, die für beide Seiten optimal ist. Darüber hinaus wird nicht nur der Konflikt aus der Vergangenheit gelöst, sondern auch die Grundlage geschaffen, die geschäftlichen Aktivitäten zu festigen und auszubauen. Bei einer Mediation werden enorme Kreativitätspotentiale freigesetzt, die es erlauben, mit einem vermeintlichen Gegner neue Geschäftsideen zu entwickeln und umzusetzen. Dadurch wird die Produktivität des Unternehmens ebenso wie die Motivation der Mitarbeiter gesteigert.

4.1.13 Positive Darstellung des Unternehmens

Mediation ist ein vertrauliches Verfahren. Trotzdem können die Erfolge, die die Mediation erreicht, der Öffentlichkeit präsentiert werden, wenn alle Beteiligten zustimmen.

Bereits die Aufgeschlossenheit einem Verfahren gegenüber, das zukunftsorientiert, schnell, flexibel und kostengünstig ist, läßt positive Rückschlüsse auf andere Aspekte des Unternehmens zu.

Sollte ein Unternehmer der Meinung sein, daß seine Position und die der anderen Partei derart weit auseinanderliegen, daß das Zusammensitzen mit einem neutralen Dritten wenig bezwecken würde, ist dieser Unternehmer dennoch gut beraten, an einer Mediation teilzunehmen: Selbst wenn keine Einigung erzielt wird, stellt die Teilnahme eine kostengünstige Demonstration guten Willens dar, die vorteilhaft bei Richtern, Schiedsrichtern oder in der Öffentlichkeit nachwirkt.

Im Hinblick auf die Festigung bereits bestehender Geschäftsbeziehungen, aber auch für die neuerliche Akquisition sowie die Anbahnung neuer Geschäftsbeziehungen ist die Mediation von großem Vorteil. Ein potentieller Geschäftspartner kann erkennen, daß ein Unternehmen, das die Mediation anwendet, modern, kreativ und fortschrittlich ist.

4.2 Vermeidbare Risiken

Neben den stark dominierenden Vorteilen gibt es bei der Mediation auch gewisse Risiken. Ihre Kenntnis ermöglicht es beiden Seiten, präventiv vorzugehen und einen maximalen Erfolg zu erzielen. Zu diesen Risiken zählen:

- Ausforschung des Unternehmens
- Eskalation der Verhandlung
- Mißbrauch des Mediators als Zeuge
- Begünstigung des Verjährungseintritts

4.2.1 Ausforschung des Unternehmens

Bei Anwälten bestehen vielfach Bedenken, die Mediation könnte zur Ausforschung der eigenen Partei mißbraucht werden: Wichtige, bisher nicht bekannte Informationen, die in einem Gespräch offenbart wurden, könnten in einem Gerichtsverfahren zu Lasten der Gegenseite verwendet werden. Auch könnten vertrauliche Informationen dazu verwendet werden, mit diesem Wissensvorsprung der Konkurrenz die berühmte Nasenlänge voraus zu sein. Dies ist besonders in bezug auf die Offenheit, die in einem Mediationsverfahren unabdingbar ist, eine ernstzunehmende Befürchtung.

Diese Bedenken können jedoch ausgeschaltet werden, indem sich die Beteiligten vor Abschluß des Mediationsverfahrens durch Unterzeichnung des Mediationsvertrags verpflichten, jede ausgetauschte Information geheimzuhalten. Insbesondere soll sie nicht in einem etwaigen Gerichtsverfahren – bei einem eventuellen Scheitern der Mediation – Verwendung finden. Ferner erklären sie darin, die erlangten Informationen nicht über das Mediationsverfahren hinaus zu verwerten: weder für das eigene Unternehmen mit Blick auf Produktion und Dienstleistung noch zur Weitergabe an die Konkurrenz.

Worin liegt dennoch der Unterschied zwischen der Offenbarung wichtiger und vertraulicher Informationen bei der Mediation einerseits und in der klassischen Anwaltsverhandlung andererseits? Dadurch, daß der Mediator die von den beteiligten Parteien eingebrachten Standpunkte hinterfragt, um von den Positionen zu den Interessen zu gelangen, werden möglicherweise mehr Hintergrundinformationen offenbart, als dies in der klassischen Anwaltsverhandlung der Fall wäre. Bei letzterer muß man unentwegt darauf bedacht sein, der Gegenseite nicht zuviel Einblick zu gewähren.

Die Offenheit mit dem Risiko der Ausforschung hat wie jede Medaille zwei Seiten.

Auf der einen Seite ist sie erforderlich, um überhaupt von den Positionen zu den Interessen zu gelangen und darauf aufbauend Optionen zu entwickeln, die dann zu einem einvernehmlichen Ergebnis, der Gewinner-Gewinner-Lösung, führen. Gleichzeitig erweitert sie das Blickfeld der anderen Seite für die Position und die Problematiken des eigenen Unternehmens.

Auf der anderen Seite gibt dieses „Hintergrundwissen" die Möglichkeit, damit positiv wie negativ umzugehen. Dabei überwiegen allerdings die Vorteile des Verfahrens, insbesondere bei Minimierung des Risikos durch die Aufnahme einer entsprechenden Klausel in den Mediationsvertrag.

Zu den Aufgaben des Mediators gehört es, bereits vor Beginn der Mediation zu erkennen, ob ein Unternehmen sein Gegenüber ausforschen will. Gegebenenfalls wird er die Mediation nicht durchführen, wenn die andere Seite nicht darauf besteht.

4.2.2 Eskalation der Verhandlung

Im Rahmen einer Mediationsverhandlung kann es, selbst bei sachlichen Themen oder wenn vorrangig Geld- bzw. Rechtsprobleme im Vordergrund stehen, aufgrund der angespannten Situation zu emotionalen Spannungen kommen, da hinter jedem Unternehmen Menschen stehen. Alle Menschen haben Gefühle – auch Manager. Selbst wenn sie im Verlauf ihrer langjährigen Berufserfahrung gelernt haben, diese zu beherrschen, sind Gefühle dennoch vorhanden.

Wiederum gibt es zwei Seiten der Münze. Gefühle können die Verhandlungsschraube positiv nach oben oder negativ nach unten drehen. Durch die Struktur des Verfahrens und das berühmte Fingerspitzengefühl darf der Mediator die Verhandlungen nicht an einen Punkt gelangen lassen, an dem die Gefühle soweit eskalieren, daß sich die Schraube in die falsche Richtung dreht. Bei einer Anwaltsverhandlung ist das zwar nicht unmöglich, aber deswegen schwieriger, weil beide Rechtsanwälte das Verfahren leiten *und* gleichzeitig um die Sache kämpfen. Besonders bei emotional geladenen Themen wie Streitigkeiten zwischen Gesellschaftern, Erbauseinandersetzungen, Unternehmensübernahmen, langjährig unterdrückten Spannungen zwischen Abteilungen innerhalb eines Unternehmens oder zwischen Mitarbeitern ist diese Gefahr nicht zu unterschätzen. Der erste Schritt, solchen Schwierigkeiten wirksam zu begegnen, ist bereits mit dem Bewußtsein getan, daß so etwas vorkommen kann.

4.2.3 Mißbrauch des Mediators als Zeuge

Im Hinblick auf das Thema „Der Mediator als Zeuge“ haben manche Rechtsanwälte und Syndizi Vorbehalte, ein Mediationsverfahren zu empfehlen. Es gelten ähnliche Grundsätze wie beim vorigen Abschnitt über die Ausforschung. Das Risiko wird durch eine entsprechende Klausel im Mediationsvertrag entschärft.

Dieser Gefahr kann jedoch zusätzlich wirksam begegnet werden, indem die Unternehmen einen Mediator wählen, der aus beruflichen Gründen bereits der Verschwiegenheitspflicht unterliegt. Dies ist bei Rechtsanwälten der Fall. Wie auch Ärzte der Schweigepflicht unterliegen, kann der Rechtsanwalt bei Gericht von seinem Aussageverweigerungsrecht Gebrauch machen. Da die Tätigkeit als Mediator nach § 18 der 1998 neu in Kraft getretenen Berufsordnung für Rechtsanwälte (BORA) zu den anwaltlichen Aufgaben gehört, besteht für ihn hier die Möglichkeit, die Aussage zu verweigern und sich auf das Schweigerecht zu berufen.

Wenn der Mediator nicht Anwalt ist, ist es unerläßlich, eine diesbezügliche Klausel in den Mediationsvertrag aufzunehmen. Hiermit verpflichten sich die Beteiligten, den Mediator nicht als Zeugen vor Gericht zu laden.

4.2.4 Begünstigung des Verjährungseintritts

Oft wird in Anbetracht eines durchzuführenden Mediationsverfahrens von den anwaltlichen Beratern und Unternehmensjuristen vorgebracht, daß sich ein solches Verfahren möglicherweise in die Länge ziehen könnte oder überhaupt nur deswegen angestrebt wird, um eine drohende Verjährungsfrist ablaufen zu lassen. Dadurch würde die Möglichkeit zur Durchsetzung des Anspruchs wegfallen.

Diesem möglichen Risiko kann ebenfalls durch eine einfache Klausel im Mediationsvertrag entgegengewirkt werden: Hiermit verpflichten sich die Beteiligten, auf die Einrede der Verjährung zu verzichten.

Bei strafrechtlichen Ansprüchen gibt es gemäß § 852 Abs. 2 BGB die Möglichkeit, durch die Aufnahme von Verhandlungen die Verjährung zu hemmen. Der Aufnahme von Verhandlungen steht die Mediation insofern gleich. In diesem Fall ist es nicht erforderlich, komplett auf die Einrede der Verjährung zu verzichten.

4.3 Zusammenfassung

4.3.1 Vermeidbare Risiken

Die möglichen Risiken können bei entsprechender Vorbereitung vermieden werden. Nur die vorherige Kenntnis dieser Risiken erlaubt es jedoch, diesen sinnvoll entgegenzuwirken. Zu diesen Risiken zählen:

- *Ausforschung des Unternehmens*
  Die Verwendung gewonnener Informationen wird durch den Mediationsvertrag geregelt.

- *Eskalation der Verhandlung*
  Die Verhinderung emotionaler Verschärfung ist eine wichtige Aufgabe des Mediators.

- *Mißbrauch des Mediators als Zeuge*
  Eine Klausel im Mediationsvertrag schützt den Mediator und die Beteiligten.

- *Begünstigung des Verjährungseintritts*
  Im Mediationsvertrag wird auf die Verjährungseinrede verzichtet.

4.3.2 Vorteile für das Unternehmen

Anhand der ausführlichen Beschreibungen ist leicht erkennbar, daß die Wirtschaftsmediation mehr Vorteile für das Unternehmen bietet als beispielsweise der Weg über staatliche Zwangsmethoden wie Mahn- oder Gerichtsverfahren. Ein besonders wichtiger Punkt ist die Gewinner-Gewinner-Lösung.

Zur besseren Übersicht sind alle beschriebenen Vorteile nachfolgend noch einmal schlagwortartig mit ihren Auswirkungen dargestellt:

- *Kontrolle über den Ausgang der Verhandlungen*
  Die Beteiligten bestimmen Ziele und Inhalt des Ergebnisses selbst.

- *Erzielung eines wirtschaftlich sinnvollen Ergebnisses*
  Wirtschaftlich untragbare Ergebnisse brauchen nicht akzeptiert zu werden.

- *Frei wählbarer Beginn der Mediation*
  Die Mediation ist nicht an festgelegte Zeiten oder Konfliktstadien gebunden.

- *Flexibilität und freie Zeiteinteilung*
  Die Beteiligten sind nicht durch Sachzwänge oder Terminvorgaben eingeschränkt.

- *Wiederherstellung und Verbesserung der Geschäftsbeziehung*
  Verfeindete Unternehmer werden Geschäftsfreunde.

- *Erreichung einer Gewinner-Gewinner-Lösung*
  Alle Seiten gewinnen, es gibt keine Verlierer.

- *Vertrauliches Verfahren*
  Neue Informationen werden nicht außerhalb der Mediation verwendet.

- *Unbürokratisches Verfahren*
  Es muß kein nervenaufreibender Formalismus eingehalten werden.

- *Zeitersparnis*
  Durch rasche Konfliktlösung werden Zeitkapazitäten frei.

- *Kosteneinsparung*
  Geringer Zeit- und Personalaufwand, kein Formalismus, keine Bürokratie bedeuten gespartes Geld.

- *Vermeidung von Reibungsverlusten*
  Die Mediation schafft zufriedene Mitarbeiter, die effektiver arbeiten.

- *Steigerung der Produktivität*
  Verfügbare Kapazitäten können sinnvoll genutzt werden.

- *Positive Darstellung des Unternehmens*
  Mediation ist modern, produktiv und kreativ.

Letztendlich überwiegen die Vorteile, und die Mediation zeigt sich als probates und adäquates Mittel zur Bewältigung und Aufarbeitung von Konflikten, wie sie jederzeit bei Unternehmen auftreten können. Ihre Anwendung erzielt in sehr kurzer Zeit unter Vermeidung unnützer Kosten und Reibungsverluste ein optimales, zukunftsorientiertes Ergebnis: die Gewinner-Gewinner-Lösung.

Merksatz

Mediation baut auf die Zukunft, nicht auf die Bewältigung der Vergangenheit.

5 Wie kommt es zu einer Mediation?

Ducunt volentem fata, nolentem trahunt.
Seneca, Brief 107

Den Willigen führt das Geschick,
den Störrischen schleift es mit.

Es gibt zwei grundsätzlich unterschiedliche Möglichkeiten, in eine Mediation zu gelangen:

- ❑ aktiv: als derjenige, der sie vorschlägt
- ❑ passiv: aufgrund einer Mediationsklausel oder der Zustimmung zu einer vorgeschlagenen Mediation

5.1 Eignungsprüfung

Bei dem passiven Beginn aufgrund einer Mediationsklausel ist eine Prüfung auf die Eignung des Falls bereits durch den Einbau der Mediationsklausel in den Vertrag vorweggenommen. Anders verhält es sich, wenn der Berater entscheiden soll, ob er eine Mediation für den speziellen Fall empfehlen kann. Er muß die Eignung und die Voraussetzungen für die Mediation zunächst gründlich überprüfen.

Nachfolgend werden die Kernpunkte in einer Übersicht zusammengefaßt.

Nr.	Randbedingungen des Falls	Ist der Fall für eine Mediation geeignet?
1	❑ Das Recht ist zwingend. ❑ Nur eine Partei will ein Mediationsverfahren. ❑ Der Personenkreis, der in die Mediation einbezogen werden müßte, kann	Nicht geeignet

	nicht klar eingegrenzt werden. ❑ Es liegen vergleichbare Rechtsfälle vor. ❑ Es soll eine „Glaubensfrage“ gelöst werden. ❑ Zwischen den Parteien wurde bereits massive Gewalt ausgeübt. ❑ Zwischen den Parteien besteht ein unüberwindliches Machtgefälle.	Nicht geeignet
2	❑ Das Recht ist zwingend, aber eine Seite wäre bereit, darauf zu verzichten. ❑ Der Streitgrund ist disponibel. ❑ Rechtsansprüche können geltend gemacht werden. ❑ Es wird kein vergleichbares Rechtsthema behandelt. ❑ Es besteht Verhandlungsbereitschaft auf beiden Seiten.	Geeignet
3	❑ Wie unter 2 und zusätzlich: ❑ Ein schnelles Verfahren ist erforderlich. ❑ Kosteneinsparung steht im Vordergrund. ❑ Vertraulichkeit ist geboten. ❑ Eine bestehende Geschäftsbeziehung soll fortgeführt werden. ❑ Kontrolle über das Verhandlungsergebnis soll nicht aus der Hand gegeben werden.	Sehr geeignet

Abb. 17: Prüfung eines Falls auf Eignung für eine Mediation

Die Abbildung ist in drei Bereiche gegliedert. Dabei wird zunächst zwischen „Nichteignung“ und „Eignung“ der Mediation unterschieden. Die Erfüllung weiterer Voraussetzungen läßt einen Fall besonders für eine Mediation geeignet erscheinen.

Damit die Mediation ihre extrem hohe Erfolgsquote von 85 % wahren kann, sind im Vorfeld ungeeignete Fälle auszugrenzen. Liegt bereits einer der im ersten Feld aufgelisteten Punkte vor, ist die Mediation nicht das geeignete Verfahren. Sie würde zu einem Mißerfolg und damit zu einer Enttäuschung der Parteien führen.

Während im Bereich „nicht geeignet“ bereits das Erfülltsein einer Voraussetzung ausreicht, eine Mediation auszuschließen, dürfen in den Bereichen „geeignet“ und „sehr geeignet“ die Voraussetzungen auch kumulativ vorliegen.

5.2 Übersicht über aktive und passive Auftakte

Damit die Mediation eingeleitet wird, ist eine Initialzündung notwendig. Diese kann aktiv angegangen werden, oder ihr kann passiv zugestimmt werden. In einer Übersicht sind die verschiedenen Möglichkeiten zusammengefaßt, die nachfolgend näher erläutert werden.

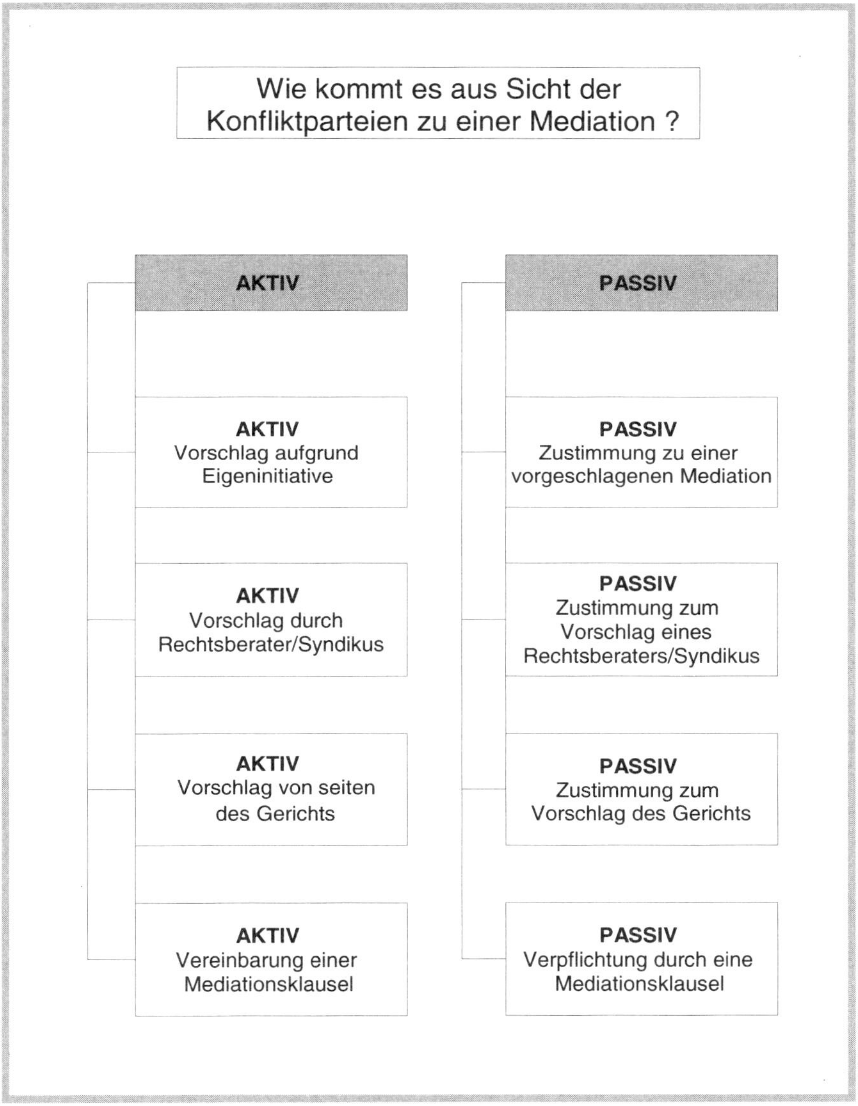

Abb. 18: Aktives und passives Zustandekommen einer Mediation

5.3 Eigeninitiative

Manager, die bereits positive Erfahrungen mit Mediation gemacht haben und ihren Wert in bezug auf Kosteneinsparung, Zeitersparnis und Effektivität kennen, werden auch neue und neuartige Streitfälle bzw. Konfliktsituationen mit Hilfe von Mediation lösen.

Diese Strategie kann dem Konfliktpartner entweder direkt durch einen Vertreter des Unternehmens, über einen Rechtsanwalt oder über einen Mediator mitgeteilt werden. Alternativ kann eine Institution diesen Kontakt herstellen und verschiedene Mediatoren benennen.

Trotz alledem ist der Weg in die Mediation auf Eigeninitiative einer Partei der schwierigste. Es besteht das unbegründete Vorurteil, daß derjenige sich seiner Rechtsposition nicht sicher sei, der die Mediation vorschlägt.

Bevor die eigentliche Mediation beginnen kann, sind zwei hohe Hindernisse zu überwinden. Obwohl sich die Parteien im Streit befinden und auch emotional verstrickt sind, müssen sie sich darauf einigen, dieses Verfahren durchzuführen. Darüber hinaus müssen sie gemeinsam einen Mediator bestimmen. Da die Situation auf Kontroverse und Auseinandersetzung ausgelegt ist, widerspricht der Zwang, gemeinsame Vorgehensweisen abzustimmen, dem gewohnten Konfliktverhalten.

Gerade die Überwindung dieser beiden Hindernisse schafft den fruchtbaren Boden für eine erfolgreiche Mediation. Die Einbeziehung einer neutralen Institution kann dabei aus folgenden Gründen hilfreich sein:

- Sie nimmt Kontakt mit der Gegenseite auf.
- Sie erklärt das Verfahren der Mediation.
- Sie schlägt mehrere Mediatoren vor.
- Sie informiert den ausgewählten Mediator.

Sobald eine Seite einen der vorgeschlagenen Mediatoren akzeptiert, könnte die andere Seite Parteilichkeit des Mediators für diese Seite mutmaßen, obwohl Mediatoren grundsätzlich neutral sind. Bei dem darauffolgenden Vorschlag dieser Seite wird sich das gleiche Problem stellen. Dieses Mißtrauensdenken ist aus der Benennung von Schiedsrichtern bekannt.

Als Lösung gilt die Benennung einer ungeraden Anzahl von Mediatoren. Daraus ergibt sich bei polarisierter Auswahl je eines Mediators die Möglichkeit, sich auf den verbleibenden zu einigen, ohne das Gesicht zu verlieren. Um diese Situation zu entschärfen, kann es sinnvoll sein, ein Mediatorenprofil zu entwerfen.

Hierin können die Parteien die erwünschten Eigenschaften des Mediators konkret benennen, z. B.:

- ❑ bestimmte Branchenkenntnisse
- ❑ Sprachfertigkeiten
- ❑ technisch-wissenschaftliches oder generalistisches Know-how
- ❑ Lebensalter
- ❑ Geschlecht
- ❑ Vorkenntnisse und Erfahrungen
- ❑ Ausbildung

Kapitel 6 enthält eine Beschreibung von Kriterien, die ein Mediator erfüllen muß.

Die Eigeninitiative kann auch in einem bereits anhängigen Gerichtsverfahren zum Tragen kommen. Dabei schlägt eine Partei dem Gericht im Rahmen der Vergleichsverhandlungen vor, das Verfahren zwecks Durchführung einer Mediation zu unterbrechen. Keine Partei verliert dadurch ihre Rechtsposition. Das Gericht kann sich auf § 279 ZPO berufen und die Mediation zulassen.

5.3.1 Den Konflikt (an)erkennen

Daß ein Konflikt vorliegt, ist meist recht offenkundig. In einigen Fällen wird ein Erkennen des Konflikts jedoch durch „Sich-davor-Verschließen“ und Negation erschwert. Hinweise von externer Seite, sei es durch Mitarbeiter oder Vorgesetzte, werden ungehört verhallen, wenn der Betroffene den Konflikt nicht sehen will. Aufgabe von Unbeteiligten wäre es, den Konflikt aufzuzeigen und ein Diskussionsforum zu schaffen, in dem dieser besprochen werden kann. Es geht zunächst nicht um Konfliktlösung, sondern nur um die Erkenntnis, daß ein Konflikt existiert. Je nach Situation können vertrauliche Gespräche oder offene, plakative Bekundungen zweckdienlich auf einen bestehenden Konflikt hinweisen.

5.3.2 Analyse

Ist ein Konflikt erkannt, muß er analysiert werden, da für eine erfolgreiche Lösung die genauen Parameter bekannt sein müssen, die diesen bestimmten Konflikt ausmachen.

Ein Beispiel aus der Baubranche: Ein alter, unter Denkmalschutz stehender Bauernhof sollte umgebaut und modernisiert werden. Dafür kalkulierten der Architekt und der Bauherr eine Summe von 450.000 DM. 12,5 % der Auftragssumme waren als Architektenhonorar bestimmt worden. Durch Neuregelungen für den Denkmalschutz nach Auftragserteilung mußten für bestimmte Baumaßnahmen andere als die geplanten Materialien verwendet werden. Dies führte zu einem Kostenanstieg auf insgesamt 675.000 DM. Der Architekt forderte nach Abschluß des Umbaus und Abnahme des Bauernhofs 12,5 % von 675.000 DM. Da der Bauherr dies als Unverschämtheit betrachtete, schaltete er seinen Anwalt ein. Dieser durchforstete den Sachverhalt nur für die Anspruchsbegründung bzw. die Zurückweisung des Zahlungsanspruchs und filterte entsprechend Informationen.

Den im weiteren Verlauf zur Vermeidung eines Gerichtsprozesses eingeschalteten Mediator interessierten Fragen wie: Was war geplant? Warum war es gerade so geplant? Woher kannten sich die Beteiligten? Die Fragen, die der Mediator gestellt hat, hätte auch ein auf außergerichtliche Verhandlungen spezialisierter Anwalt gestellt, um den zwischen dem Architekten und dem Bauherrn geschlossenen Vertrag auslegen und eine Mediation vorbereiten zu können.

In der Mediation wurde eine Einigung dahingehend erarbeitet, daß der Architekt für diesen Auftrag nur 11% von 675.000 DM erhält. Der Architekt bekommt ferner vom Bauherrn den Auftrag für eine zusätzliche Sanierungsmaßnahme zu einem Festpreis, von dem er ebenfalls 11 % erhält.

Folgende Betrachtungen müssen die Konfliktparteien zunächst selbst vor der Mediation anstellen:

- ❑ Wie ist es zum Konflikt gekommen?
- ❑ Welche Umstände lagen dabei vor?
- ❑ In welcher Eskalationsstufe befinden sich die Beteiligten bereits?
- ❑ Wer streitet mit wem?
- ❑ Welche Personen sind sonst noch beteiligt?
- ❑ Worum ist es ursprünglich gegangen?
- ❑ In welcher Beziehung stehen die Parteien zueinander?
- ❑ Was wollten sie erreichen?
- ❑ Was wollen sie jetzt erreichen?

5.3.3 Deeskalation

Vor Beschreiten des Wegs zur Lösung eines Konflikts ist es wichtig, zu verhindern, daß sich der bereits bestehende Konflikt weiter ausdehnt oder verschärft. Die Steigerung des Konflikts muß gestoppt werden. Danach kann man die schon erreichte Eskalationsstufe verlassen und auf eine niedrigere Stufe zurückkehren.

Die Deeskalation darf nicht in einem totalitären Schritt erfolgen, getreu dem Motto: „Und ihr vertragt euch jetzt wieder!“, sondern sie muß schrittweise durchlaufen werden. Nur die gezielte und in einzelnen Schritten begleitete Deeskalation erzeugt bei den Streitparteien Verständnis für eine Einmischung in „ihren“ Konflikt.

Da die zukunftsorientierte Mediation auf eine konsensuale Lösung ausgelegt ist, sollten die Streitparteien bereits zu einem frühen Zeitpunkt des Lösungswegs Gemeinsamkeiten für die zukünftige Entwicklung finden.

5.3.4 Beendigung

Der wichtigste Schritt nach der Deeskalation eines Konflikts ist dessen Beendigung. Sie vollzieht sich im Mediationsverfahren, indem der jeweils anderen Seite Verständnis in bezug auf ihre Bedürfnisse entgegengebracht, die Problemstellung anerkannt und die von beiden Seiten erarbeitete Lösung akzeptiert wird. Die Beendigung stellt in diesem Sinne tatsächlich ein Ende des Streits dar, eine ganzheitliche Befriedung im Gegensatz zur Befriedigung einzelner Ansprüche.

Damit ist die Konfliktbearbeitung jedoch noch nicht abgeschlossen.

5.3.5 Nachbehandlung von Konflikten

Ein oftmals versäumter Posten auf der Liste der zu erledigenden Punkte ist die Nachbehandlung von Konflikten. Erst die Nachbehandlung des Konflikts und seiner Auswirkungen und seiner letztendlichen Lösung kann die Basis für eine zukünftige Konfliktprävention bilden.

In diesem Zusammenhang müssen Anworten auf die Fragen gefunden werden, die teilweise bereits gestellt wurden:

- ❑ Was für ein Konflikt lag vor?
- ❑ Wie wurde er erkannt?
- ❑ Welche Parameter haben dazu geführt?
- ❑ Wie hat er sich auf die Geschäftsbeziehung ausgewirkt?
- ❑ Wie wurde damit umgegangen?
- ❑ Wie wurde der Konflikt deeskaliert?
- ❑ Wie wurde er beendet?
- ❑ Welche Lehren sind für die Zukunft daraus zu ziehen?

Vor allem der letztgenannte Punkt ist in seiner Wichtigkeit nicht zu unterschätzen, führt er doch zu einer Sammlung geschäftstypischer Konfliktmuster und Lösungsansätze. Die Kenntnis der Mechanismen der Entstehung von Konflikten kann die eigentliche Entstehung in einem sehr frühen Eskalationsstadium bremsen und einen Konflikt verhindern.

Eine entsprechende Schulung der Mitarbeiter hinsichtlich Konfliktverhalten und Konfliktlösung auf der Basis miterlebter Streitfälle kann die Umsetzung der erkannten Präventionsmechanismen intensivieren.

5.4 Empfehlung des Syndikus oder Beratungsanwalts

Der erfahrene Syndikus oder Beratungsanwalt erkennt, daß die vorliegenden Probleme mittels Mediation gelöst werden könnten. Er erklärt dem Unternehmen Zweck, Wirkungsweise und Vorteile einer mediatorischen Lösung und schlägt eine solche vor.

5.4.1 Argumentationshilfen für Syndizi und Beratungsanwälte

Die Mediation unterscheidet sich durch eine Reihe von Merkmalen von einer Gerichtsverhandlung. Diese Kennzeichen werden dem Unternehmen gegenüber durch den Syndikus oder Beratungsanwalt argumentativ vertreten:

❑ *Zielgerichtete Struktur*
Der Ablauf der Mediation ist für die Parteien durch das Ziel gekennzeichnet, zu einer einvernehmlichen Regelung zu gelangen. Der Mediator unterstützt die Beteiligten,

- die regelungsbedürftigen Themen zu entwickeln,
- ihre unterschiedlichen Sichtweisen in rechtlicher Hinsicht und im Hinblick auf ihre wirtschaftlichen Prioritäten darzulegen und zu verstehen,
- Lösungsoptionen zu entwickeln und zu bewerten und
- diese in einer Vereinbarung festzuhalten.

- ❑ *Vertraulichkeit*
  Die Beteiligten sind eher bereit, ihre Sichtweisen und Lösungsvorstellungen darzulegen, wenn der Inhalt der Verhandlungen vertraulich bleibt. Im Mediationsvertrag wird daher strikte Vertraulichkeit bezüglich der ausgetauschten Informationen vereinbart. Einschränkende Momente wie Berichtspflichten innerhalb eines Unternehmens sind dabei zu beachten.

- ❑ *Vollständigkeit der Informationen*
  Die Beteiligten werden von ihren Anwälten vollständig über die rechtliche Situation beraten. Mit Hilfe der Mediation erfahren sie von der anderen Seite Fakten, Hintergründe und Interessen, um deren Beweggründe zu verstehen. Daraus kann eine für alle Beteiligten faire und wirtschaftlich sinnvolle Lösung erreicht werden. Weitere Fachleute und Sachverständige können einbezogen werden, wenn dies den Beteiligten erforderlich erscheint.

- ❑ *Ausschöpfung der rechtlichen Möglichkeiten*
  - Das Recht bietet eine Vielzahl an Gestaltungsmöglichkeiten, die für die Vereinbarung ausgeschöpft werden können.
  - Das Recht setzt Grenzen für den Inhalt der Mediationsvereinbarung.

- ❑ *Mediationsvereinbarung*
  - Sie wird auf kooperative Art und Weise entwickelt.
  - Sie ist auf die vorliegende Situation maßgeschneidert.

Diese Kennzeichen, die das Fundament einer Mediation bilden, sind dem Unternehmen bzw. den Konfliktbeteiligten gegenüber deutlich zu machen.

5.4.2 Einleitung einer Mediation durch den Syndikus oder Beratungsanwalt

Die Syndizi bzw. Beratungsanwälte bereiten die Informationen für die Mediation auf, um einer Institution zu ermöglichen, geeignete Mediatoren vorzuschlagen. Alternativ einigen sie sich mit der Gegenseite direkt auf einen bestimmten Mediator. Letzteres ist oft deswegen problematisch, weil der von der Seite A vorgeschlagene Mediator von der Seite B abgelehnt und der daraufhin von der Seite B vorgeschlagene Mediator von der Seite A nicht akzeptiert wird. Dies liegt daran, daß jede Seite der anderen zunächst mißtraut und ähnlich wie bei Schiedsgerichtsverfahren davon ausgeht, daß der von ihr vorgeschlagene Mediator auf ihrer Seite steht. Besser wäre es daher, wenn eine unabhängige Institution eingeschaltet wird.

Die Einleitung einer Mediation durch einen Syndikus oder Beratungsanwalt nimmt folgenden Verlauf:

- ❑ Syndikus A oder Beratungsanwalt A kennt die Möglichkeiten der Mediation und will sie im vorliegenden Streitfall nutzen.
- ❑ Syndikus A oder Beratungsanwalt A schlägt dies seiner Mandantschaft vor. Diese stimmt der Mediation zu.
- ❑ Syndikus A oder Beratungsanwalt A kontaktiert daraufhin eine Institution, die Mediatoren benennt.
- ❑ Die Institution nimmt Kontakt zum anderen Unternehmen auf.
- ❑ Syndikus B oder Beratungsanwalt B bespricht die Möglichkeiten der Mediation im Unternehmen. Dieses stimmt zu.
- ❑ Syndikus B oder Beratungsanwalt B kontaktiert die Institution.
- ❑ Die Institution schlägt drei bis fünf geeignete Mediatoren vor.
- ❑ Die Unternehmen einigen sich auf einen Mediator und teilen ihre Entscheidung der Institution mit.
- ❑ Der benannte Mediator kontaktiert die Unternehmen und vereinbart den ersten Mediationstermin.

5.5 Vorschlag des Gerichts

Der Trend geht zunehmend dahin, daß Gerichte die Mediation vorschlagen. Dies vermeidet eine Überlastung der Gerichte mit Fällen, die auch außergerichtlich lösbar sind.

Bereits zu Beginn eines Prozesses kann von einer Partei angeregt werden, daß vom Gericht eine Mediation vorgeschlagen wird. Dies ist dann sinnvoll, wenn die Mediation vorab außergerichtlich nicht durchgeführt werden konnte, weil die Klage ohne Ankündigung eingereicht wurde. Dies schließt vorgerichtliche Verhandlungen meist aus.

Dem Gesetzgeber wurden von den Interessenvertretungen der Rechtsanwälte Vorschläge unterbreitet, die Mediation als Konfliktlösungsmöglichkeit vor oder während gerichtlicher Verfahren als vom Gericht verbindliche Vorgehensweise festzuschreiben.

Bereits ohne neue gesetzliche Grundlage besagt § 279 ZPO: „Das Gericht soll in jeder Lage des Verfahrens auf eine gütliche Beilegung des Rechtsstreits oder einzelner Streitpunkte bedacht sein."

„Der Güteversuch des § 279 ZPO bezweckt die Befriedung der Parteien durch die Herbeiführung eines Prozeßvergleichs oder einer sonstigen Beilegung des Prozesses im weiteren Sinn, z.B. einer beiderseitigen Erledigungserklärung", so Baumbach/Lauterbach/Albers/Hartmann in „Kommentar zur Zivilprozeßordnung".

In den USA, England und Argentinien ist das Mediationsverfahren bereits als obligatorisches Vorverfahren vor einem Gerichtsverfahren gesetzlich fixiert.

5.6 Mediationsklausel

Schiedsgerichtsklauseln sind bereits seit Jahrzehnten in Verträgen Usus. Gerade aufgrund der positiven Erfahrungen mit der Mediation in bezug auf ihre Effizienz werden immer mehr Mediationsklauseln in Verträge aufgenommen.

Die Grundüberlegung ist dabei die gleiche wie bei Schiedsgerichtsklauseln: Solange die Vertragsparteien ein gemeinsames Ziel haben, ist es relativ einfach, sich darauf zu verständigen, wie im Falle einer Vertragsstörung verfahren wird. Durch den Abschluß solcher Klauseln wird im Konfliktfall wertvolle Zeit und Energie gespart, da nicht erst darüber diskutiert werden braucht, ob man vor Gericht streitet, den schnelleren Weg der Schiedsgerichtsbarkeit wählt, sich an einen Ombudsmann wendet oder eine Mediation einleitet.

Sinnvollerweise wird in der Mediationsklausel festgelegt, wann und wie das Verfahren einzuleiten ist und mit welchem Mediator es durchgeführt werden soll. Alternativ kann festgeschrieben werden, daß nach den Regeln einer bestimmten Institution vorzugehen ist.

Somit sind bereits die ersten beiden Hürden überwunden: die Einigung darauf, daß eine Mediation versucht wird und wer dabei als Mediator fungieren soll.

Weiter muß in der Mediationsklausel enthalten sein, unter welchen Umständen eine Mediation als gescheitert zu betrachten ist. Damit wird den Vertragsparteien der Weg zur Gerichtsbarkeit geöffnet.

Beispiele für derartige Klauseln sind in Kapitel 9 aufgeführt.

5.7 Vorbereitungen für eine Mediation

Eine erfolgreiche Mediation beginnt wie eine erfolgreiche Verhandlung mit einer eingehenden Vorbereitung. Da an einer Wirtschaftsmediation mindestens fünf Personen mit verschiedenen Aufgaben beteiligt sind, wobei jeweils zwei Teilnehmer (Mandant und zugehöriger Anwalt) als in einer Partei zusammengefaßt betrachtet werden sollen, bereiten sich die Teilnehmer unterschiedlich vor.

Für den Anwalt beginnt die Vorbereitung wie jede klassische juristische Fallanalyse. Es werden die rechtlichen Ansprüche und deren Beweisbarkeit geprüft sowie die Gegenansprüche und deren Beweisbarkeit.

Ein guter Beratungsanwalt wird darüber hinaus auch die wirtschaftliche Bedeutung des Falls gegebenenfalls unter Betrachtung der steuerrechtlichen Bezüge mit seinem Mandanten diskutieren. Ebenso dürfen die persönlichen Aspekte nicht außer Betracht bleiben. Anschließend wird er eine Abwägung vornehmen zwischen dem über die rein juristische Vorgehensweise maximal Erreichbaren und den Möglichkeiten, die durch eine beliebige Form der außergerichtlichen Verhandlung denkbar wären.

Der Unternehmer wird seinerseits nachvollziehen, welche der vom Anwalt vorgeschlagenen Möglichkeiten das Optimum für seine Firma darstellen würde. Dabei spielen Faktoren wie Dringlichkeit der Lösung, möglicher Gesichtsverlust bei Gericht im Falle eines Unterliegens und Schonung der Geschäftsbeziehung für eine weitere Zusammenarbeit eine gewichtige Rolle.

Der Mediator wird sich nur in Ausnahmefällen durch Unterlagen beider Seiten in der Sache vorbereiten. Im Gegensatz zum angloamerikanischen Rechtswesen, bei dem ein Richter die Streitparteien zwangsweise zum Mediator schicken kann und infolgedessen sämtliche dem Gericht vorgelegten Schriftsätze dem Mediator übersandt werden, ist dies in Deutschland zur Zeit nicht möglich. Der Mediator erhält normalerweise keine Schriftsätze oder sonstigen inhaltlichen bzw. rechtlichen Vorabinformationen. Seine Vorbereitung besteht vielmehr darin, mit beiden Seiten Kontakt aufzunehmen, eine vertrauensvolle Ausgangsbasis zu schaffen und die Maßgaben zu erläutern, die für die Mediation grundlegend sind. Bei diesen Gesprächen, die gleichermaßen für beide Seiten stattfinden, wird der Mediator dem jeweiligen Syndikus oder Beratungsanwalt seine spezifische Rolle als Berater und Begleiter in der Mediation erklären. Weiter wird er insoweit auf die Vorteile der Mediation verweisen, als sie für den Unternehmer Chancen bietet, die von ihm angestrebte Lösung zügig und wirtschaftlich zu erreichen. Zusätzlich wird er die Spielregeln wie Fairneß und „Ausredenlassen" sowohl den Unternehmensvertretern als auch den Anwälten erneut ins Gedächtnis rufen.

Manche Mediatoren haben zur Vorbereitung der Beteiligten Informationsblätter über das Verfahren sowie dessen Vorteile und

Möglichkeiten zusammengestellt. Diese Vorabinformationen werden meist noch vor den ersten Gesprächen versandt.

Ein wichtiger Bestandteil der Vorgespräche ist auch die Vorlage des Mediationsvertrags. Dieser wird in aller Regel nach dem ersten Gespräch mit einer Seite dem Anwalt zugesandt, damit dieser ihn prüfen und mit seinem Mandanten besprechen kann. Dann wird die andere Seite in bezug auf die beabsichtigte Vereinbarung konsultiert. Das Vorverfahren betreffende Fragen können in weiteren Telefonaten geklärt werden.

Dies alles sind Voraussetzungen dafür, daß sich die Teilnehmer bereits in der ersten eigentlichen Mediationssitzung effektiv mit der Sache beschäftigen können. Der Mediator braucht nur auf die Vorgespräche zu verweisen und kann direkt zur ersten Phase der Mediation überleiten.

Zur eingehenderen Vorbereitung wird die Verwendung der Mediations-Checkliste in Kapitel 12 empfohlen.

5.8 Zusammenfassung

Es gibt verschiedene Möglichkeiten, zur Mediation zu gelangen.

Wenn ein Unternehmen die Vorteile der Mediation erkannt hat und sie nutzen möchte, führt der einfachste Weg dahin über die Festschreibung der Durchführung eines Mediationsverfahrens in sämtlichen das Unternehmen betreffenden Verträgen. Dies gilt sowohl für Verträge mit Außenwirkung, beispielsweise solchen mit Zulieferern, Kunden oder Zwischenhändlern, wie auch für Verträge mit Auswirkung innerhalb des Unternehmens. Dabei ist vorwiegend an Arbeitsverträge gedacht. Selbst Beziehungen, die klassischerweise nicht vertraglich geregelt werden, wie beispielsweise das Zusammenspiel zwischen Abteilungen innerhalb eines Unternehmens oder zwischen dem Betriebsrat und der Geschäftsleitung, können durch diese Methode schnell und effizient behandelt werden. Eine Fixierung in den unternehmensinternen Richtlinien wäre dazu ein erster notwendiger Schritt.

Dabei darf die Vorbildfunktion des Führungspersonals nicht außer acht gelassen bleiben: Ein diktatorisch entscheidender Manager kann von seinen Mitarbeitern keine mediatorischen Umgangsformen erwarten.

Bei Verfahren, die bereits bei Gericht anhängig sind oder in Zukunft anhängig werden, besteht jederzeit die Möglichkeit, eine Mediation anzuregen. Das Gericht hat damit die Möglichkeit, Gespräche, die im wirtschaftlichen Kontext oft intensivste Auseinandersetzungen mit Details erfordern, auszulagern, um das gefundene Ergebnis dann nur noch zu Protokoll nehmen zu müssen. Das gerichtliche Protokoll bleibt ebenso vollstreckbar wie eine Mediationsvereinbarung, die außergerichtlich gefunden wurde und mit einer Vollstreckungsklausel versehen ist.

Da es sich bei der Mediation um eine durch einen neutralen Dritten geführte Verhandlung handelt, ist sie ebenso eingehend vorzubereiten wie andere Verhandlungen. Jeder Teilnehmer muß sich seiner Rolle bewußt sein. Der Mediator legt den Schwerpunkt auf das zu leitende Verfahren und alle damit zusammenhängenden organisatorischen Möglichkeiten. Die Parteien bzw. Unternehmen überlegen sich, wo aus ihrer Sicht das optimale Ergebnis liegen könnte und zu welchen Zugeständnissen sie bereit wären. Zusätzlich ermitteln sie mögliche Ursachen, die in Zukunft vermieden werden sollen. Die Syndizi oder Beratungsanwälte prüfen sowohl die rechtlichen als auch die steuerrechtlichen Bezüge und Implikationen. Anschließend wird in einem gemeinsamen Gepräch zwischen Unternehmen und Syndikus oder Beratungsanwalt die geeignete Vorgehensweise abgestimmt, um als Team optimal agieren zu können.

Merksatz

Grundsätzlich ist eine Mediation so früh wie möglich einzuleiten.

6 Wissenswertes in bezug auf den Mediator

Non multa, sed multum.
Plinius, Briefe 7, 9, 15

Nicht vielerlei, sondern viel.

Der Mediator ist die zentrale Figur bei der Bewältigung von Konflikten nach dem Mediationsverfahren.

Er leitet die Verhandlungen, gibt ihnen Struktur und Rahmen und wirkt katalytisch auf die Konfliktparteien, selbst eine interessengerechte Streitlösung zu erarbeiten.

Generell soll ein Mediator eine einmal begonnene Mediation auch zu Ende führen. Sollte dies nicht möglich sein, kann nach Einigung der Streitparteien ein neuer Mediator verpflichtet werden. Dieser darf nach Zustimmung aller Konfliktparteien an dem Punkt weiterarbeiten, an dem der bisherige Mediator seine Tätigkeit eingestellt hat. Er darf sich nach Zustimmung aller Parteien mit dem anderen Mediator besprechen.

6.1 Möglichkeiten, den richtigen Mediator zu finden

Wer schon über Mediationserfahrung verfügt, kennt bereits verschiedene Mediatoren, auf die er im akuten Fall zurückgreifen könnte. Doch selbst wenn ein Unternehmen einen Mediator als unparteilich und das Verfahren souverän leitend kennengelernt hat, kann es erforderlich sein, einen neuen Mediator zu finden. Dies trifft beispielsweise dann zu, wenn die Gegenseite den Vorschlag, den bekannten Mediator zu beauftragen, nicht annimmt.

6.1.1 Anwälte

Der erste Schritt, nachdem direkte Verhandlungen gescheitert sind, führt meist zum eigenen Anwalt. Dieser kann aufgrund seiner Erfahrung einen oder mehrere qualifizierte Mediatoren benennen. Insbesondere kann er im Hinblick auf nicht systematisch erfaßbare Qualifikationen wie Persönlichkeit, Fingerspitzengefühl und Humor seine Einschätzung abgeben und eine diesbezügliche Empfehlung aussprechen.

Diese Empfehlung ist vergleichbar mit derjenigen, die ein zufriedener Patient über einen guten Arzt abgibt. Dabei spielt gewonnenes Vertrauen eine gewichtige Rolle, die nicht quantifiziert werden kann.

Das trifft ganz besonders für solche Anwälte zu, die selbst als Mediatoren tätig sind. Sie kennen andere Mediatorenkollegen und sind bestens mit deren Verhalten als Mediator sowie als beratender Parteianwalt vertraut. Die Lage verändert sich jedoch, wenn der vorgeschlagene Mediator von der Gegenseite in seiner Neutralität und Kompetenz angezweifelt wird. Dann kann es notwendig sein, über eine neutrale Institution verschiedene Mediatoren vorschlagen und das Verfahren einleiten zu lassen.

6.1.2 Organisationen in Deutschland

Für die Benennung geeigneter Mediatoren kann man sich an verschiedene Institutionen wenden, die Listen von Mediatoren führen. Auf Anfragen werden in den meisten Fällen Mediatoren benannt, die im postalischen Einzugsbereich zur Verfügung stehen. Sollten die Parteien es für wichtig erachten, einen Mediator zu nutzen, der in einer anderen Region ansässig ist, sollte dies explizit angegeben werden.

Einige dieser Organisationen offerieren zusätzlichen Service. Dazu gehören Regelwerke, Statistiken, Forschungsprogramme, Symposien, Kongresse und die Organisation von Mediationsverfahren. Darüber hinaus werden teilweise auch Ausbildungsgänge zu

Mediationsthemen angeboten. Zu diesen Institutionen zählen (Auszug):

BMWA
Bundesverband für Mediation in Wirtschaft und Arbeitswelt
Am Kamm 5
18209 Bad Doberan

gwmk
Gesellschaft für Wirtschaftsmediation und Konfliktmanagement
Brienner Str. 9
80333 München

Förderverein Umweltmediation e.V.
Mathias-Grünewald-Str. 1-3
53175 Bonn

Heidelberger Institut für Mediation
Mönchhofstr. 11
69120 Heidelberg

Steinbeis-Transferzentrum für Kommunikation und Wirtschaftsmediation
Birkenwaldstr. 140
70191 Stuttgart

6.2 Nach welchen Kriterien sollte man den Mediator auswählen?

Zunächst ist zu unterscheiden in quantifizierbare und nicht quantifizierbare Kriterien:

Quantifizierbare Kriterien	Nicht quantifizierbare Kriterien
❑ Berufserfahrung im Hauptberuf	❑ Persönlichkeit
❑ Berufserfahrung als Mediator	❑ Vertrauenswürdigkeit
❑ Erfahrung in ähnlichen Fällen	❑ Lebenserfahrung
❑ Branchenkenntnisse	❑ Ausstrahlung
❑ Sprachkenntnisse	❑ Gewandtheit
❑ Alter	❑ Fingerspitzengefühl
❑ Geschlecht	❑ Menschlichkeit
❑ Anderweitige Referenzen	❑ Humor

Bei der Gewichtung der einzelnen Kriterien sind die Maßstäbe des Bewertenden ausschlaggebend: Jeder legt selbst fest, für welchen Mediator er sich entscheidet. Obengenannte Auflistung dazu dienen, wichtige Bewertungskriterien nicht zu übersehen.

6.2.1 Quantifizierbare Eigenschaften eines Mediators

Die aufgeführten quantifizierbaren Eigenschaften umfassen die nachprüfbaren Kriterien: Mit ihnen können auf einfache Weise verschiedene in Frage kommende Mediatoren miteinander verglichen werden. In fast allen Mediatorenlisten, die von Institutionen geführt werden, sind solche Kriterien enthalten.

Zunächst sind der Hauptberuf und die Erfahrung in diesem ein erster Ansatz zur Auswahl des Mediators. Bei Wirtschaftsstreitigkeiten werden häufig Juristen bzw. Anwälte mit kaufmännischen, steuerrechtlichen und psychologischen Kenntnissen beauftragt. Wichtig ist den Parteien oft, daß der Anwaltsmediator in dem speziellen Rechtsgebiet ausgewiesen ist, da er so mit der aktuellen Rechtsprechung vertraut ist und besondere Branchenkenntnisse einbringen kann. Auch die Erfahrung als Mediator spielt bei der Beurteilung eine Rolle.

Gerade im internationalen Bereich sind Mediatoren mit Sprachkenntnissen erforderlich. Während bei Gericht für jeden, der die Sprache vor Gericht nicht wie seine Muttersprache spricht, ein Dolmetscher bestellt und – mit Blick auf das gesamte Prozeßkostenrisiko – auch bezahlt werden muß, ist es bei der Mediation möglich, eine nahezu beliebige Sprache auszuwählen, in der die Mediation durchgeführt wird. Wenn beispielsweise ein französisches Unternehmen mit einem Unternehmen aus Spanien zusammen mit einem deutschen Mediator ein Mediationsverfahren durchführt, bietet sich die englische Sprache an, da keiner der Beteiligten sie als Muttersprache spricht.

Ein weiteres objektives Kriterium ist das Alter, das in Korrelation zu Erfahrung und Gewandtheit steht, darüber aber nicht endgültige Schlußfolgerungen zuläßt.

6.2.2 Nicht quantifizierbare Eigenschaften eines Mediators

Den Parteien ist die Erfahrung des Mediators wichtig – sowohl in seinem Ausgangsberuf als auch als Mediator. Wie bei Vertragsverhandlungen auch wird nur eine Persönlichkeit akzeptiert. Was macht einen Menschen zu einer Persönlichkeit? Dazu gehören Lebenserfahrung, ein Gespür für Menschen und Situationen, der Erfahrungsschatz, darauf richtig und gewandt zu reagieren und, nicht zu vergessen, Humor.

Vornehmlich sind Juristen, Betriebswirte und Wirtschaftsberater mit einer entsprechenden Zusatzausbildung aufgrund ihrer Vorbildung prädestinierte Mediatoren. Sie können sowohl die rechtlichen Komponenten als auch meistens die wirtschaftlichen Aspekte richtig einschätzen und bewerten. Da jedoch zusätzlich psychologische Belange eine große Rolle spielen, können neben dem oben genannten Personenkreis Psychologen, Soziologen und Pädagogen – besonders für die innerbetriebliche Mediation – ihre Kenntnisse auf diesem Gebiet ins Feld führen.

An alledem zeigt sich, daß der „richtige" Mediator eine Mischung aus verschiedenen Kriterien erfüllen sollte. Diese Mischung muß zu den Parteien passen: Nicht jeder gute Mediator paßt zu jedem Mandanten. Wer entscheidet nun, welcher Mediator für die jeweilige Mediation geeignet ist? Schlußendlich sind das die Parteien, denn sie müssen den Mediator in seiner Funktion als Koordinator, aber auch als Menschen annehmen.

Neben den oben aufgeführten Kriterien wird jede Partei weitere Kriterien nennen können, die ihr besonders wichtig erscheinen. Das kann ein gewisser Stil sein, die Bevorzugung eines bestimmten Geschlechts oder Alters oder die Vorstellung vom Verfahrensablauf, z. B. exzessiver Nutzen von Einzelgesprächen.

Ebenso spielen Integrität und Ausstrahlung, die häufig unbewußt wahrgenommen und bewertet werden, bei der Auswahl des Mediators eine Rolle.

6.2.3 Liste sinnvoller Kriterien

Die Ausrichtung der Verhandlung auf die gemeinsame Problemlösung ergibt das Anforderungsprofil für den Mediator. Dieser muß in der Lage sein, ein Rechtsgespräch zu führen. Doch liegt darin nur ein Ausschnitt seiner Tätigkeit. Die Funktion des Mediators verlangt mehr. Sie erfordert kommunikative Fähigkeiten, wie beispielsweise die Fähigkeit, die „richtigen" Fragen zum „richtigen" Zeitpunkt zu stellen oder die Äußerungen der Parteien richtig einzuschätzen.

Es ist demnach eine Persönlichkeit gefragt, die neben juristischen, wirtschaftlichen, psychologischen und kommunikativen Fähigkeiten über Integrität, Humor und Kreativität verfügt.

Ein Mediator muß Einfühlungsvermögen und Durchsetzungsvermögen besitzen. Er muß zwischen Positionen und Interessen ebenso wie zwischen Interessen und Lösungsmöglichkeiten unterscheiden können.

Der Mediator sollte in der Lage sein, die Parteien zur Entwicklung eigener Lösungsvorschläge anzuregen.

Sinnvolle Kriterien für einen guten Mediator

Kommunikationsfähigkeit
Neutralität
Rasche Analyse komplexer Zusammenhänge
Fähigkeit, zuzuhören
Wirtschaftliche Denkweise
Soziale und emotionale Kompetenz
Strukturiertes Vorgehen
Kreativität und Phantasie
Ausbildung in Mediationsthemen
Souveränität
Praktische Mediationserfahrung
Erfahrung in Verhandlungsmoderation
Rhetorische Fertigkeiten
Humor
Weiterbildung in Mediationsthemen
Autorität
Integrität
Lebenserfahrung
Berufserfahrung
Vertrautheit mit den „termini technici“
Fremdsprachenkenntnisse

Diese Einteilung ist aus Sicht der Autoren aufgrund nationaler Mediationserfahrungen vorgenommen worden. Das Setzen anderer konfliktbezogener Prioritäten steht jedem Bewerter frei.

Diese oder eine selbsterstellte Liste kann als Gedächtnisstütze zur Besprechung mit dem beratenden Anwalt mitgenommen werden, um diejenigen Kriterien festzulegen, nach denen eine entsprechende Institution einen Mediator vorschlagen soll.

6.2.4 WIPO-Datenbank

Die World Intellectual Property Organization (WIPO) führt eine Datenbank internationaler Mediatoren. Auf Anfrage von Unternehmen werden diese Daten entsprechend den Anforderungen sondiert. Dem Unternehmen wird daraufhin schriftlich eine Auswahl geeigneter Mediatoren mitgeteilt.

Interessierten Mediatoren schickt die WIPO auf Anfrage einen Fragebogen zu, mit dessen Hilfe sie eine Einteilung der Mediatoren und Schlichter vornimmt. Nachdem diese Daten systematisiert sind, können Anfragen von Unternehmen rasch beantwortet und geeignete Mediatoren gezielt gefunden werden.

6.3 Funktionen eines Mediators

Die Tätigkeit eines Mediators kann in drei große Bereiche eingeteilt werden:

- Vorbereitung der Mediation
- Durchführung der Mediation
- Abschluß und Nachbereitung der Mediation

6.3.1 Aufgaben des Mediators

Ein Mediator muß

- einen Fall auf seine Eignung zur Mediation hin bewerten, sofern dies nicht bereits durch die Institution geschehen ist;
- entsprechende Vorbereitungen für die Mediationsverhandlung treffen;
- sicherstellen, daß alle Parteien gänzlich über die Eigenarten und den Zweck der Mediation unterrichtet sind;

- mit den Parteien besprechen, wie mit Aspekten umgegangen werden soll, die sie in der Mediation nicht abschließend behandeln können bzw. wollen;
- bei den Konfliktparteien Vertrauen in den Mediator und das Verfahren aufbauen;
- die Positionen und Interessen aller Beteiligten ernst nehmen;
- die Verantwortlichkeit jedes Teilnehmers maximieren;
- in den Parteien Verständnis für die Beweggründe der anderen Seite wecken;
- eine konstruktive Kommunikation ermöglichen und den Kommunikationsprozeß zwischen den Parteien unterstützen;
- auf Verständlichkeit der Sprache achten;
- die Autonomie der Parteien stärken;
- interessenorientiertes Verhandeln zwischen den Parteien fördern;
- zur Zusammenarbeit ermutigen;
- jede Partei dabei unterstützen, realistisch zu sein;
- kontrolliertes, schrittweises und strukturiertes Vorgehen im Mediationsablauf sicherstellen;
- die vereinbarten und nicht vereinbarten Punkte schriftlich in einem Protokoll fixieren;
- die Parteien ermutigen, eine abschließende Vereinbarung durch ihre Anwälte abfassen zu lassen;
- die Mediation zu einem geeigneten Zeitpunkt beenden.

In Abgrenzung zu den aufgezählten Aufgaben und Funktionen charakterisieren ferner folgende Punkte den Mediator. Er ist ...

- *kein* Richter,
- *kein* Entscheidungsbefugter,
- *kein* Informationsbeschaffer,
- *kein* Therapeut,
- *kein* Zeuge.

Ergänzende Aspekte der Vorbereitungsphase

Vor der eigentlichen Mediation muß ein Mediator das Verfahren vorbereiten, zu erwartende Fallstricke überdenken und einen konstruktiven Ablauf der Mediation ausarbeiten.

Er muß dabei folgende Punkte beachten und in sein Konzept aufnehmen:

- ❑ Kontaktaufnahme mit den Parteien vor Beginn der Mediation, um auf spezifische Aspekte hinzuweisen
- ❑ Offenlegung der Zeitvorstellungen und Bewahrung der Kontrolle über den zeitlichen Ablauf
- ❑ Festlegung der Anzahl von (Zwischen-)Protokollen
- ❑ Betrachtung der strittigen Punkte zwischen den Parteien
- ❑ Betonung auf Konfliktlösung und mögliche weitere Kooperation
- ❑ Einräumung von Zeit für eine emotionale Aussprache unter den Parteien

Der Anwaltsmediator darf nicht in die juristische Problemlösung einsteigen und sollte sich in der Vorbereitungsphase bei der Besprechung mit den Parteianwälten auf Struktur und Ablauf des Verfahrens beschränken. Vielmehr sollte er seinen Kollegen ihre Rolle und seine Funktion als parteilicher Anwalt in der Mediation verdeutlichen.

6.3.2 Pflichten des Mediators

Neben seinen diversen Aufgaben muß der Mediator bestimmte Pflichten erfüllen. Wenn die Umstände kein anderes Verhalten erfordern oder die Parteien sich nicht auf andere (zusätzliche) Aspekte konzentrieren, gilt für den Mediator folgendes:

- Er muß entsprechend geschult sein und hat sich der Weiterbildung mit zusätzlicher Praxiserfahrung auf dem Gebiet der Mediation verpflichtet.
- Er besitzt die speziellen Fertigkeiten oder Erfahrungen, die ein Fall erfordert.
- Bei großer Komplexität bespricht er das Verfahren in seiner Gesamtheit mit den Parteien und regt besondere Maßnahmen an.
- Er macht keine mißverständlichen Aussagen oder Behauptungen hinsichtlich des Mediationsverfahrens oder seiner Eignung als Mediator.
- Die an der Mediation beteiligten Parteien müssen alle Schritte des Mediationsverfahrens sowie die Funktion des Mediators verstehen, ebenso die Art und Weise, in der diese bestimmte Mediation durchgeführt werden soll.
- Die Parteien sind über ihre Aufgabe unterrichtet, alle notwendigen Informationen offenzulegen, damit die wichtigen Streitpunkte identifiziert werden können.
- Die Parteien müssenvor Beginn der eigentlichen Mediation zustimmen, daß die Verhandlungen vertraulich sind und daß der Mediator in nachfolgenden Gerichtsverhandlungen weder zur Mediation aussagen noch diesbezügliche Dokumente präsentieren darf.
- Er und die Parteien müssen sich zu allen Zeiten möglicher kultureller und intellektueller Unterschiede der Teilnehmer an der Mediation bewußt sein.
- Er muß die Parteien über ihr Recht aufklären, sich jederzeit von der Mediation zurückziehen zu können.
- Er hat das Recht, die Mediation jederzeit zu unterbrechen oder zu beenden.

6.3.3 Vertraulichkeit

Vertraulichkeit ist ein äußerst wichtiges Element im Mediationsverfahren, da es die Offenheit fördert, die für die Definition der Ursachen des Konflikts essentiell wichtig ist. Daher muß der Mediator alle in der Mediation offenbarten Informationen vertraulich behandeln. Dies gilt in gleicher Weise für die Aufbewahrung und Entsorgung von Aufzeichnungen.

Ausnahmen bilden:

- Informationen, bei denen alle Parteien zugestimmt haben, daß der Mediator sie bekanntgeben darf
- Informationen, die nicht geschützt werden können, da sie allgemein zugänglich sind, und von denen der Mediator die Parteien eingangs informiert
- von einer Partei während eines Einzelgesprächs gegebene Informationen, die diese zur Weitergabe an die andere Partei freigibt
- alle anonymisierten Informationen, die für nachfolgende Forschung oder Ausbildung genutzt werden sollen

6.3.4 Beendigung des Mediationsverfahrens

Ein Mediator *muß* eine Mediation unter folgenden Umständen beenden:

- Wenn eine abschließende Einigung durch die Parteien erzielt wurde.
- Wenn die Parteien in manchen Punkten eine Einigung erzielt haben, in anderen jedoch in einer Sackgasse stecken und sich eine Vertagung nicht anbietet oder bereits erfolglos war.
- Wenn erkennbar wird, daß eine Einigung aus dem freien Willen der Parteien, aufgrund Androhung physischer Gewalt oder

wegen anderer Vorfälle zwischen den Parteien nicht mehr erzielt werden kann.
- Wenn eine Partei oder ihr rechtlicher Bevollmächtigter nicht willens oder fähig ist, die Verfahrensrichtlinien des Mediators zu beachten (z.B. wenn eine Partei die andere während der Mediation fortwährend unterbricht, obwohl sie vom Mediator aufgefordert wurde, damit aufzuhören).

6.3.5 Vermeidung von Zwangssituationen

Nachdem Mediation ein Verfahren ist, an dem die Parteien aus freien Stücken teilnehmen, dürfen sie während des Verfahrens keinerlei Zwängen unterliegen. Dies gilt insbesondere für die Position des Mediators:

- Ein Mediator darf unter keinen Umständen die Parteien bedrängen, den Streit beizulegen.
- Der Mediator muß die Parteien darüber aufklären, daß sie keiner Verpflichtung unterliegen, Angebote und Konzessionen zu machen.
- Ein Mediator darf nicht versuchen, seine Gesetzesauslegung den Parteien aufzudrängen.
- Der Mediator muß die Parteien dazu anhalten, ihre selbstdefinierten Zwänge abzulegen und zu mehr Offenheit überzugehen.

Es soll in der Mediation nicht nur eine Situation ohne Zwang herbeigeführt werden, sondern ein Höchstmaß an Freiheit durch Freiwilligkeit ermöglicht werden. Entscheidend ist somit der Übergang zu einem größeren Maß an Freiwilligkeit im Verlauf der Mediation. Das betrifft vor allem

- die Teilnahme an der Mediation
- die Informationsoffenlegung
- die Erarbeitung gemeinsamer Lösungsvorschläge

- die Auswahl des geeignetsten Vorschlags
- die Annahme der ausgewählten Lösung

6.4 Unterschiede zwischen Mediator und Parteianwalt

Um die Rolle des Mediators besser zu verstehen, ist die Abgrenzung zum Parteianwalt ein wichtiges Instrument. Gerade durch ihre unterschiedlichen Aufgaben ergänzen sich der Mediator und die Parteianwälte bei der Unterstützung der Streitparteien.

6.4.1 Charakterisierung des Mediators

Nachfolgende Schlüsselpunkte charakterisieren den Mediator und sein Verhalten in einem Mediationsverfahren:

- Der Mediator ist der Gesprächsleiter. Er ist verantwortlich für die Struktur des Verfahrens und die Beachtung der „Spielregeln“.
- Der Mediator sorgt dafür, daß alle Beteiligten gleichermaßen ihre Sichtweisen darlegen und ihre Interessen zum Ausdruck bringen können.
- Der Mediator muß unparteilich und unparteiisch sein. Er darf keinen Beteiligten vor oder nach dem Verfahren anwaltlich vertreten.
- Der Mediator hat in der Sache keine Entscheidungsbefugnis. Dadurch unterscheidet er sich vom (Schieds-)Richter. Er schlägt Lösungen nur auf ausdrücklichen Wunsch aller Beteiligten vor. Dies muß vor Beginn der Mediation vereinbart worden sein.
- Der Mediator kann nicht als Zeuge in einem anschließenden Prozeß vernommen werden, falls die Mediation nicht zu einer Vereinbarung führen sollte.

6.4.2 Charakterisierung des Parteianwalts

Der Parteianwalt in der Mediation hat zwei Welten zu verbinden: zum einen die Rolle des Interessenvertreters für seine Partei, für die er sich mit allem Engagement einsetzt, zum anderen eine Synthese zwischen Anwalt und Mediator.

- ❑ Der Parteianwalt verhält sich bei einer Mediation ähnlich wie ein Mediator. Wie dieser erforscht er die Interessen seines Mandanten und unterstützt ihn bei der Suche nach Lösungen zur Bewältigung des Konflikts.
- ❑ Während der Mediation steht der Parteianwalt seinem Mandanten mit kreativen Vorschlägen und klassischem Rechtsrat zur Seite. Er berät ihn rechtlich, wann immer es erforderlich ist; allerdings immer von dem Ziel geleitet, in der Mediation eine für beide Seiten befriedigende Lösung zu finden.
- ❑ Er kämpft nicht wie ein Fürsprecher in einem Gerichtssaal, sondern läßt den Mandanten seine eigenen Interessen selbst formulieren und verhandeln. Er hält sich an den Grundsatz „Zurückhaltung statt Kontrolle“.
- ❑ Bei der Ausarbeitung der BATNA achtet der Parteianwalt auf die rechtliche Realisierbarkeit und informiert den Mandanten über mögliche Konsequenzen.
- ❑ Er arbeitet zusammen mit dem Anwalt der anderen Partei die abschließende Mediationsvereinbarung aus.

Für den Parteianwalt gelten demnach folgende Verhaltensweisen als charakteristisch:

- ❑ Zurückhaltung statt Kontrolle
- ❑ rationales Verhandeln statt juristischer Rhetorik
- ❑ wirtschaftliches Denken statt juristischem Argumentieren

Von Anwälten vorgebrachte Einwände, sie würden täglich verhandeln und seien daher im Grunde sowieso schon Mediatoren, kann entgegengehalten werden, daß ihnen zwar nicht für die juristische Komponente, aber für folgende Bereiche meist die Übung fehlt:

- Kommunikationsstörungen
- Emotionen
- Eskalation und Deeskalation
- selektive Wahrnehmung
- kognitive, strukturelle und informationelle Einigungshindernisse

Gleichzeitig muß der Anwalt verinnerlicht haben, daß das Recht eine wichtige Komponente in der Mediation ist. Daher ist es sehr empfehlenswert, wenn Anwälte an der Wirtschaftsmediation teilnehmen. Sie stellen für die Parteien eine Sicherheit dar, daß sie ihrer Rechte und Ansprüche nicht verlustig gehen, sofern sie es nicht bewußt tun, um einen anderen Vorteil zu erlangen.

Die Anwälte sind während der Durchführung des Mediationsverfahrens Ansprechpartner, so daß ein interner Kommunikationsprozeß dort stattfinden kann, wo sonst möglicherweise das Verfahren durch Vorbehalte und Bedenken ins Stocken geraten würde.

Sie sind die Kenner des Rechts, und sie sind gleichzeitig die Gestalter der Vereinbarung, die nach einer erfolgreichen Mediation abgeschlossen wird.

6.4.3 Der Mediator im direkten Vergleich zum Parteianwalt

Zusammenfassend gibt es vier gravierende Unterschiede in Ansatz und Aufgabenstellung, die den Mediator vom Parteianwalt trennen:

- Neutralität statt Parteilichkeit
- Interessenerforschung statt Interessenvertretung
- Prozeßverantwortung statt Ergebnisverantwortung
- Kreativität statt Anspruchsdenken

Die klare Trennung der verschiedenen Aufgabenbereiche ist für den Erfolg der Mediation entscheidend, da sich beide – der Mediator und der Parteianwalt – in ihren Aufgaben ergänzen.

6.5 Honorar des Mediators

Es gibt für den Mediator drei Möglichkeiten abzurechnen:

- Abrechnung nach Zeithonorar
- Abrechnung nach Pauschalhonorar
- Abrechnung nach BRAGO (Bundesrechtsanwaltsgebührenordnung)

Die Festlegung, welcher Abrechnungsmodus Verwendung findet, erfolgt entweder nach Abstimmung zwischen dem Mediator und den Beteiligten oder nach dem Reglement einer Institution, falls der Mediator von einer solchen vorgeschlagen wurde.

6.5.1 Abrechnung nach Zeithonorar

Bei der ersten Abrechnungsvariante nach Zeithonorar wird abhängig von der Komplexität des Falls und der Qualifikation des Mediators ein Stundensatz zwischen 300 DM und 700 DM vereinbart.

Bei dem Zeithonorar können die Beteiligten selbst bestimmen, wie teuer ihre Mediation wird.

6.5.2 Abrechnung nach Pauschalhonorar

Bei der Abrechnung nach Pauschalhonorar werden die gleichen Kriterien zugrunde gelegt, wobei die Dauer des Verfahrens ein zusätzlich zu beachtender Faktor ist. Der Vorteil für die Beteiligten liegt darin, daß sie von vornherein einen Überblick über die Kosten haben.

Damit auch für den Mediator die Berechnung sachgerecht bleibt, wird oft eine Kombination aus beiden Abrechnungsmodi gewählt. Mit einer festgelegten Pauschalsumme wird eine bestimmte Anzahl von Sitzungen abgegolten, alle weiteren Sitzungen werden gesondert nach Zeitaufwand berechnet.

6.5.3 Abrechnung nach BRAGO

Ist der Mediator gleichzeitig Anwalt, kann in Abstimmung mit den Beteiligten die BRAGO (Bundesrechtsanwaltsgebührenordnung) Anwendung finden und eine Geschäftsgebühr gemäß § 118 Abs. 1 Ziff. 1 BRAGO vereinbart werden. Die Besprechungsgebühr gemäß § 118 Abs. 1 Ziff. 2 BRAGO wird nicht fällig, da die Interessen beider Seiten diskutiert werden und der Mediator gerade nicht Parteianwalt ist.

Wenn die Mediation erfolgreich ist und zu einer Einigung führt, kann der Mediator die Vergleichsgebühren gemäß § 23 BRAGO in Rechnung stellen. Grundlage des Gebührenansatzes ist der Gegenstandswert, der mit der Mediation geregelt wird.

Alle Anwaltsmediatoren können nach Zeit oder pauschal abrechnen. Ebenso kann die gebräuchliche Kombination aus gesetzlichem Honorar nach BRAGO und Zeithonorar Anwendung finden.

6.5.4 Gebührentabellen

Erläuterungen und Hinweise zur Berechnung

Bei den Tabellen wurden bewußt weit auseinanderliegende Gegenstandswerte gewählt. Diese Tabellen sollen einem Unternehmen vornehmlich als Beispiel dienen, um abschätzen zu können, welche der möglichen Vorgehensweisen welche Kosten auslösen würde.

Bei den festen Kosten wurden Tabellen mit Stand Januar 1999 zugrunde gelegt. Alle genannten Beträge verstehen sich zuzüglich der jeweils gültigen Mehrwertsteuer.

Prozeßkostenrisiko

Das Prozeßkostenrisiko setzt sich aus den Kosten zusammen, die eine Partei im Falle ihres Unterliegens zu zahlen hätte. Darin enthalten sind die Kosten für den eigenen und den gegnerischen Anwalt sowie die Gerichtskosten.

Beratungsanwalt in der Mediation

Der Beratungsanwalt wird in den Tabellen mit 350 DM pro Stunde veranschlagt, weil davon ausgegangen wird, daß er schon länger mit dem Mandanten zusammenarbeitet und über einen entsprechenden Beratungsvertrag verfügt.

Die Beratungsanwälte werden für die Beratung im Vorfeld der Mediation sowie für die Vertragsgestaltung am Schluß der erfolgreich durchgeführten Mediation gesondert bezahlt. Aus Sicht des Unternehmens ist es wichtig, ob ein Beratungsvertrag besteht oder ob es auch diesen Teil mit dem Anwalt nach BRAGO abrechnet.

Da es sich dabei jedoch nicht um mediationstypische Kosten handelt, sondern diese bei einer klassischen Anwaltsverhandlung ebenso anfallen würden, wurden sie nicht in die Kalkulation aufgenommen.

50 % des Zeithonorars des Mediators

Im Normalfall zahlt jede an einer Mediation beteiligte Seite eine Hälfte des Honorars des Mediators. Sollten mehr als zwei Seiten an einer Mediation beteiligt sein, verteilt sich der Honoraranspruch des Mediators auf entsprechend viele Seiten.

Für die oben dargestellten Beispielrechnungen wird von einem Stundensatz von 500 DM und einem dynamischen Zeitaufwand von 6 bis 16 Stunden an Mediationsgesprächen ausgegangen. Eine eventuelle Vorbereitungszeit floß nicht in die Berechnung ein und wäre separat zu kalkulieren.

Besprechungsgebühr

Die Besprechungsgebühr ist nach der Tabelle der BRAGO eine variable Gebühr, die sich je nach Schwierigkeit des Falls, Umfang der Angelegenheit und Aufwand berechnet und zwischen 5/10 und 10/10 liegt. Der arithmetische Mittelwert ergibt 7,5/10. In der Tabelle wurde stets von dem Maximalwert von 10/10 ausgegangen.

Beispielsrechnung:
Bei einem Gegenstandswert von 100.000 DM liegt die 10/10 Gebühr bei 2.125 DM, die 5/10 Gebühr bei 1.062,50 DM und die 7,5/10 Gebühr bei 1.593,80 DM

Vergleichsgebühr

Die Vergleichsgebühr ist nach der Tabelle der BRAGO eine feste Gebühr, die bei einem Prozeß bei 10/10 liegt und bei einem außergerichtlichen Verfahren bei 15/10.

Gegenstandswert **100.000 DM**	Gericht	Mediation (6 h) Zeithonorar	Mediation (6 h) BRAGO
Prozeßkostenrisiko 1. Instanz 2 Anwälte mit Vergleich, max.	20.600 DM	-	-
Prozeßkostenrisiko 2. Instanz 2 Anwälte mit Vergleich, max.	26.950 DM	-	-
Beratungsanwalt in der Mediation	-	2.100 DM	2.100 DM
50 % des Zeithonorars des Mediators	-	3.000 DM	-
50 % der Besprechungsgebühr des Mediators	-	-	1.063 DM
50 % der Vergleichsgebühr des Mediators	-	-	1.594 DM
Verfahrensgebühr Mediation (gwmk)	-	550 DM	550 DM
Gesamtkosten	47.550 DM (24.312 Euro)	5.650 DM (2.889 Euro)	5.307 DM (2.713 Euro)

Abb. 19a: Gebührentabelle Beispiel 1

Gegenstandswert **250.000 DM**	Gericht	Mediation (8 h) Zeithonorar	Mediation (8 h) BRAGO
Prozeßkostenrisiko 1. Instanz 2 Anwälte mit Vergleich, max.	28.960 DM	-	-
Prozeßkostenrisiko 2. Instanz 2 Anwälte mit Vergleich, max.	38.010 DM	-	-
Beratungsanwalt in der Mediation	-	2.800 DM	2.800 DM
50 % des Zeithonorars des Mediators	-	4.000 DM	-

50 % der Besprechungsgebühr des Mediators	-	-	1.463 DM
50 % der Vergleichsgebühr des Mediators	-	-	2.194 DM
Verfahrensgebühr Mediation (gwmk)	-	1.000 DM	1.000 DM
Gesamtkosten	66.970 DM (34.241 Euro)	7.800 DM (3.988 Euro)	7.457 DM (3.812 Euro)

Abb. 19b: Gebührentabelle Beispiel 2

Gegenstandswert **520.000 DM**	Gericht	Mediation (10 h) Zeithonorar	Mediation (10 h) BRAGO
Prozeßkostenrisiko 1. Instanz 2 Anwälte mit Vergleich, max.	42.510 DM	-	-
Prozeßkostenrisiko 2. Instanz 2 Anwälte mit Vergleich, max.	55.950 DM	-	-
Beratungsanwalt in der Mediation	-	3.500 DM	3.500 DM
50 % des Zeithonorars des Mediators	-	5.000 DM	-
50 % der Besprechungsgebühr des Mediators	-	-	2.113 DM
50 % der Vergleichsgebühr des Mediators	-	-	3.169 DM
Verfahrensgebühr Mediation (gwmk)	-	1.250 DM	1.250 DM
Gesamtkosten	98.460 DM (50.342 Euro)	9.750 DM (4.985 Euro)	10.032 DM (5.129 Euro)

Abb. 19c: Gebührentabelle Beispiel 3

Gegenstandswert **760.000 DM**	Gericht	Mediation (12 h) Zeithonorar	Mediation (12 h) BRAGO
Prozeßkostenrisiko 1. Instanz 2 Anwälte mit Vergleich, max.	52.890 DM	-	-
Prozeßkostenrisiko 2. Instanz 2 Anwälte mit Vergleich, max.	69.680 DM	-	-
Beratungsanwalt in der Mediation	-	4.200 DM	4.200 DM
50 % des Zeithonorars des Mediators	-	6.000 DM	-
50 % der Besprechungsgebühr des Mediators	-	-	2.613 DM
50 % der Vergleichsgebühr des Mediators	-	-	3.919 DM
Verfahrensgebühr Mediation (gwmk)	-	1.250 DM	1.250 DM
Gesamtkosten	122.570 DM (62.669 Euro)	11.450 DM (5.854 Euro)	11.982 DM (6.126 Euro)

Abb. 19d: Gebührentabelle Beispiel 4

Gegenstandswert **1.000.000 DM**	Gericht	Mediation (14 h) Zeithonorar	Mediation (14 h) BRAGO
Prozeßkostenrisiko 1. Instanz 2 Anwälte mit Vergleich, max.	63.270 DM	-	-
Prozeßkostenrisiko 2. Instanz 2 Anwälte mit Vergleich, max.	83.410 DM	-	-
Beratungsanwalt in der Mediation	-	4.900 DM	4.900 DM
50 % des Zeithonorars des Mediators	-	7.000 DM	-

50 % der Besprechungsgebühr des Mediators	-	-	3.113 DM
50 % der Vergleichsgebühr des Mediators	-	-	4.669 DM
Verfahrensgebühr Mediation (gwmk)	-	1.250 DM	1.250 DM
Gesamtkosten	146.680 DM (74.996 Euro)	13.150 DM (6.723 Euro)	13.932 DM (7.123 Euro)

Abb. 19e: Gebührentabelle Beispiel 5

Gegenstandswert **3.000.000 DM**	Gericht	Mediation (16 h) Zeithonorar	Mediation (16 h) BRAGO
Prozeßkostenrisiko 1. Instanz 2 Anwälte mit Vergleich, max.	124.470 DM	-	-
Prozeßkostenrisiko 2. Instanz 2 Anwälte mit Vergleich, max.	164.170 DM	-	-
Beratungsanwalt in der Mediation	-	5.600 DM	5.600 DM
50 % des Zeithonorars des Mediators	-	8.000 DM	-
50 % der Besprechungsgebühr des Mediators	-	-	6.113 DM
50 % der Vergleichsgebühr des Mediators	-	-	9.169 DM
Verfahrensgebühr Mediation (gwmk)	-	1.000 DM	1.000 DM
Gesamtkosten	288.640 DM (147.570 Euro)	14.600 DM (7.468 Euro)	22.381 DM (11.443 Euro)

Abb. 19f: Gebührentabelle Beispiel 6

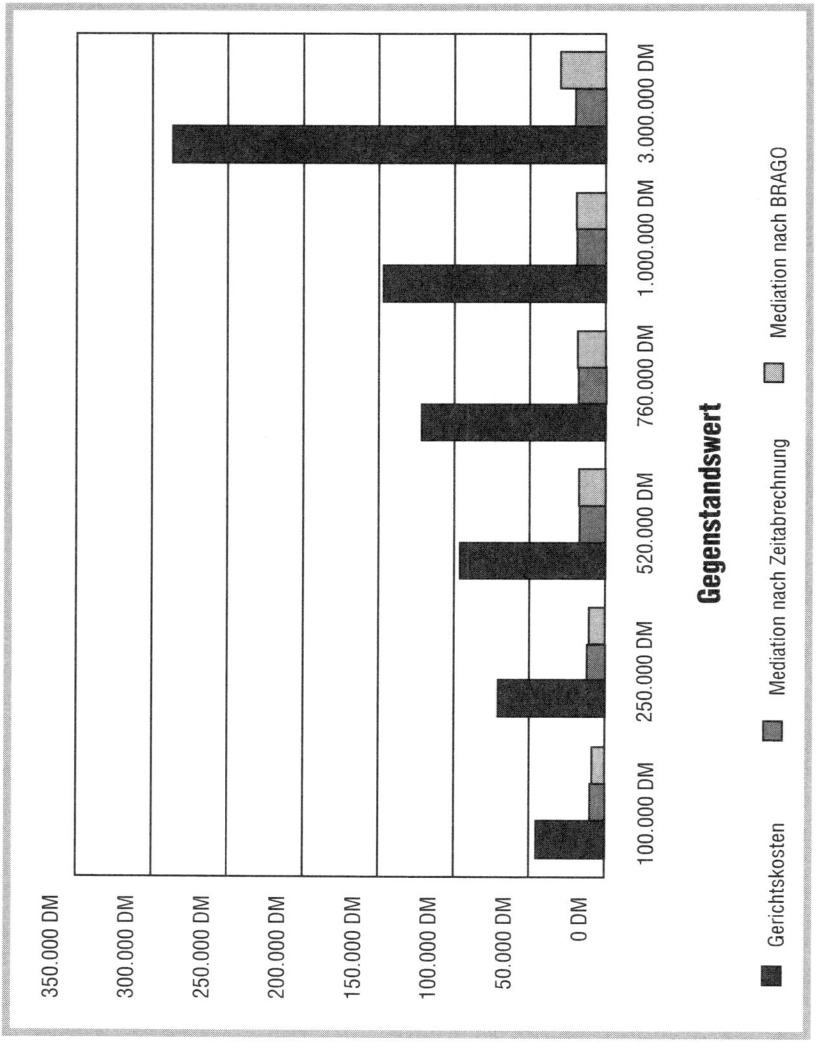

Abb. 20: Vergleich Prozeßkosten – Mediationskosten

Augenfällig ist die enorme Kosteneinsparung, die eine Mediation im Vergleich zu einem Prozeß bietet. Alle drei Datenreihen steigen im Bereich unter 3 Mio. DM nahezu linear an, wobei die Prozeßkosten erheblich steiler ansteigen als die Mediationskosten. Die Unterscheidung, ob eine Abrechnung der Mediationskosten nach Zeitaufwand oder nach BRAGO erfolgt, führt nicht zu wesentlich unterschiedlichen Kosten.

Die unternehmensinternen Kosten, die durch die Bindung von Ressourcen entstehen, wurden nicht berücksichtigt. Ein Prozeß zieht sich ab einer Größenordnung von 100.000 DM mindestens über einige Monate hin, oft jedoch länger, wenn durch mehrere Instanzen gestritten wird. Wird dieser Zeit- und Ressourcenverlust berücksichtigt, vervielfacht sich die Einsparung der internen Kosten durch eine Mediation.

Positiv auf die Unternehmenskultur wirkt sich aus, daß die in der Mediation (rasch) gefundene und zufriedenstellende Problemlösung ungeahnte Kräfte freisetzt, die im betroffenen Unternehmen anderweitig produktiv eingesetzt werden können. Die neu gewonnene Zuversicht in eigene Leistungen – das Mediationsergebnis ist letztendlich das Produkt eigener Verhandlungen – erzielt anstekkende Wirkung bei den Mitarbeitern. Die resultierenden motivationsverstärkenden Productivity-Faktoren können nicht hoch genug bewertet werden.

6.6 Zusammenfassung

Hat ein Unternehmen die Mediation nicht bereits in seinen Verträgen so genau definiert, daß ein Mediator namentlich benannt oder die Verwendung einer Institution festgelegt wird, die im Mediationsfall verschiedene Mediatoren benennt, gilt es mittels geeigneter Auswahlkriterien den richtigen Mediator zu finden.

Der Mediator muß über bestimmte Eigenschaften verfügen, um seine Aufgaben und Pflichten optimal erfüllen zu können. Einige davon sind quantifizierbar und können leicht in einer von vielen Institutionen bereitgestellten Liste abgefragt werden. Schwieriger gestalten sich jedoch die nicht quantifizierbaren Eigenschaften, die mindestens ebenso wichtig sind wie die quantifizierbaren (vgl. hierzu S. 129).

Die Auswahl des Mediators ist letztendlich aus einer Vielzahl verschieden gewichteter Kriterien zu treffen, die unternehmens- und konfliktspezifischen Ansprüchen genügen müssen.

Merksatz

Mediation erfordert sehr spezielle Fähigkeiten, die nicht über Nacht erlernt werden können.

7 Angewandte Wirtschaftsmediation

Longum iter est per praecepta,
breve et efficax per exempla.
Seneca

Lang ist der Weg durch Lehren,
kurz und wirksam durch Beispiele.

Kein Bereich der Wirtschaft ist frei von Konflikten: Der Manager einer Bank wägt die Risiken ab, wenn er einem Kunden einen neuen Kredit gewähren soll, jener aber mit mehreren Zahlungen im Rückstand ist; ein Direktor hat Probleme, Vertragskonditionen zu erfüllen, da ein Zulieferer bankrott gegangen ist; das Personal einer Abteilung wird aufgrund von Mobbing zunehmend unproduktiv; ein Abteilungsleiter wird der sexuellen Belästigung einer Mitarbeiterin angeklagt; der Chefarzt eines Krankenhauses wird von der Familie eines Patienten eines Kunstfehlers beschuldigt. Was verbindet diese Fälle?

Bei allen wurde die Mediation als Mittel gewählt, diese verschiedenartigen Wirtschaftskonflikte zu lösen.

Nachdem Mediation schon lange als anerkannte Methode für die Lösung von Familienzwistigkeiten und Scheidungsfällen gilt und Unternehmen im angloamerikanischen Raum seit Jahrzehnten erfolgreich Mediation nutzen, wenden vermehrt auch deutsche Unternehmen dieses Verfahren auf ihre Konflikte im wirtschaftlichen Bereich an. Manche Unternehmer nehmen Klauseln auf, wonach Mitarbeiter, Subunternehmer und sogar Kunden an Mediationen teilnehmen müssen, bevor irgendeine andere Form der Konfliktlösung, wie Gerichts- oder Schiedsgerichtsverfahren, gewählt werden darf.

Während die Mediation in den USA bereits gesetzlich in vielen Bundesstaaten verankert ist, werden in anderen neue legislatorische Vorschläge initiiert, die Mediation als ersten Schritt bei der Beseitigung von Streitigkeiten einzusetzen. Als Beispiel sei Kalifornien mit Mediationsklauseln bei Immobilientransaktionen oder Verordnungen im Umweltbereich genannt.

Auch in Deutschland werden derartige Gesetzesinitiativen vorbereitet. Bisher kann das Gericht nur nach § 279 ZPO eine Mediation vorschlagen, die Parteien jedoch nicht dazu verpflichten.

7.1 Vorzüge der Mediation für das Unternehmen

Warum soll ein Unternehmen die Mediation einem Gerichtsverfahren oder einem anderen schiedsrichterlichen Verfahren zur Lösung eines Streits vorziehen? Dazu gibt es drei fundamentale Gründe: Mediation ist, wenn sie richtig durchgeführt wird,

- ökonomischer,
- effizienter,
- effektiver.

Dieser dreifache Vorteil ist auch unter der englischen Kurzbezeichnung EEE (Economic Efficient Effective) bekannt.

Innerbetriebliche Konflikte sollen in Unternehmen frühzeitig erkannt, nach Möglichkeit bereits im Ansatz ausgeräumt bzw. vermieden werden. So ist es im Zuge der Zusammenstellung einzelner Teams von großer Bedeutung, daß möglichst wenig Reibungsverluste auftreten und alle beteiligten Personen ihre Energie auf die Ziele verwenden, die das Unternehmen gesteckt hat. Es ist sinnlos, sich in Intrigen zu verstricken und ständig die Frage vor Augen zu haben: Was bringt mir das?

Sind Projektteams aus Personen unterschiedlicher Nationalität, unterschiedlichen Alters und unterschiedlichen Geschlechts zusammengesetzt, dann ist es besonders wichtig, die Bedürfnisse und Interessen wechselseitig kennen und verstehen zu lernen, zuhören zu können und die Unterschiedlichkeiten zum Vorteil der Gruppe und des Unternehmens zu nutzen. Einzelne sollen für ihre Andersartigkeit nicht aus der Gruppe ausgegrenzt werden. Dies setzt Toleranz und Verständnis voraus.

Auch bei der Beilegung von Auseinandersetzungen zwischen Unternehmen mittels Mediation tritt der EEE-Effekt ein. Dies ist darin begründet, daß es wieder um Menschen geht, die miteinander konkurrieren sollen. Es treten vergleichbare Problemstellungen auf, die mit Mediation adäquat bearbeitet werden können.

Gerade bei besonders hohen Belastungen und zunehmendem Streß ist es für den einzelnen schwierig, diese Situation alleine zu beherrschen und damit umzugehen. Setzt ein Verdrängungsprozeß ein, wird das unterdrückte Problem latent weiter brodeln und an möglicherweise unpassender Stelle und zu unpassender Zeit in nicht vorhersehbarem Ausmaß explodieren. Dies ist vielfach der Grund, warum es in Teams innerhalb eines Unternehmens zu Konflikten kommt.

Ähnliche Muster gelten für Geschäftsbeziehungen zwischen Unternehmen. Diese Belastungen sind unvermeidbar, vor allem vor dem Hintergrund zunehmender Internationalisierung, rasanter Weiterentwicklung der Technik und wachsenden Leistungsdruckes.

Gefragt ist hier sinnvolles Konfliktmanagement, damit Konflikte frühzeitig erkannt werden und zu ihrer Deeskalation beigetragen wird.

Dadurch werden Reibungsverluste vermieden, und Energien können wieder wirtschaftlich sinnvoll eingesetzt werden. In zweifacher Hinsicht können somit Kosten eingespart werden. Zum einen werden die Potentiale der Mitarbeiter nicht durch Teamkonflikte geschmälert, sondern können produktiv eingesetzt werden. Zum anderen entfaltet ein konfliktfreier Umgang im Team ungeahnte synergetische Effekte.

Um von den größeren Erfahrungswerten aus den USA zu profitieren, wird ein Überblick von John M. Haynes einbezogen, der zunächst die Mediation zwischen bzw. innerhalb von Unternehmen beschreibt. Haynes fügt noch die besonderen Implikationen in Familienunternehmen hinzu sowie als typisch amerikanisches Beispiel die Massenklage, ein Instrument, das ebenfalls im deutschen Rechtssystem existiert.

Wirtschaftsmediation besteht aus vielen Bereichen (John M. Haynes)

1. Mediation zwischen Unternehmen

Eine wachsende Anzahl an Unternehmen nutzt die Mediation, um Konflikte untereinander zu lösen. Die Konflikttypen, um die es geht, sind üblicherweise Käufer-Verkäufer-Konflikte. In zunehmendem Maße wird Mediation bei Patentrechtsverletzungen und Vertrauensmißbrauch angewendet.

Ein anderer Aspekt betrifft die internationale Unternehmensmediation. In dem Maße, wie multinationale Unternehmen wachsen, erfahren sie, daß sich ungesunde Rivalitäten innerhalb des Unternehmens entwickeln, die auf kulturellen und nationalen Unterschieden basieren. Sie fangen an, Mediatoren zu nutzen, um diese Sachverhalte zu identifizieren und den Beteiligten zu helfen, trotz unterschiedlicher nationaler und kultureller Werte miteinander zu kooperieren.

2. Mediation innerhalb von Unternehmen

Unternehmen finden Mediation nützlich bei der Lösung von Disputen zwischen Abteilungen, Geschäftsbereichen und Teams. Mediation hilft den Unternehmen beispielsweise, Dispute zwischen den Vertriebs- und Produktionsabteilungen zu lösen. Die Mediation hilft auch bei typischen Arbeitgeber-Arbeitnehmer-Fragen wie Entlassungen und bei Arbeitnehmer-Arbeitnehmer-Konflikten wie Mobbing.

Viele Spannungen am Arbeitsplatz können nicht vor Gericht gebracht werden oder innerhalb der Arbeitnehmervereinigung entschieden werden. Ein Beispiel wäre ein Streit zwischen Mitarbeitern einer Führungsebene. Mediation ist in dieser Situation ein sehr nützliches Mittel. Es wird empfohlen, Mediatoren zu engagieren, an die sich die Streitparteien vertrauensvoll wenden können. Oft betreffen die Streitfälle Belange, von denen die Betroffenen nicht wollen, daß ihre Vorgesetzten davon erfahren.

3. Mediation in Familienunternehmen

Viele Familienunternehmen leiden unter der Einwirkung von familiären Konflikten auf das Unternehmen. Aufgrund der Forderung, Konflikte innerhalb dieses Verbunds zu lösen, bietet sich die Mediation geradezu an.

4. Massenklagen

Wenn eine Klage Dutzende oder Hunderte von Klägern betrifft, stehen Richter schnell einem größeren Problem gegenüber:

- ❑ Wie kann die Klage rasch entschieden werden, damit die Kläger nicht erst nach etlichen Jahren entschädigt werden?
- ❑ Wie kann eine Vereinbarung getroffen werden, die allen Klägern gegenüber fair ist?

Aufgrund überwiegend positiver Erfahrungen beschreiten Richter in den USA mit der Mediation einen erfolgreichen Weg, Mehrparteienstreitigkeiten zu lösen.

7.2 Beispielfälle

Die nachfolgenden Fälle sind ein Ausschnitt aus der Mediationspraxis. Sie wurden hinsichtlich Namen und tatsächlicher Begebenheiten abgeändert und verfremdet. Namensgleichheiten oder -ähnlichkeiten sind nicht bezweckt und wären rein zufällig.

7.2.1 Konflikte in Familienunternehmen

Struktur und Organisation der Familie spiegeln sich in einem Familienbetrieb wider. Rivalitäten unter Geschwistern der Familie werden auch im Unternehmen ausgetragen. Die meisten Familienunternehmen werden vom Vater begonnen und mit einer harten Hand geführt. Sobald die Kinder erwachsen werden, gewinnen zwei Fragen an Bedeutung:

- Treten die Kinder ins Unternehmen ein?
- Wenn ja, in welcher Eigenschaft?

Wenn sowohl Söhne als auch Töchter den Weg ins Unternehmen anstreben, muß geklärt werden, ob alle zu denselben Konditionen eintreten.

All diese Entscheidungen werden vom gründenden Vater getroffen. Wenn er plötzlich in den Ruhestand geht oder stirbt, entsteht eine unklare Situation, da nur wenige Firmengründer Vorkehrungen für einen fließenden Übergang treffen. Schätzungen zufolge scheitern 60 % der Familienunternehmen innerhalb von zwei Jahren nach dem Tod des Gründers. Um seinen Rückzug aus dem Geschäftsleben vorzubereiten, muß der Vater auch planen, wie er seine Machtposition auf seine Kinder überträgt. Das ist für ihn oft schwierig. Ein Mediator kann der Familie helfen, Entscheidungen zu treffen, und sie beraten, wie Experten, Berater und Anwälte am effizientesten eingesetzt werden.

Stirbt der Vater, ohne das Unternehmen rechtzeitig übergeben zu haben, müssen die Kinder über den Fortbestand des Unternehmens entscheiden. Der Mediator hilft der Familie dabei und berücksichtigt die Familien- und Unternehmensbelange. Es ist unsinnig, zunächst die Belange des Unternehmens lösen zu wollen, wenn die Belange der Familie, die ein Problem darstellen, unberührt bleiben. Der Mediator ist in der Lage, Vorschläge zu unterbreiten, so daß die Belange des Unternehmens und der Familie berücksichtigt bleiben.

Oft teilen sich die Kinder in aktive und passive Partner in einem Unternehmen auf. Viele Väter überlassen die Kontrolle über das Unternehmen ihren Söhnen, während die Töchter einen finanziellen Anteil am Unternehmen erhalten. In diesem Fall treten häufig Probleme zwischen den aktiven und passiven Partnern auf. Die aktiven Partner sind vielleicht mehr daran interessiert, größere Investitionen zu tätigen, während die passiven Geschwister vielleicht einen größeren kurzfristigen Gewinn erzielen wollen. Der Mediator hilft ihnen, den Streit zu lösen.

Beispiel: Streit um das Firmengrundstück

Aufgrund einer schwierigen Phase, in der sich die Firma zum Zeitpunkt der Geburt der Zwillingssöhne Helmut und Stephan befand, wurde das Firmengrundstück auf Helmut übertragen, wohingegen das Privatgrundstück mit dem Privathaus Stephan überschrieben wurde. 30 Jahre später, zu einem Zeitpunkt, an dem keiner mehr an diese Konstellation denkt, soll die Firma verkauft werden. Dafür ist es erforderlich, das Gebäude einschließlich des Grundstücks verkaufen zu können, wogegen sich Helmut sperrt. Verhandlungen, die geführt wurden, um die Angelegenheiten in einem Erbvertrag zu regeln, sind gescheitert. Ein rechtlicher Anspruch auf Rückübertragung des Grundstücks besteht nicht. Der Preis, den Helmut für die Übertragung verlangt, ist derart überzogen, daß der Vater ihn zu enterben droht.

Position des Vaters:

Die Fortführung des Unternehmens ist schlechter als der Verkauf.

Position des Sohns Helmut:

Der Verkauf ist schlechter als die Fortführung des Unternehmens.

Statt eines langwierigen Streits, der den anstehenden günstigen Firmenverkauf vereiteln würde, schlägt der Syndikus eine Mediation vor. Im Rahmen dieses Verfahrens hat Helmut, der seit seinem Studium bereits einige Jahre in der Firma tätig ist, endlich Gelegenheit, seine innovativen Ideen, die sein traditionell ausgerichteter Vater nie verwirklichen wollte, vorzubringen, und dieser hört ihm zum ersten Mal zu.

In der Mediation versteht der Vater erstmalig den Sohn und merkt, daß dieser trotz seiner neumodischen Ideen genau wie er nur zum Wohle des Unternehmens agiert. Umgekehrt versteht der Sohn durch die ihm jetzt gewährten Einblicke, daß der Vater durch umsichtiges und traditionsbewußtes Handeln die Firma auch durch wirtschaftlich schwere Zeiten geführt hat.

Der Vater kann nun zugeben, daß er sich eine Entlastung wünscht, ohne entmachtet zu werden, solange er in seinem Unternehmen tätig ist. Der Sohn kann dem Vater zeigen, daß er dessen Wissen und seine Erfahrung benötigt und von ihm lernen will.

Interessen des Vaters:

Anerkennung für den Firmenaufbau und die Führung durch die schweren Zeiten

Interessen des Sohns Helmut:

Anerkennung für die Leistung im Unternehmen und mehr Einfluß

Die Mediation führt zu folgender Einigung, die als Vorbedingung für den Verkauf festgelegt wird: Der Sohn wird als Geschäftsführer mit einem Vertrag für mindestens fünf Jahre eingesetzt. Der Vater soll noch drei Jahre als Berater mit einer großzügigen Honorierung fungieren und für die folgenden zehn Jahre eine Apanage vom Unternehmen, das er aufgebaut hat, erhalten.

7.2.2 Konflikte im Franchise-System

Beispiel: „Salad & More"

Paul Rohrfeldt ist Generaldirektor und Hauptaktionär der Salad & More AG, einem sehr erfolgreichen Franchise-Unternehmen mit einer Kette von ca. 250 Bistros. Durch das Franchise-Konzept ist der Umsatz anfangs stark gestiegen. Zudem hätte die Salad & More

AG ein derartiges Wachstum nicht alleine finanzieren können. Zuverlässigkeit und Einheitlichkeit bilden den Kerngedanken des Unternehmens.

Seit einigen Jahren ist der Umsatz unverändert geblieben, und jetzt ist er sogar rückläufig. Dies ist auf den härteren Wettbewerb, vor allem in den Großstädten, zurückzuführen.

Der Star unter den Franchise-Nehmern – Max Danter – leitet ein Bistro in der Fußgängerzone von Frankfurt. Nachdem sein Umsatz für dieses Jahr 1 Mio. DM betragen sollte, wurde sein Franchise-Vertrag 1999 um weitere fünf Jahre verlängert. Für Max Danter ergeben sich folgende Vorteile:

- eine starke, verkaufsfördernde Marke
- eine gut organisierte Weiterbildung des Personals
- gute begleitende Beratung
- landesweite Werbekampagnen, die aus den Beiträgen der Franchise-Nehmer finanziert werden

Demgegenüber verpflichtet sich Max Danter,

- 12 % seines Umsatzes an die Salad & More AG abzuführen: 7 % als Franchise-Gebühr und 5 % in den nationalen Werbefond,
- sich strikt an die Vorgaben für das Menü und das Erscheinungsbild zu halten (jede Abweichung muß schriftlich und im voraus von der Salad & More AG genehmigt werden),
- nach Ablauf oder bei einer frühzeitigen Kündigung des Franchise-Vertrags für 12 Monate im Umkreis von 1.000 m kein Bistro zu betreiben.

Vor kurzem hat Max Danter Salat-Fitneß-Gerichte eingeführt und vergibt an Fitneß-Studios Gutscheine für Fitneß- und Low-Calorie-Salate bei Abschluß von neuen Abonnements. Im Gegenzug erhalten seine Kunden für jedes Fitneß-Gericht einen Bonuspunkt. Bei zehn Bonuspunkten erhalten sie eine Gratiskarte für den Besuch eines benachbarten Fitneß-Clubs.

Dies hat er dem Franchise-Geber schriftlich mitgeteilt. Mangels zeitnaher Antwort und aufgrund des Umstands, daß eines der größten Fitneß-Studios die Gutscheine bei der Neueröffnung der voraussichtlich umsatzträchtigsten Filiale verwenden will, hat Max Danter die Neuregelung ohne Abstimmung mit dem Franchise-Geber eingeführt. Einerseits ging er von einer Genehmigung aus, andererseits war er in Zugzwang, da er sonst die Chance dieser Zusammenarbeit und den prognostizierten Mehrumsatz verloren hätte.

Nachdem diese Konzepterweiterungen nicht genehmigt waren, hat die Salad & More AG Max Danter in einem sehr deutlichen Schreiben auf die Regelungen in seinem Franchise-Vertrag hingewiesen und ihm eine Kündigung angedroht, wenn er nicht sofort alles in den ursprünglichen Zustand zurückversetzt. Max Danter will sich nicht vor seinen Kunden blamieren und auch das Umsatzplus nicht verlieren, das sich durch die Zusammenarbeit mit den Fitneß-Clubs ergibt.

Nachdem erste Verhandlungen zu keinem Ergebnis geführt haben, wurden Anwälte eingeschaltet.

Position der Salad & More AG:

- Max Danter hat durch die Einführung der Fitneß-Gerichte und die nicht mit dem Franchise-Geber abgestimmte Gutschein-/Bonusaktion den Franchise-Vertrag verletzt. Derartige Initiativen hätten schriftlich genehmigt werden müssen.
- Falls Max Danter nicht innerhalb von zwei Wochen den ursprünglichen Zustand herstellt, wird sein Franchise-Vertrag gekündigt.
- In diesem Fall wird Max Danter verboten, während der nächsten zwölf Monate in einem Umkreis von 1.000 m ein Bistro zu betreiben.

Position von Max Danter:

- Das Wettbewerbsverbot ist zu weitreichend und daher ungültig: Max Danter könnte ein Bistro unter eigenem Namen eröffnen.
- Die Salad & More AG hätte laut Franchise-Vertrag schon vor sechs Monaten eine Werbeaktion ansetzen müssen, so daß auch Max Danter ein Kündigungsrecht, und zwar ohne die negativen Konsequenzen des zwölfmonatigen Wettbewerbsverbots, zusteht.
- Der Franchise-Geber hätte in angemessener Zeit auf die schriftliche Anfrage in bezug auf die Neueinführung der Produkte reagieren müssen.

Beide Parteien haben sich bereit erklärt, vor Ablauf der 14tägigen Kündigungsfrist eine Mediation durchzuführen.

In der Mediation deckt der Mediator folgende Sichtweisen und Interessen auf:

Paul Rohrfeldt von der Salad & More AG:

- Max Danter versteht den Sinn eines Franchise-Systems nicht. Er möchte nur die Vorteile haben: den Ruf von Salad & More und die Entwicklung eigener Strategien. Dies unterwandert jedoch das Franchise-Konzept.
- Max Danter ist unbestritten erfolgreich. Nachdem sein Bistro eine gute Lage hat, ist allerdings nicht erwiesen, daß seine Strategien auch andernorts erfolgreich wären.
- Die Salad & More AG hat eine Abteilung, die Entwicklungsvorschläge überprüft und der Geschäftsleitung zur Entscheidung vorlegt. Max Danter hat sich nicht an diesen Weg gehalten und ist mit seinen Vorschlägen direkt an die Geschäftsleitung herangetreten.
- Der Vorwurf, die Salad & More AG hätte seit langem keine neuen Werbeaktionen durchgeführt, trifft leider zu. Allerdings steht die Einführung einer ganzen Linie neuer verkaufsfördernder Produkte kurz bevor.

Max Danter:

- Die aktuelle Geschäftsleitung der Salad & More AG ist völlig inkompetent: Es wurden seit langem keine neuen Produkte eingeführt, die Verkäufe nehmen stetig ab, und die Firmenleitung schaut dieser Entwicklung gelassen zu.
- Er ist der einzige Franchise-Nehmer, dessen Verkaufszahlen steigen. Dies liegt an seinem Mut, Neues zu unternehmen. Er sollte belohnt statt bestraft werden.
- Wenn überhaupt jemand den Franchise-Vertrag nicht erfüllt hat, dann die Salad & More AG. Ein Franchise-Geber ist ja verpflichtet, die Franchise-Nehmer wirksam zu unterstützen.

Einigung:

Nach Durchführung der Mediation kommt es zu folgender Einigung:

- Die Fitneß-Gerichte und die Gutschein-/Bonusidee werden bei allen Bistros der Salad & More AG eingeführt.
- Es wird ein Kreativ-Komitee gegründet, das zur Hälfte von Franchise-Nehmern und zur Hälfte mit Marketingfachleuten der Salad & More AG besetzt ist. Max Danter wird Vorsitzender.
- Von seinem Mehrumsatz wird ein Teil des ebenfalls neu eingerichteten Programms zur Mitarbeitermotivation finanziert.
- Weiter findet durch das persönliche Kennenlernen zwischen Paul Rohrfeldt und Max Danter ein reger Austausch über Standortfragen statt.

7.2.3 Streit zwischen Unternehmen

Beispiel: Ökopaper AG vs. Papernew AG

Anfang der 90er Jahre wurden zwei Unternehmen gegründet, die jeweils eine Papierrecycling-Anlage betreiben: die Ökopaper AG in Stuttgart und die Papernew AG in Esslingen. Beide Unternehmen wurden anfänglich von den Kommunen subventioniert.

Seit Jahren jedoch tobt ein erbitterter Streit zwischen den beiden Firmen, da die Kapazitäten nicht ausgelastet sind. Beide Firmen könnten mehr als das Doppelte des anfallenden Altpapiers verarbeiten. Die Papernew AG ist marktbeherrschend geworden, die Ökopaper AG entsorgt zusätzlich zu den Beständen der alten Bundesländer ca. 30 % des in den neuen Bundesländern anfallenden Altpapiers. Jedes Unternehmen wendet dabei ein unterschiedliches Recyclingverfahren an. Beide werden zur Zeit von der Umweltbehörde miteinander verglichen. Das Ergebnis dieser Studie wird in einigen Monaten vorliegen.

Die ums Überleben kämpfende Ökopaper AG hat ihre politischen Verbindungen eingesetzt und mit einer großen Pressekampagne gedroht, falls ihr die Subventionen gestrichen würden. Die Aktionäre der Papernew AG wollen einen Medienrummel vermeiden. Die Unternehmensleitung geht davon aus, das schlechtere Verfahren zu haben, das zwar kostengünstiger betrieben werden kann und schneller arbeitet und dadurch den Durchsatz und damit den Umsatz erhöht, jedoch keinesfalls den neuen gesetzlichen Anforderungen entspricht. Wenn diese Umstände in der Presse veröffentlicht würden, wären Ordnungsstrafen und deutliche Umsatzrückgänge zu befürchten. Die Papernew AG schlägt daher eine Mediation vor, der die Ökopaper AG zustimmte.

Standpunkt der Ökopaper AG:

Ökopaper wurde 1992 mit dem Ziel gegründet, ein zukunftsträchtiges, aber auch aus ethischen Gesichtspunkten heraus optimal auf die Umwelt abgestimmtes Papierrecycling-Unternehmen zu betreiben. Aus diesem Grund beteiligten sich auch viele Bürger und Umweltinitiativen als Kleinaktionäre. Ohne dieses Kapital wäre die Gründung nicht möglich gewesen. Die Unternehmensführung legt hohe ethische Maßstäbe an und arbeitet überaus gewissenhaft und im Einverständnis mit den Aktionären in erster Linie umweltgerecht und erst in zweiter Linie auf Umsatzsteigerung ausgerichtet.

Die Aktionäre sind der Meinung, daß die Papernew AG nur auf Profit aus ist und dafür sogar bereit ist, der Umwelt Schäden zuzufügen. Nur mit dieser negativen umsatzorientierten Einstellung sei sie zur Marktführerin aufgestiegen. Die von ihnen initiierten hohen gesetzlichen Anforderungen würden damit unterlaufen.

Standpunkt der Papernew AG:

Die sehr traditionell eingestellte Geschäftsleitung wollte nur auf dem heimischen Markt auftreten und lehnte eine Ausdehnung ins Ausland ab, zu dem sie keine Verbindungen unterhält. Die Firmenkultur ist durch ein großes Maß an Bodenständigkeit und mangelnde Experimentierfreudigkeit geprägt. Aufgrund harter kaufmännische Geschäftsführung, die jeweils nur die absoluten Minimalanforderungen erfüllt hatte, konnte die starke Marktposition erreicht werden. Man war gewillt, den Konkurrenten Ökopaper auszuschalten.

Neben der Gefahr des negativen Ausgangs der Untersuchung kann die Papernew AG nicht ohne neue Maschinen weiter Recycling betreiben. Von Aktionärsseite ist weiteres Kapital nicht zu erwarten; daher wäre eine Ausweitung ins Ausland notwendig. Ein Gebiet, auf dem die Ökopaper AG über viel Erfahrung und gute Kontakte verfügt. Die Beilegung des Preis- und Kundenkampfes und die Verhinderung einer Pressekampagne wären demnach sehr wünschenswert.

Interessen der Ökopaper AG:

- ❑ Überleben am Markt, um die bessere Recyclingmethode zum Wohle der Umwelt einzusetzen
- ❑ Anerkennung ihres ständigen Strebens, das Beste für die Umwelt zu leisten und nicht wegen des Verzichts auf Umsatzsteigerung belächelt zu werden

Interessen der Papernew AG:

- ❑ Konsolidierung der Marktposition
- ❑ Vermeidung der Verifizierung der Verdächtigung, das umweltschädlichere Verfahren anzuwenden

Einigung:

Die in der Mediation erzielte Einigung wurde nach fünf Sitzungen vereinbart:

- ❑ Die Papernew AG und die Ökopaper AG gehen eine symbiotische Geschäftsbeziehung ein.
- ❑ Die Papernew AG weitet ihre Aktivitäten auf das Ausland aus und wird dabei von der Ökopaper AG unterstützt, da von ihr Kapital zugeschossen werden kann.
- ❑ Die Ökopaper AG bezieht im Gegenzug bestimmte Mengen an Altpapier von der Papernew AG, um ihre Kapazitäten besser auszulasten.
- ❑ Die Testergebnisse werden nicht veröffentlicht, da die Papernew AG das Verfahren der Ökopaper AG übernimmt.

Durch die Vertraulichkeit der Mediation wurde der Streit nicht an die Öffentlichkeit getragen.

7.2.4 Erbstreit im Unternehmen

Beispiel: Unternehmensinhaber Timmer

Nachdem der Erblasser Friedhelm Timmer ins fortgeschrittene Alter gekommen war, zog er sich aus der Geschäftsführung seiner GmbH zurück, kaufte sich ein Haus in Spanien und überließ die Leitung der Firma dem bisherigen zweiten Geschäftsführer Walter Sengmann. Die Tochter Karin, die bereits seit einigen Jahren in der Werbeabteilung der Firma beschäftigt war, hatte gehofft, daß für sie mit dem Austritt ihres Vaters ein Aufstieg verbunden wäre, insbesondere, da sich ihr Bruder Jens in keinster Weise für die Firma interessierte. Nachdem ihre Mutter Louise Timmer erst vor zwei Jahren gestorben war, glaubte Karin, daß ihr Vater zunächst etwas Abstand bräuchte, während sie mit gesteigertem Einsatz die von ihr angestrebte Position erreichen würde.

Nach drei Jahren fand der Erblasser Friedhelm in Spanien eine neue Lebensgefährtin namens Constanza und verbrachte viel Zeit mit ihr. Dadurch nahm er nicht mehr an den Gesellschafterversammlungen teil, um seinen Firmenanteil von 80 % zu vertreten. Die restlichen 20 % der Firma verteilten sich zu gleichen Teilen auf die Gesellschafter Karin und Jens. Weil der Geschäftsführer Sengmann dem Erblasser Timmer suggerierte, er würde hervorragende Arbeit leisten, ging das Gerücht um, er solle dafür als Gesellschafter an der Firma beteiligt werden. Sohn Jens, der aufgrund seiner technischen Ausbildung und bisherigen Berufserfahrung durchaus in der Firma tätig hätte sein können, lehnte dies nach wie vor ab.

Nachdem sich der Geschäftsführer nicht mehr durch Friedhelm Timmer kontrolliert fühlte, ließ sein Engagement für die Firma deutlich nach, und ihm unterliefen zunehmend Fehler. Einer dieser Fehler führte zu einem sehr nachteiligen Vertrag, in dessen Folge Umsätze und Gewinn auf steile Talfahrt gingen. Karin Timmer erlangte bei einer sorgfältigen Prüfung der Bücher davon Kenntnis und versuchte, ihrem Vater die schlechten Entwicklungen nahezubringen. Dieser unterstellte ihr jedoch eine List, um selbst an die Geschäftsführung zu gelangen, und drohte ihr mit Entlassung.

Während das Mißmanagement eskalierte, starb Friedhelm Timmer überraschend an einer unheilbaren Krankheit, ohne ein Testament zu hinterlassen. Von der Krankheit wußte nur Constanza. Bedingt durch den frühen Tod seiner Ehefrau Louise wurden seine beiden Kinder Karin und Jens Alleinerben.

In die Erbmasse fielen neben der Firma in Deutschland das Haus in Spanien, die dort befindlichen Kunstgemälde, ein Sportwagen und eine nicht unerhebliche Barschaft.

Aufgrund gesetzlicher Erbfolge gingen die vom Vater gehaltenen 80 % der Firma zu gleichen Teilen auf die Kinder über, die damit jeweils 40 % erbten. Zusammen mit ihren bisherigen jeweils 10 % hielt nun jeder 50 %, so daß keiner gegen den Willen des anderen eine Mehrheitsentscheidung treffen konnte.

Die Lebensgefährtin Constanza beanspruchte das Haus und das ganze spanische Vermögen, da ihr dies der Erblasser angeblich noch zu Lebzeiten geschenkt hatte. Während die Tochter die Firma retten möchte, ist ihr Bruder nur an einer Auszahlung interessiert, die jedoch aufgrund der schlechten finanziellen Lage der Firma nicht erbracht werden kann.

Zur Vermeidung eines langwierigen und kostenintensiven Erbstreits schlägt Friedhelm Timmers Hausanwalt eine Mediation vor. Bei der Mediation sind sowohl die Kinder als auch der Geschäftsführer Sengmann und die Lebensgefährtin Constanza gegenwärtig. Dabei wird deutlich, wie eifersüchtig die beiden Kinder auf die Lebensgefährtin sind, der sie vorhalten, sie hätte ihren Vater derart dominiert, daß er sich weder um seine Kinder noch um die Firma kümmern konnte.

Constanza wiederum berichtet davon, wie sehr Friedhelm Timmer unter dem Tod seiner Frau gelitten habe und, wie er es bis zum fortgeschrittenen Stadium vermieden habe, seine Kinder mit seiner Krankheit zu belasten. Für ihre aufopferungsvolle Unterstützung habe er ihr das Haus und die anderen Besitztümer in Spanien vermacht.

Tochter Karin fühlt sich ungerecht behandelt, da sie sich immer stark für die Firma und den Vater eingesetzt hat und, anstatt zur Geschäftsführerin befördert zu werden, sich der Androhung der

Kündigung gegenübersah. Sohn Jens wiederum ist eifersüchtig auf seine Schwester, die seiner Ansicht nach vom Vater protegiert wurde, wohingegen er es in einer fremden Firma ganz alleine bis zum Abteilungsleiter geschafft hat.

Die Mediation ergibt, daß die Betroffenen Karin, Jens, Constanza und Walter Sengmann Anerkennung für ihre Leistungen gegenüber Friedhelm Timmer und seiner GmbH suchen. Mit Blick auf ihr Alter wünscht sich Constanza eine gewisse materielle Sicherheit. Auch Walter Sengmann wünscht sich Sicherheit für die Zeit, wenn er sich in ca. zehn Jahren ins Privatleben zurückziehen wird. Darüber hinaus plant er, für ein Jahr „auszusteigen", um die Welt kennenzulernen. Karin möchte in die Geschäftsführung aufrücken, und Jens kann sich eine Tätigkeit als Firmenberater vorstellen.

Einigung:

In der Mediation wurden verschiedene Optionen gefunden und bewertet. Abschließend wurde von den Beteiligten folgendes Gesamtergebnis formuliert und festgeschrieben:

- Karin wird Geschäftsführerin, wobei sie zunächst über sechs Monate von Walter Sengmann als stellvertretende Geschäftsführerin eingearbeitet wird. Danach kann dieser seinen Traum von einer einjährigen Weltreise verwirklichen.
- Jens Timmer wird aufgrund seiner hervorragenden technischen Kenntnisse Firmenberater für das vom kritischen Vertrag betroffene Fachgebiet. Nach einer Probephase von einem Jahr kann er entscheiden, ob er ganz in die Firma einsteigen möchte oder ob er in seinem alten Beruf verbleibt und über einen Zeitraum von zehn Jahren ausbezahlt wird.
- Die Lebensgefährtin Constanza, die keinen rechtlichen Anspruch auf das Haus hat, erhält dieses zur freien Nutzung. Es wird ihr auferlegt, jederzeit für Karin und Jens Räume vorzuhalten, wenn diese dort ihren Urlaub verbringen möchten. Sie kann über den Sportwagen verfügen und erhält statt der gesamten Barschaft in Spanien eine regelmäßige Apanage. Im

Gegenzug verpflichtet sie sich, das Haus in bestem Zustand zu halten.

- Je nachdem, wie sich Sohns Jens nach einem Jahr entscheidet, soll der bisherige Geschäftsführer anerkennungshalber zu 10 % an der GmbH beteiligt werden.

Dieses für alle zufriedenstellende Gewinner-Gewinner-Ergebnis ließ sich in sechs Sitzungen erreichen.

7.2.5 Unternehmenspartnerschaften

Viele Menschen schließen sich mit einem Partner zu einem Unternehmen zusammen, weil sie zusätzliches Kapital oder Erfahrungen benötigen. Die meisten dieser Zusammenschlüsse funktionieren. Manchmal entwickeln sich jedoch die Interessen eines Partners so, daß sie mit denen des anderen kollidieren. Wenn die Partner im folgenden Streit prozessieren, werden sie zu Gegnern und laufen Gefahr, das Unternehmen zu zerstören. Ein Mediator könnte den Partnern helfen, ihre Interessen und Positionen zu bewerten und sich darauf zu konzentrieren, eine Vereinbarung zu finden, wonach das Unternehmen weiter betrieben werden kann.

Professionelle Partnerschaften stehen dann vor einer Krise, wenn die Partner sich hinsichtlich ihrer Interessen stark unterscheiden. Oft müssen sie die Partnerschaft auflösen, weil sie konkurrierende Vorstellungen haben. Sie haben jedoch Angst, das Rechtssystem zu bemühen, da es teuer und zeitintensiv ist, und darüber hinaus ist es schwierig, einen baldigen Gerichtstermin zu bekommen.

Beispiel: Die GbR (Gesellschaft bürgerlichen Rechts) zweier Zahnärzte

Zwei Zahnärzte schlossen sich zusammen, um eine Partnerschaft zu bilden. Der Ältere hatte über viele Jahre an einer Universität gelehrt und einen nationalen Ruf erworben. Der jüngere Zahnarzt war neu auf dem Gebiet und bestrebt, schnell eine Praxis aufzubauen. Der ältere Zahnarzt, der nun nicht mehr lehrte, wollte ebenfalls schnell eine Praxis aufbauen. Für ihn war es jedoch aufgrund anderer Verpflichtungen schwer, die Praxisräume zu finanzieren.

So trafen sie ein Abkommen: Der Jüngere würde das Geld für die neue Praxis bereitstellen, und der Ältere würde seine Erfahrung und seinen Ruf in die Praxis einbringen. Sie begannen die Praxis voller Hoffnungen.

Innerhalb eines Jahres jedoch meinte der jüngere Partner, daß alle Fälle, die viel Erfahrung voraussetzten, aufgrund vom älteren Partner aufgebauter Beziehungen kamen und dieser all jene Patienten für sich behielt. Der ältere Partner meinte, daß der jüngere viel zu lernen habe und sich auf die einfachen Fälle konzentrieren solle. Diese Einteilung führte am Ende des ersten Jahres zu einer erheblichen Differenz in ihren Einkommen.

Der jüngere Zahnarzt empfand dies als ungerecht. Gespräche über einen anderen Verteilungsmodus scheiterten. Nach Beratung durch einen Anwalt nahm der jüngere Partner von einem Prozeß Abstand und ließ durch seinen Rechtsbeistand eine Mediation vorschlagen. Im Angesicht des sonst drohenden Prozesses, der sich sehr negativ auf das Image des älteren Zahnarztes ausgewirkt hätte, stimmte dieser einer Mediation zu.

Eine Reihe von Sitzungen machte beiden klar, daß eine Einigung nicht zu den Bedingungen erreichbar war, die für beide akzeptabel waren. Daraufhin fragten sie den Mediator, wie sie die Auflösung der Praxis verhandeln sollen. Nun verschob sich das Gleichgewicht der Kräfte, und der ältere Partner hatte mehr zu verlieren, da er eine eigene neue Praxis finanzieren müßte. Nach einer weiteren Sitzung, in der die Auflösung besprochen wurde, einigten sie sich darauf, es mit der Partnerschaft nochmal zu versuchen.

Nachdem das Gleichgewicht der Kräfte wiederhergestellt war, waren sie imstande, sich auf ein neues Zuordnungssystem, was die Patienten anging, zu einigen, damit der jüngere Partner an den Patienten des älteren teilhaben konnte. Im folgenden Jahr waren die

Einkommen zwischen ihnen viel ausgewogener und die alte Beziehung wieder hergestellt.

7.2.6 Symbiotische Kooperationen

Symbiotische Kooperationen sind solche Kooperationen, bei denen zwei oder mehr Parteien einen Zusammenschluß bilden, bei dem sie von den komplementären Eigenschaften, Kenntnissen oder Fähigkeiten profitieren können.

Symbiosen können zufällig entstehen oder auch gezielt, sofern eine Partei aus strategischen Erwägungen eine Beziehung zu einem anderen Partner sucht, der sie unterstützt.

Wie das Beispiel der großen Fische und ihrer Putzerfische zeigt, können auch völlig gegensätzliche Parteien eine symbiotische Kooperation eingehen, wenn folgende Bedingungen erfüllt sind:

- Die Kooperation muß freiwillig zustandekommen.
- Jede Partei einen Vorteil erfährt, ohne den anderen Parteien dadurch zu schaden.
- Es muß gewährleistet sein, daß nicht eine der Parteien die Kooperation nutzt, um die anderen zu zerstören.

Bezeichnenderweise entstehen Symbiosen meist zwischen zwei Parteien. Die Wechselbeziehungen sind überschaubar, und äußere Einflüsse können in ihren Auswirkungen auf die Kooperation eingeschätzt und sinnvoll umgesetzt werden.

Nachdem symbiotische Kooperationen auf einem Vertrauensverhältnis aufbauen, sind sie sehr anfällig, sobald eine Partei einen Vertrauensbruch vermutet oder begeht. Dadurch fällt eine Grundvoraussetzung für die Symbiose weg und die Kooperation ist gefährdet. Sind dann nicht *alle* Parteien motiviert genug, die Probleme gemeinsam, umgehend und konstruktiv zu lösen, muß die Kooperation zwangsläufig zerfallen.

Übertragen auf das Fischebeispiel bedeutet dies: Sollte der große Fisch einen seiner Putzerfische fressen, wird die Vertrauensbasis zerstört, und die anderen Putzerfische werden sich von ihm abwenden. Inwieweit sich das auf andere Symbiosen übertragen läßt, bleibt zu prüfen.

Beispiel: Leuber vs. Fenter

Herr Leuber führt eine gutgehende Kette von Modegeschäften. In der Gesellschaft hoch angesehen, wird er zu allen wichtigen gesellschaftlichen und politischen Anlässen eingeladen.

Neben seiner Arbeit als Großunternehmer pflegt Herr Leuber auch engen Kontakt zu den bildenden Künsten. Seine Galerien geben Nachwuchskünstlern die Chance, international bekannt zu werden. Einer dieser Künstler ist der junge Maler Uwe Fenter.

Die Bilder dieses noch unbedeutenden Künstlers begeistern Herrn Leuber derart nachhaltig, daß er Herrn Fenter folgenden Vorschlag unterbreitet: Herr Leuber fördert Herrn Fenter und stellt dessen Bilder in seinen Galerien und Modegeschäften aus, wo der ansprechende, moderne Stil eine Umsatzsteigerung verspricht. Im Gegenzug soll Herr Leuber ein Drittel des Kaufpreises erhalten. Herr Fenter ist sehr erfreut und stimmt zu. Der Vertrag wird per Handschlag geschlossen.

Die Bilder finden bald reißenden Absatz. Herr Fenter wird erfolgreich, wohlhabend und in der nationalen sowie internationalen Künstlerszene bekannt. Herr Leuber, dessen Umsätze in der Modebranche um 30 % gestiegen sind, und Herr Fenter werden gute Freunde.

Eine Tatsache trübt die Freundschaft jedoch: Herr Fenter lebt auf großem Fuß und somit am Rande ständiger Geldnot. Obendrein vermutet er, daß Herr Leuber die Provisionsabrechnungen zu seinen eigenen Gunsten abändert. Er selbst ist bei den Verkäufen nicht anwesend, hat auch noch keine Kaufverträge gesehen und bekommt nur Schecks über den angeblichen Kaufpreis abzüglich Provision ausgehändigt.

Bei einer gemeinsamen Verabredung in einem Restaurant stellt er Herrn Leuber zur Rede und bringt seine Anschuldigungen vor.

Dieser weist die Unterstellungen von sich. Der folgende schwere Streit zerstört die Freundschaft.

Herr Fenter verlangt die Herausgabe der restlichen Bilder, deren Wert er mit mindestens 90.000 DM beziffert. Herr Leuber hält dagegen, daß er Herrn Fenter zu Beginn ihrer Zusammenarbeit 80.000 DM geliehen habe, die dieser ihm noch schulde. Die Standpunkte verhärten sich, und die Diskussion gerät in eine Sackgasse.

Herr Fenter bespricht dieses Problem mit einem Freund, der ihm vorschlägt, diese Pattsituation mit Hilfe einer Mediation zu lösen. Er kenne auch einen befreundeten Rechtsanwalt, der sich der Sache annehmen würde.

Die Interessen der Parteien, die in der Mediation zutage treten, sind folgende:

Interessen von Herrn Leuber:

- Er sieht seine Reputation als Geschäftsmann und Mentor gefährdet.
- Er verlangt Dank für die Unterstützung und das anfängliche Vertrauen.

Interessen von Herr Fenter:

- Er sucht Anerkennung seiner Person als Künstler durch Herrn Leuber als Mentor.
- Er benötigt Sicherheit in seiner finanziellen Situation.
- Er strebt eine Wiederherstellung der Vertrauensbasis hinsichtlich der Verkäufe an.

Einigung:

Am Ende der Mediation kommt es zu folgender Einigung:

- Herr Fenter dankt Herrn Leuber für seine Unterstützung als Mentor und bittet ihn, bei seiner ersten Vernissage als solcher offiziell aufzutreten.

- Herr Leuber dankt Herrn Fenter für die durch ihn bedingte Umsatzsteigerung um 30 % und nimmt die Einladung zu dessen Vernissage als Mentor an.
- Herr Leuber hat keine Nachweispflicht, was die Verkäufe in der Vergangenheit angeht.
- Hinsichtlich des Darlehens, das in Höhe von 80.000 DM unstreitig ist, überläßt Herr Fenter Herrn Leuber folgende drei Bilder: „Touch One", „Blue Zone" und „Scar", die dieser verkaufen kann, ohne Provision davon an Herrn Fenter zu zahlen.

7.2.7 Unternehmensinterne Spannungen

Beispiel: Finoxa AG

Von der Finoxa AG werden seit vielen Jahren Waschmaschinen produziert und vertrieben. Nach ausschließlichem und erfolgreichem Vertrieb in Deutschland soll nun ein weiterer Markt erobert werden. Nachdem eine der größten Produktionsstätten von Waschmaschinen in der Türkei nicht nur veraltet ist, sondern aufgrund mangelhafter Produktion in den Konkurs zu gehen droht, entscheidet sich der deutsche Elektrokonzern für eine Expansion in der Türkei.

Mit der Neuerschließung des Markts werden die Abteilungen Technik und Marketing mit der Produktionsgestaltung beauftragt. Nach umfangreichen Recherchen gibt letztgenannte bekannt, daß der Markt noch einiges Potential bietet. Das Produkt kann jedoch nur in einem bestimmten Preissegment angeboten werden, da ansonsten keine Absatzchancen bestünden.

Die Technikabteilung, die durch dieses Ergebnis gezwungen wäre, einen Entwurf vorzustellen, der nicht der gewohnten Qualität entspricht, bringt in jeder Sitzung ihre diesbezüglichen Bedenken vor. Darüber hinaus weist sie auf die finanziellen Auswirkungen hin, die aufgrund von Mängelreklamationen und des damit verbundenen Imageverlusts aufträten. Hierauf kontert die Abteilung Marketing, daß selbst das aktuelle Modell der Technikabteilung immer noch erheblich besser wäre als die bisher auf dem Markt befindlichen, in der Türkei produzierten Geräte. Das Firmenmanagement entscheidet daraufhin, daß die Abteilung Technik ein dem Preis entsprechendes Produkt entwickeln soll.

Die im weiteren Verlauf von der Abteilung Technik vorgebrachten Entwürfe bedingen zu hohe Produktionskosten. Seitens des Managements werden neue Entwürfe gefordert, was zu weiteren Verzögerungen führt. Obwohl die anderen Vorbereitungen für die Marktbesetzung nahezu abgeschlossen sind, befindet sich das eigentliche Produkt immer noch in der Entwicklungsphase.

Der Druck auf das Management durch die Konzernleitung steigt kontinuierlich: Sie droht der Abteilung Technik mit Entlassungen. Bevor diese jedoch umgesetzt werden, wird ein Mediator eingeschaltet.

Position des Managements:

- Eroberung eines neuen Markts
- Steigerung von Umsatz und Gewinn

Position der Abteilung Technik:

- Schaffung eines Produkts, das technisch unangreifbar ist
- Schutz des Unternehmens vor Reklamationen und Imageverlust

Position der Abteilung Marketing:

- Schnellstmögliche Umsetzung des Projekts, bevor die Konkurrenz den Markt besetzt

Im Verlauf der Mediation stellt das Management fest, wie wichtig der Abteilung Technik der Neuentwurf eines technisch einwandfrei funktionierenden Produkts ist. Sie begründet dies mit dem Ruf und der Achtung der einzelnen Techniker sowie der Reputation der gesamten Firma, die dieser Qualität einen Großteil ihres Erfolgs verdankt.

Der technischen Abteilung wird offensichtlich, welche Zwänge das Management zur Nutzung der Kündigung als Ultima ratio bewogen haben. Ebenso wird die Entwicklung eines Produkts, das von den bisherigen Qualitätsstandards abweicht und dennoch sicher funktioneren muß, als Herausforderung angesehen.

Die Abteilung Marketing erkennt, daß der erheblich günstigere Preis und die kürzere Lebensdauer der aktuell angesehenen Geräte den frühzeitigeren Verkauf von Neugeräten notwendig machen.

Interesse des Managements:

- ❑ Sicherheit ihrer eigenen Stellung durch den reibungslosen Ablauf im Unternehmen und durch eine Umsatzsteigerung

Interesse der Abteilung Technik:

- ❑ Anerkennung ihrer Wertarbeit

Interesse der Abteilung Marketing:

- ❑ Bestätigung ihrer Prognose

Einigung:

Nachdem jede Seite für die andere Verständnis zeigt, beschließt die Firmenleitung, für die Türkei eine eigene Firma zu gründen, die namentlich nicht mit dem Konzern in Verbindung gebracht wird. Beim Verkauf des Produkts kommt es nur auf Preis und Gestaltung an. Der deutsche Qualitätsname wird dafür nicht verwendet.

Hierdurch sieht die Abteilung Technik eine andere Perspektive und die Schaffung einer Billig-Waschmaschine als Herausforderung an. So motiviert entwickelt sie binnen kürzester Zeit ein attraktives Produkt, welches zur Zufriedenheit der Finoxa AG vermarktet wird. Die Abteilung Marketing fühlt sich bestätigt, und das Management hat durch den hervorragenden Verkauf die gewünschten Erfolgserlebnisse vorzuweisen.

7.2.8 Baurechtliche Konflikte

Beispiel: Bresing vs. Polski-Konstrukt

Der Auftraggeber Hermann Mettling beauftragt den Generalunternehmer Jens Bresing, mit seiner in Deutschland ansässigen Baumhaus GmbH für seine Firma eine neue Produktionshalle in Polen zu erstellen. Diese soll bis zum April des nächsten Jahres fertiggestellt sein. Ab diesem Zeitpunkt soll dort die Produktion von Haartrocknern für Deutschland übernommen werden. Laut Planung will das Stammhaus ab Juli des gleichen Jahres eine weitere neue Produktionslinie auf den Markt bringen.

Das Bauvorhaben wird fristgerecht begonnen. Im Vertrag über eine Pauschalsumme lautet es: „Der Generalunternehmer Bresing versucht, neben seinen spezifischen Planungsleistungen und den für das Projekt erforderlichen Facheinkäufen auch polnische Arbeitskräfte auf der Baustelle einzusetzen." Nach den gesetzlichen Gegebenheiten ist es erforderlich, dafür eine polnische GmbH zu haben. Aus diesem Grund betraut Jens Bresing die polnische Firma Polski-Konstrukt als Subunternehmer mit bestimmten Aufgaben und der Stellung entsprechend vieler Bauarbeiter.

Der erste Bauabschnitt wird planmäßig fertiggestellt. Der Auftraggeber zahlt die erste Abschlagssumme, die Jens Bresing zu 90 % an die Zulieferer und die Firma Polski-Konstrukt weiterreichen muß. Im zweiten Bauabschnitt treten Verzögerungen und Mängel auf, die zwar aufgrund der akribischen Baukontrolle von Jens Bresing rechtzeitig aufgedeckt werden, um behoben werden zu können, jedoch den Zeitplan in Bedrängnis bringen. Durch die erste Vezögerung im zweiten Bauabschnitt zahlt der Auftraggeber dafür nur einen Teilbetrag, den Jens Bresing wiederum zum größten Teil an die polnische Firma weiterleiten muß, da diese ankündigt, sonst nicht mit den Arbeiten fortzufahren, weil sie genügend anderweitige Aufträge hätte.

Im dritten und letzten Bauabschnitt eskalieren die Terminprobleme, da – bedingt durch die verspätete Lieferung von Materialien, durch Falschlieferungen, die neu nachbestellt werden müssen, durch Zerstörung der Materialien auf der Baustelle sowie unsachgemäße Lagerung – die polnische Firma die Arbeiten nicht fristgerecht ausführen kann. Außerdem leistet die Firma zum Teil nicht fachgerechte Arbeit.

Der Fertigstellungstermin scheint nicht mehr einzuhalten zu sein, und für Jens Bresing stellt sich das Problem der nicht abschätzbaren Baukosten, da er mit der Firma Polski-Konstrukt keine Pauschale vereinbaren konnte, sondern stundenweise abrechnen muß und schon mehr Stunden angefallen sind, als er ursprünglich für seinen Auftrag kalkuliert hatte. Weiter sieht er das Problem, daß er von dem Auftraggeber Hermann Mettling nie wieder einen Auftrag erhält, wenn er diesen so wichtigen Fertigstellungstermin nicht einhält, und daß er darüber hinaus mit hohen Schadenersatzforderungen und Vertragsstrafen belegt wird. Wenn er Polski-Konstrukt hingegen alle bis dahin angefallenen Stunden bezahlen soll, bleibt für ihn nicht nur kein Gewinn, sondern er muß zusätzlich Geld aus der eigenen Tasche beisteuern.

Nach Rücksprache mit dem Anwalt wägt Jens Bresing die Chancen ab, die er bei einem Prozeß hätte, den er in Polen gegen die polnische Firma führen müßte. Doch schon die Versuche, einvernehmliche Gespräche zu führen, scheitern. Erst nachdem eine international anerkannte Gesellschaft einen Mediator empfiehlt, der weder die deutsche noch die polnische Staatsangehörigkeit hat, und die Mediation in englischer Sprache geführt werden soll, die nicht Muttersprache einer der beiden Firmen ist, erklären sich Jens Bresing und Polski-Konstrukt bereit, diesen Weg zu versuchen.

Position von Jens Bresing:

- Er will die kompletten Stunden für den dritten Bauabschnitt nicht bezahlen, da bereits im zweiten Bauabschnitt schlechte Arbeit geleistet wurde und die Termine nicht eingehalten wurden, obwohl er alle Rechnungen bezahlt habe.
- Er will den Fertigstellungstermin unbedingt einhalten, damit die Vertragsstrafe nicht fällig wird und er sich keinen Schadenersatzforderungen gegenübersieht.

Position von Polski-Konstrukt:

- Laut Vertrag müssen die angefallenen Stunden bezahlt werden.
- Wenn kein Geld fließt, wird nicht weitergearbeitet und der Fertigstellungstermin kann nicht eingehalten werden.

In der Mediation erkennt Polski-Konstrukt, daß bei einer Kooperation auch weitere Projekte mit Jens Bresing in der näheren Umgebung möglich wären; insbesondere, da Baustellen in Deutschland, die von Polen aus betreut werden, einen großen Imagegewinn bedeuten.

Interessen von Jens Bresing:

- Jens Bresing möchte mit dem Auftrag Gewinn machen.
- Er möchte das Werk fertigstellen, um ein Referenzwerk zur Werbung für potentielle weitere Aufträge zu haben.
- Außerdem fühlt er sich von den Polen nicht fair behandelt. Er vermutet, daß nicht nur mangelhafte und nicht fristgerechte Arbeit geleistet wurde, sondern auch noch mehr Stunden notiert wurden, als tatsächlich erbracht wurden.
- Weiter mutmaßt er, daß bewußt Materialien von der Baustelle für andere Objekte gestohlen wurden.

Interessen von Polski-Konstrukt:

- Die guten Leistungen, die insbesondere im ersten Bauabschnitt erbracht wurden und die nicht entsprechend gewürdigt worden sind, sollen anerkannt werden.
- Ebenso soll anerkannt werden, daß Polski-Konstrukt eine besondere Firma ist und nicht dem Vorurteil entspricht: „Alle Polen sind langsam, faul, und wenn sie Aktivität entfalten, stehlen sie.“
- Die Firma möchte ihre Arbeit auch auf bundesdeutsches Gebiet ausdehnen.

In der Mediation erkennt Polski-Konstrukt, daß auch eine renommierte deutsche Firma wie die Baumhaus GmbH Wertschätzung für die Auftragsakquisition und die bisher errichteten Bauwerke benötigt. Umgekehrt versteht Jens Bresing, daß Polski-Konstrukt mit Vorurteilen kämpft und sich davon deutlich absetzen will, wie sie es auch gerade im ersten Bauabschnitt getan hat. Darüber hinaus sieht er nun aus Sicht der polnischen Firma ein, daß seine vollständige fristgerechte Zahlung nicht als Anerkennung verstanden wurde und es vielleicht auch noch einer entsprechenden Kommunikation bedurft hätte.

Das gemeinsame Interesse liegt in einer guten Kooperation mit der Möglichkeit, aufgrund der geringen Löhne der Polen und der hervorragenden Reputation von Jens Bresing entsprechend interessante Objekte bauen zu können.

Einigung:

Man verständigt sich dahingehend, daß Jens Bresing auch für den dritten Bauabschnitt den vollen Preis bezahlt, da Polski-Konstrukt mit seiner Mannschaft die Arbeiten nicht alleine fristgerecht fertigstellen kann und demzufolge eine befreundete polnische Firma zur Unterstützung einschalten und vergüten muß. Dafür verpflichtet sich Polski-Konstrukt, die Arbeiten fristgerecht fertigzustellen und im Falle des Nichtgelingens die Vertragsstrafe von Jens Bresing zu übernehmen.

Da beide Parteien nun von einer fristgerechten Fertigstellung des Bauwerks ausgehen, vereinbaren sie weiter, daß Jens Bresing auf einer anderen Baustelle der Polski-Konstrukt, bei der die Arbeiten ebenfalls ins Stocken geraten sind, in das Projektmanagement eingeführt wird, um über seine dortige Honorierung einen Teil des entgangenen Gewinns in dem hiesigen Projekt ausgleichen zu können.

Die Arbeiten werden tatsächlich fristgerecht beendet, und der Auftraggeber Hermann Mettling ist darüber so erfreut, daß er Jens Bresing mit der Erweiterung der Produktionsstätte beauftragt, die nach Anlauf der neuen Produktionslinie in weiteren sechs Monaten begonnen werden soll.

Dafür setzt Jens Bresing neuerlich Polski-Konstrukt ein, mit der diesmal eine Pauschalsumme für die Fertigstellung vereinbart wird.

7.3 Zusammenfassung

Wirtschaftsmediation wird in allen Bereichen der Wirtschaft erfolgreich angewandt. Sie ist besonders geeignet für Konflikte, die einen nicht zu unterschätzenden emotionalen Aspekt beinhalten, beispielsweise Erbstreitigkeiten im Unternehmen, Unternehmenspartnerschaften, Streitsituationen in Familienunternehmen und zwischen Gesellschaftern.

Insbesondere sind die Vorteile der Schnelligkeit und Vertraulichkeit für kleinere Zusammenschlüsse wie Gesellschaften bürgerlichen Rechts (GbR) und allgemein zur Vermeidung von Imageverlusten essentiell. Ferner fördert die Mediation eine Nivellierung des Machtungleichgewichts, sowohl unternehmensintern zwischen Arbeitgeber und Arbeitnehmer als auch unternehmensextern zwischen Unternehmen und Kunden.

Mediation liefert durch ihren flexiblen und dennoch strukturierten Aufbau und die Möglichkeit zur Co-Mediation ebenfalls eine Antwort auf die besonderen Anforderungen, die von Mehrparteienfällen gestellt werden

Die Lösungen können noch vielfältiger sein als die diversen geschilderten Beispiele. Es zeigt sich dabei deutlich, daß einer der wesentlichsten Vorteile der Mediation in der umfassenden Bearbeitung des Konfliktumfelds liegt. Die Emotionalität spielt dabei ebenso hinein wie vor langer Zeit verursachte Aspekte, die erst heute zum Tragen kommen.

Diese Art der universellen Bewältigung von Konflikten bietet kein anderes Verfahren. Gleiches gilt für die grenzenlos erscheinenden Lösungsmöglichkeiten, die es den Parteien erleichtern, eine solche auszuwählen, die beiden Seiten entgegenkommt.

In den USA können Konfliktfälle vom Gericht zwangsweise an Mediatoren verwiesen werden. Die Parteien sind erst wieder berechtigt, zu Gericht zurückzukehren, wenn sie ein Mediationsergebnis oder den nachgewiesenen Abbruch einer Mediation belegen können.

Merksatz

Nur weil eine Lösung einfach zu sein scheint, heißt das nicht, daß sie auch einfach erreicht werden kann.

8 Phasen und Techniken

Audiatur et altera pars.
Äschylus, Eumeniden, 404 f.

Man soll auch die andere Partei anhören.

Die Mediation durchläuft verschiedene Phasen auf der Suche nach einer Lösung, womit der vorliegende Konflikt für beide Seiten zufriedenstellend abgeschlossen werden kann. Sie fragt nicht nach Schuld oder Ansprüchen, sondern nach Hintergründen und Interessen.

Mediation bewältigt keine Vergangenheit. Daraus folgt, daß der zu wählende Ansatz auch keine Aufrechnung der Ansprüche ist, die sich aus vergangenen Tagen angesammelt haben, sondern die konsensuale Suche nach einer Lösung des Konflikts, die auf eine gemeinsame Zukunft ausgerichtet ist.

Dies erfordert ein Umdenken bei den Konfliktparteien und deren Rechtsvertretern, die es bisher gewohnt waren, Ansprüche zu sammeln, zu begründen und zu verfechten. Nun müssen sie sich von diesem Anspruchsdenken lösen und versuchen, eine gemeinsame Zukunft zu entwickeln.

Der Mediator zeigt Denkansätze und Lösungsstrategien auf und fördert die Kommunikation zwischen den am Konflikt Beteiligten.

8.1 Generalisierter Ablauf einer Mediation

Eine Mediation ist an keinen streng formalistischen Ablauf gebunden. In vielen Mediationssitzungen wird jedoch die nachfolgend aufgeführte Reihenfolge angewandt, die sich als am zweckmäßigsten erwiesen hat. Einige Institutionen haben darauf basierend eine Verfahrensordnung entwickelt, die neben Einleitung und Organisation der Mediation auch den sinnvollen Ablauf umschreibt. Der typische Ablauf einer Mediation würde folgende Punkte umfassen:

- ❑ Der Mediator begrüßt die Anwesenden und hält sein Eröffnungsstatement.
- ❑ Nach Klärung aller Fragen entscheiden die Beteiligten, ob sie die Mediation durchführen wollen. Zumeist haben jedoch bereits Vorgespräche stattgefunden, in denen allgemeine Aspekte des Verfahrens und Fragen geklärt wurden.
- ❑ Im Anschluß erfolgt die Unterzeichnung des Mediatonsvertrags.
- ❑ Statement Rechtsanwalt der Partei A
- ❑ Statement Rechtsanwalt der Partei B
- ❑ Statement Beteiligter A
- ❑ Statement Beteiligter B
- ❑ Fragen des Mediators zur Klärung des Konfliktgegenstands
- ❑ Durchlaufen folgender Phasen:
  - Darstellung der Standpunkte der Beteiligten
  - Ermittlung der Hintergründe und Interessen
  - Erarbeitung von Optionen und möglichen Lösungen
  - in jeder Phase optionale Durchführung von Einzelsitzungen bei Sachdienlichkeit und Einverständnis der Beteiligten
- ❑ Fixierung des Ergebnisses als Memorandum durch den Mediator
- ❑ Vorbereitung einer Mediationsvereinbarung
- ❑ gemeinsame Prüfung und Unterzeichnung der Mediationsvereinbarung

8.1.1 Von Positionen über Interessen zu Optionen

Die Forderungen, mit denen die Beteiligten in die Verhandlungen gehen, erscheinen oft unverrückbar. Diese Forderungen werden Positionen genannt. Eine zentrale Aufgabe der Mediation ist, zu klären, worum es den Beteiligten geht. Die hinter den Positionen stehenden Interessen gilt es herauszuarbeiten. Optionen bilden die Möglichkeit, die Interessen zu vereinbaren. Ziel ist, eine Lösung zu finden, die die Optionen der Beteiligten berücksichtigt. Zur Bewertung werden objektive Kriterien herangezogen, um aus allen realistischen Möglichkeiten die beste Alternative herauszufinden.

Die von allen akzeptierte Lösung führt zu fruchtbarer Zusammenarbeit und einer guten Beziehung.

Im Verlauf der Mediation werden die Konfliktbeteiligten dazu motiviert und darin unterstützt, auch die Sichtweise und Argumente der anderen Seite wahrzunehmen. Mediation bietet eine Chance, die geschäftlichen und persönlichen Beziehungen wiederherzustellen. Durch die nachfolgenden Kriterien wird sichergestellt, daß die Beteiligten mit der erarbeiteten Lösung zufrieden sind und befriedet werden.

- Die in der Mediation gefundene Lösung muß nach den Bewertungskriterien der Konfliktbeteiligten fair sein.
- Der Mediator legt keine eigenen Wertmaßstäbe an.
- Die Entscheidung liegt einzig bei den Konfliktbeteiligten.
- Die Konfliktbeteiligten müssen keine Lösung akzeptieren, die sie als ungerecht oder unakzeptabel einstufen.

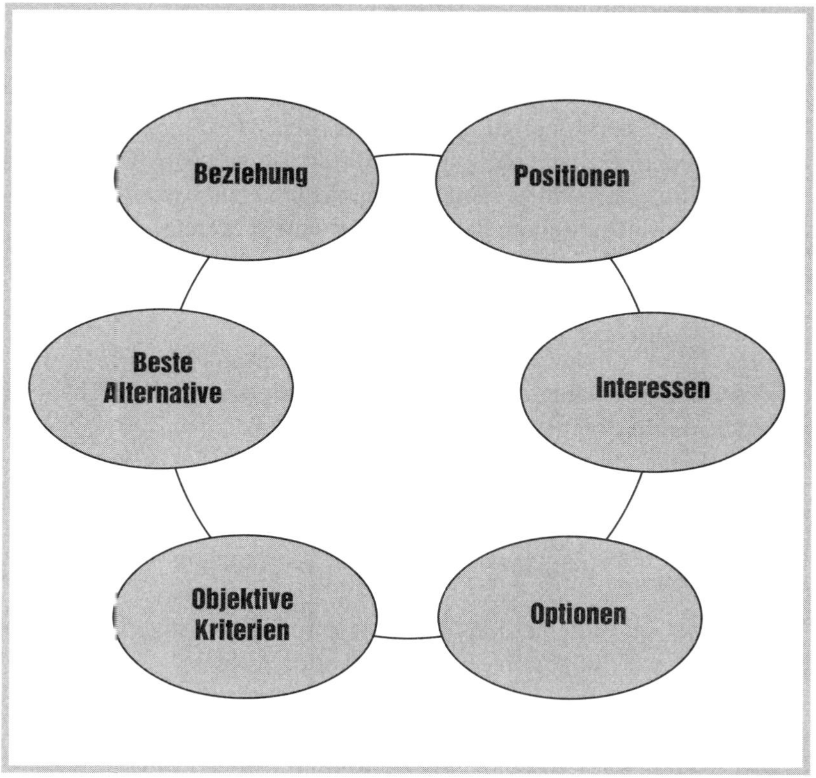

Abb. 21: Kreislauf im Mediationsverfahren (frei nach dem Harvard-Konzept)

Durch die Mediation erhält jede Seite in jeder Phase die Möglichkeit, den Konflikt aus ihrer Sicht darzulegen. Die folgenden allgemeinen Regeln müssen dabei bedacht werden und können auf jede Art der Verhandlung angewandt werden:

- ❑ eine professionelle Einstellung zeigen und wahren
- ❑ Streß und Spannung kontrollieren
- ❑ Zweck und Ziele der Verhandlung definieren
- ❑ alle Argumente im Vertrag schriftlich niederlegen

- die Autorität besitzen, um eine Entscheidung zu treffen oder einen Vertrag zu unterzeichnen
- sich ethisch verhalten
- Fragen stellen
- zuhören und aufpassen
- keine unrealistischen Forderungen stellen
- nicht darauf bestehen, das Maß aller Dinge zu sein
- die eigenen Bedürfnisse nicht überbewerten
- nicht lügen
- nichts falsch interpretieren

Die wichtigsten Unterschiede zu Verhandlungen, die nicht von einem neutralen Dritten unterstützt werden, sind:

- vollständige Darstellung der eigenen Standpunkte ohne Unterbrechung durch die andere Seite
- kein Rechtfertigungszwang, da keine Kritik geübt wird

Dadurch ist im allgemeinen eine Entspannung zu verzeichnen, die sich positiv auf die gesamte Kommunikation auswirkt.

Der Mediator hört dabei aktiv zu und notiert sich die Kernaussagen.

Im Wege des Spiegelns und Reframing, die in nachfolgenden Unterkapiteln erläutert sind, werden Formulierungen „neutralisiert" und so die einseitige Sichtweise „Ich habe ein Problem" in die übereinstimmende Ansicht „Wir haben ein Anliegen" umgeformt. Aus egozentrischen Stellungnahmen wird ein gemeinsames Problem – und somit ein Schritt aus der Vergangenheit in die Zukunft gemacht.

8.1.2 Prinzipien der Mediation

Die folgende Abbildung verdeutlicht einige Prinzipien, die im Rahmen der Mediation zu beachten sind:

Erst muß man mit seinen persönlichen Beziehungen (emotionale Ebene) im reinen sein, um sich den Sachinhalten (Vertrauensebene) zuwenden zu können.

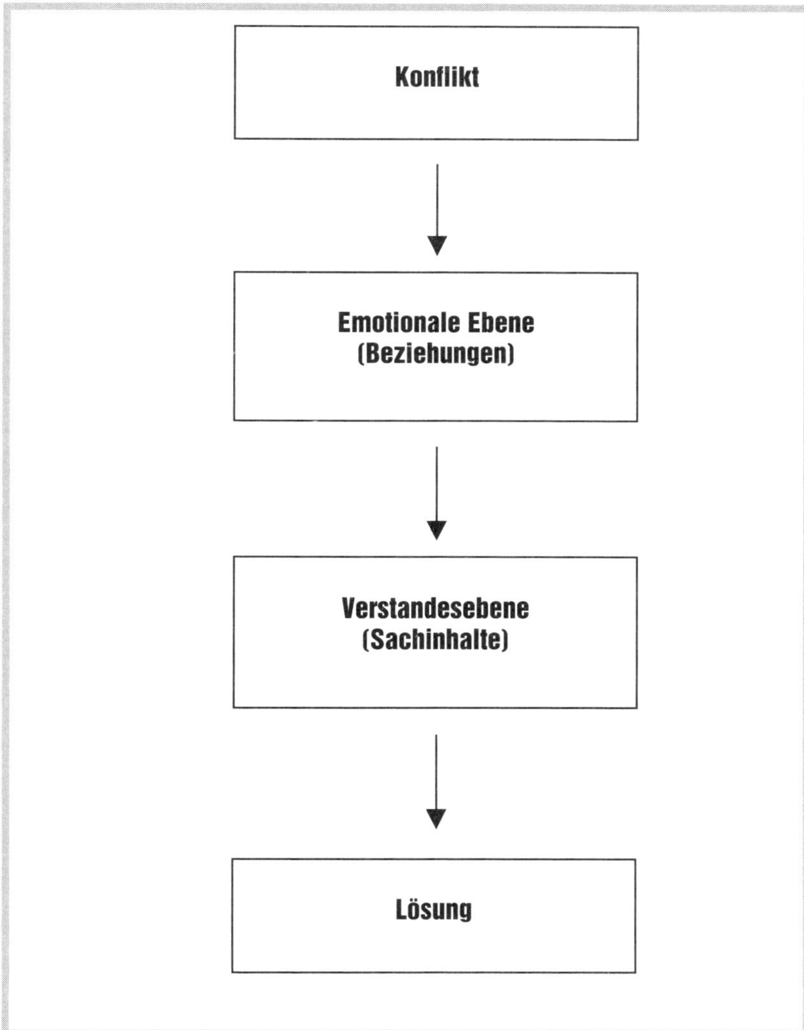

Abb. 22: Über mehrere Ebenen vom Konflikt zur Lösung

- Interessen werden erkundet, Positionen vermieden.
- Optionen, die die beiderseitigen Interessen zufriedenstellen können, müssen entwickelt werden.
- Widerstreitende Interessen werden durch die Anwendung objektiver Kriterien gelöst.
- Die Konfliktparteien müssen ihre Alternativen abwägen, bevor sie ein Verhandlungsergebnis akzeptieren.

(Nach dem Harvard-Konzept)

8.2 Die zwei Stadien der Mediation

Die Meditation vollzieht sich in zwei deutlich voneinander unterscheidbaren und wichtigen Stadien:

- *Erstes Stadium*
  Die Beteiligten sprechen vor allem mit dem Mediator.

- *Zweites Stadium*
  Die Beteiligten verhandeln zunehmend miteinander.

Diese Stadien der Mediation sind zu unterscheiden von den fünf Phasen einer Mediation.

Aufgabe des Mediators ist es dabei, von „Einzelgesprächen" zu einem gemeinsamen Gespräch überzuleiten, das die Beteiligten selbst führen. Anleitend ermöglicht er eine Entkrampfung der Streitfrage, wodurch die Beteiligten eine Einigung finden können.

8.3 Klärung der Voraussetzungen vor Durchführung der Mediation

Viele Mediatoren und Institutionen haben zur Vorabinformation Broschüren zusammengestellt, die Zweck und Vorteile der Mediation erläutern.

Nicht alle Streitfälle sind für Mediation geeignet. Die Unternehmen sollten mit ihren Beratern klären, in welcher Form eine Streitlösung angestrebt werden soll. Entscheidet man sich für eine Mediation, müssen einige Voraussetzungen erfüllt sein, bevor die eigentliche Mediation beginnen kann.

8.3.1 Aufgaben des Anwalts

Der Anwalt hat verschiedene Aufgaben, die kurz zusammengefaßt sind:

- Vor dem Verfahren berät der Anwalt seinen Mandanten in gewohnter Weise. Die Beratung muß jedoch auf die Prinzipien des Mediationsverfahrens ausgerichtet sein, d.h., sie darf nicht konfliktverschärfend wirken.
- In der Mediation spielt die parteiliche Rechtsberatung eine wichtige Rolle. Der Anwalt nimmt mit seinem Mandanten unmittelbar an der Mediation teil.
- Im Mediationsverfahren steht die Offenlegung von Informationen im Vordergrund.
- Die Parteianwälte formulieren die von den Beteiligten gefundene Einigung und arbeiten sie rechtlich aus.
- Der Parteianwalt klärt seinen Mandanten über Rechte und Pflichten und die Folgen einer Vereinbarung auf.

Die Erfüllung dieser allgemeinen Voraussetzungen stellt die Weichen für einen positiven und zufriedenstellenden Ablauf der Mediation.

8.3.2 Aufgaben der Konfliktparteien

Für die am Konflikt beteiligten Parteien gilt:

- Grundsätzlich sollten die am Konflikt beteiligten Seiten an der Mediation nur teilnehmen, wenn sie umfassende, tragfähige Regelungen treffen wollen.
- Wenn Unternehmen oder Organisationen eine Mediation durchführen, ist es erforderlich, daß sie einen Vertreter an den Verhandlungstisch entsenden, der in der Sache entscheidungsbefugt ist.
- Der Wunsch nach einer für beide Seiten zufriedenstellenden Lösung muß ebenso vorhanden sein wie die Offenheit zur Lieferung notwendiger Informationen.

Das vielleicht vermutete „Wagnis einer erstmaligen Mediation“ wird durch nachstehende Punkte abgefedert:

- Die Teilnehmer wissen, daß sie jederzeit den Verhandlungstisch verlassen und die Mediation abbrechen können; der Weg zum Gericht bleibt offen. Die Beteiligten haben jederzeit die Wahl, diesen oder einen anderen Weg einzuschlagen.
- Ebenso freiwillig ist der Abschluß einer Mediationsvereinbarung. Nur wenn alle Beteiligten das im Verfahren ausgearbeitete Ergebnis tragen und die Anwälte Gelegenheit hatten, über die rechtlichen Implikationen zu beraten, wird die Vereinbarung geschlossen.
- Die Freiwilligkeit der Teilnahme schließt nicht aus, andere Beteiligte, beispielsweise Mitarbeiter eines Unternehmens, aufzufordern, an einem Informationsgespräch über die Mediation teilzunehmen.

8.3.3 Der Mediationsvertrag

Vor der eigentlichen Durchführung des Mediationsverfahrens werden die Bedingungen desselben vereinbart und in einem Vertrag festgehalten.

Zumeist hat der Mediator mit beiden Seiten vor dem ersten Mediationsgespräch eine kurze Unterredung über die Bedingungen, wie zeitliche Brisanz und Komplexität des Falls, Teilnehmer, Ablauf der Mediationsgespräche und Honorar des Mediators, geführt. Es wird dabei unter keinen Umständen auf inhaltliche Aspekte des Falls eingegangen, sondern es werden lediglich die Rahmenbedingungen und Eckdaten definiert.

- *Präambel*
  Diese enthält eine kurze Definition der Mediation sowie das Procedere der Mediation. Insbesondere wie der Mediator seine Schwerpunkte setzt und ob er Einzelgespräche als Option in Betracht zieht oder nicht.

- *Teilnehmer*
  Mediator, Konfliktparteien, Berater bzw. Anwälte.
  Zusätzliche Personen, wie beispielsweise Steuerberater, Bilanzbuchhalter und Mitarbeiter, die Hilfestellungen zum Sachverhalt geben können, können hinzugezogen werden, wenn beide Seiten damit einverstanden sind. Neu hinzugekommene Personen müssen jedoch ebenso eine Vertraulichkeitserklärung unterschreiben.
  Im Sinne von Ausgeglichenheit, Ausgewogenheit sowie Fair play ist es sinnvoll, wenn auf beiden Seiten immer gleich viele Besprechungsteilnehmer vorhanden sind.

- *Gegenstand des Mediationsverfahrens*
  Kurzer Abriß des Falls mit den wichtigsten Streitpunkten aus Sicht beider Konfliktparteien

- *Aussetzung des Gerichtsverfahrens bzw. Verpflichtung, auf parallele gerichtliche Geltendmachung zu verzichten*
  Wenn bereits ein Gerichtsverfahren begonnen wurde, wird die Aussetzung desselben bis zum Abschluß bzw. Abbruch der Mediation vereinbart. Sie muß bei Gericht formal beantragt werden, wenn nicht bereits der Vorschlag zur Durchführung gerichtlicherseits erfolgte.
  Wenn noch kein Verfahren anhängig ist, müssen sich beide Seiten verpflichten, bis zum Abschluß bzw. Abbruch der Mediation kein Verfahren in bezug auf diesen Streitgegenstand rechtsgängig zu machen.
  Um den Erfolg der in der Mediation gefundenen Einigung nicht zu gefährden, ist es erforderlich, die Verjährung zu hemmen, wenn damit gerechnet werden muß, daß sie während des Mediationsverfahrens eintritt.

- *Vertraulichkeitserklärung*
  Die Beteiligten verpflichten sich, offengelegte Informationen nicht weiterzugeben, auch dann nicht, falls es doch noch zu einem Prozeß kommt. Sie dürfen Dritten gegenüber auch den Umstand, daß eine Mediation durchgeführt wird oder wurde, nicht mitteilen.

- *Honorar des Mediators*
  siehe Kapitel 6

- *Zeitlicher Ablauf*
  Der Mediator stellt sich auf die Terminwünsche der Konfliktparteien ein. Im Gegensatz zu Gerichtsterminen sind auch kurzfristige Verschiebungen möglich. Die Dauer der jeweiligen Besprechungstermine wird einvernehmlich festgelegt; zur Orientierung der Parteien wird ein Zeitplan aufgestellt.

- *Sonstiges*
  In diesem Punkt werden auf Wunsch der Beteiligten oder der Anwälte besondere Regelungen wie Hinzuziehung von Teilnehmern und Unterlagen, Terminverschiebungen, Sprache sowie Verwendung technischer Hilfsmittel festgelegt.

- *Hinweis auf die Spielregeln der Mediation*
  - Höflichkeitsprinzip
  - Offenheitsgrundsatz
  - Unterbrechungen nach Wunsch der Beteiligten
  - Abbruch der Mediation jederzeit möglich

8.4 Die fünf Phasen einer Mediation

Die Mediation umfaßt fünf Phasen:

1. Einleitung
2. Darstellung der Standpunkte
3. Ermittlung der Hintergründe und Interessen
4. Erarbeitung von Optionen und Lösungen
5. Verhandlung und Vereinbarung

8.4.1 Erste Phase: Einleitung

Zu Beginn der Mediation hält der Mediator sein Eröffnungsstatement, in dem er nach einer allgemeinen Begrüßung den Ablauf und die Randbedingungen der Mediation vorstellt. Falls ein Vorgespräch bereits stattgefunden hat, ruft er nur die wichtigsten Punkte in Erinnerung.

Systematisierter Inhalt eines Eröffnungsstatements

- Begrüßung
- Was wollen Sie heute lösen? Was steht auf dem Spiel?

- Welches sind Ihre Alternativen?
- Mediation ist eine Chance, schnell, kostengünstig und vertraulich zu einer maßgeschneiderten Lösung zu kommen.
- Die Entscheidungskompetenz liegt bei den Beteiligten, also weder beim Mediator noch bei den Anwälten.
- Erläuterung der Unterschiede zum Gerichtsverfahren
- Die Beteiligten haben volle Kontrolle über das Ergebnis.
- Schnelligkeit des Verfahrens: hier und heute eine Lösung, vor Gericht vielleicht erst in einem Jahr
- Beschreibung des Procedere: Phasen, Einzelgespräche, Spielregeln
- Einsatz aller Mittel wie Flip-chart, Brainstorming usw.
- Bestehen noch Fragen?

Rolle des Mediators

Er ist neutral, führt durch das Mediationsverfahren, hinterfragt das gemeinsame Problem, unterstützt beim Verständnis der gegenseitigen Interessen sowie beim Ermitteln von Optionen und strukturiert Lösungsansätze. Er behandelt alles, was in den Einzelgesprächen erörtert wird, vertraulich, mit Ausnahme der Informationen, die der anderen Seite ausdrücklich offengelegt werden sollen.

Beispiel für ein Eröffnungsstatement

Das folgende Beispiel für ein Eröffnungsstatement stammt vom amerikanischen Mediator Peter Grilli aus Tampa, Florida:

Begrüßung der Beteiligten und Rechtsanwälte
In der Mediation wird jede wichtige Entscheidung von den Beteiligten vorgenommen, nicht von den Anwälten oder dem Mediator. Sie als Beteiligte werden von Ihrem Anwalt beraten, aber auch dieser wird Ihnen sagen, daß letztlich die Entscheidung bei Ihnen liegt.

Die Mediation unterscheidet sich von einem Gerichtsverfahren. Wenn der Fall vor Gericht gebracht wird, wird jede wichtige Entscheidung vom Gericht getroffen, aber nicht durch Sie. Monate und Jahre später – nicht so bei der Mediation. Es wird ein Ergebnis herauskommen, das auf einem präzisen rechtlichen Anspruch beruht, nicht eines aus einer Reihe von möglichen Optionen.

Die meisten Fälle werden im Mediationsverfahren gelöst, weil die meisten Geschäftsleute es vorziehen, ihre Entscheidungen selbst zu treffen. Sie verhandeln lieber, als die Kontrolle völlig einem Richter zu überlassen, den sie nicht kennen und der sie nicht kennt.

Ablauf

Der Anwalt jeder Seite gibt ein kurzes Eröffnungsstatement ab – jeder Anwalt stellt dabei etwa fünf bis zehn Minuten lang seine Sicht des Falls dar. Das ist teilweise für mich eine Hilfe, um den Fall zu verstehen, aber hauptsächlich ein Vorteil für die Beteiligten.

Im Anschluß führen wir gemeinsam eine Diskussion, und später können auch Einzelgespräche abgehalten werden. Während dieser Einzelgespräche treffe ich die eine Seite „unter vier Augen" und dann die andere, gehe zwischen ihnen hin und her und tausche die einzelnen Auffassungen, Ideen und Vorschläge aus.

Gewöhnlich erreichen wir eine Vereinbarung nach einer Mediationssitzung. Wenn dem so ist, fertigen die Anwälte die Vereinbarung mit meiner Hilfe an. Jeder Beteiligte sieht sie noch einmal durch, um sicherzustellen, daß sie korrekt das wiedergibt, was besprochen wurde. Dann wird sie unterzeichnet, und der Fall ist erledigt. Wenn nicht, können Sie zu einem Gerichtsverfahren übergehen; Sie haben keinerlei Rechte dadurch verloren, daß Sie hierher gekommen sind.

Die Regeln sind also einfach:

Neutralität

Ich habe keinerlei familiäre oder geschäftliche Beziehung zu den Anwälten oder den Beteiligten. Ich habe keine Vorlieben oder Vorurteile gegenüber den Anwälten, den Beteiligten oder dem Fall. Ich behandle jeden Beteiligten fair und gleich. Ich bin kein manipulierbarer Spion oder eine Maschine: Ich werde meine eigenen Beobachtungen machen, Fragen stellen und sogar manches herausfordern. Ich mache das auf beiden Seiten, weil es die Diskussion fördert und weil beide Seiten fair und gleich zu behandeln sind.

Vertraulichkeit
Sie können mir Informationen anvertrauen und mir auferlegen, diese nicht der anderen Seite mitzuteilen. Bitte sagen Sie mir nur genau, welche Informationen vertraulich sind, und ich werde sie dann auch als solche behandeln.

Der Rest liegt an Ihnen. Es ist Ihr Fall und, da es keine dummen Fragen gibt, möchte ich gerne wissen, ob Sie noch irgendwelche Fragen haben? Wenn nicht, lassen Sie uns mit dem Anwalt der ersten Konfliktpartei beginnen.

8.4.2 Zweite Phase: Darstellung der Standpunkte

In dieser Phase hat jede Partei die Möglichkeit, den Konflikt aus ihrer Sicht vollständig und ohne Grund zur Rechtfertigung darzulegen, ohne dabei unterbrochen zu werden.

Der Mediator und die andere Seite hören aufmerksam zu. Durch Umformulierung des Gesagten in eigene Worte des Mediators hört die andere Seite die Darstellung ein zweites Mal; diesmal jedoch in neutraler Form und auf das Wesentliche konzentriert. Bereits dadurch kann ein Umdenken einsetzen. Der Sprecher ist zufrieden, weil er erstmalig seit Beginn des Konflikts seine Auffassung ungestört vorbringen kann und gleichzeitig ein Dritter – der Mediator – diese Auffassung wirklich verstehen will. Bei der Gegenseite tritt ein analoger Effekt ein.

Durch die Rückfragen des Mediators lösen sich sowohl der Sprecher als auch der Zuhörer von ihrem „Tunnelblick“ und erkennen, daß nicht die Gegenseite das Problem darstellt, sondern beide ein gemeinsames Problem haben.

Darstellung der Standpunkte durch die Parteianwälte

- Sachverhaltsdarstellung
- rechtliche Beurteilung
- beabsichtigtes Ziel
- Untermauerung der Ausführung durch Rechtsprechung und Vergleichsfälle

Statements der Konfliktparteien

- Kurzdarstellung der bisherigen Zusammenarbeit
- Beschreibung des Konflikts aus ihrer Sicht
- beabsichtigtes Ziel in der Mediation

Die Ziele der Anwälte und der Parteien sollten vor der Mediation besprochen und deckungsgleich sein. Sind sie es nicht, liegen darin bereits wertvolle Hinweise für den Mediator, welche Interessen hinter den Positionen stecken können.

8.4.3 Dritte Phase: Ermittlung der Hintergründe und Interessen

Dies ist die wichtigste Stufe der Mediation, da hierin die Interessen und wahren Beweggründe der Konfliktparteien zutage treten. Nur eine Lösung, die auf alle Interessen Rücksicht nimmt, ist tragfähig. Dabei herrschen zwei Probleme vor: Zum einen wollen die Parteien ihre wahren Interessen nicht offenlegen, weil sie dies dem Eingeständnis von Schwäche gleichsetzen. Zum anderen ist es Unkenntnis oder mangelnde Reflexion des eigenen Interesses.

Selbst wenn die Beteiligten so in ihren Konflikt verstrickt waren, daß sie nicht mehr miteinander redeten, beginnen sie nun, wieder miteinander zu kommunizieren.

Es werden all jene Anliegen besprochen, die sich bisher angesammelt hatten. Dabei wird die Technik des „Paraphrasierens“ eingesetzt. Diese Methode beinhaltet die Wiederholung des Standpunkts mit den Worten des Mediators. Dadurch wird sichergestellt, daß jede Partei den Standpunkt der anderen richtig erfaßt und versteht.

Mit Hilfe des Paraphrasieren können die Standpunkte überprüft werden und dahinterliegende Interessen und Bedürfnisse erkannt werden. Über die zusammenfassende Darstellung der wichtigsten konfliktbeschreibenden Punkte wirkt der Mediator katalytisch auf den Fortgang des Verfahrens und die Ermittlung von Optionen.

8.4.4 Vierte Phase: Erarbeitung von Optionen und Lösungen

Aufbauend auf den gefundenen Interessen wird nun in einem Brainstorming eine möglichst große Auswahl an Verhaltensmöglichkeiten gesammelt. Wenn dieser Teil abgeschlossen ist, werden in einem weiteren Schritt die gesammelten Optionen bewertet. Der Mediator achtet bei dem Brainstorming darauf, daß es kreativ und völlig frei von Bewertungen durchgeführt werden kann. Keine Partei ist an eine Option gebunden. Auch die Nennung völlig unrealistischer Ideen ist nicht untersagt, da auf diese inspirierende Weise neue Wege gefunden werden können.

Die Bewertung darf erst nach Abschluß der kreativen Phase erfolgen, da sonst die Freiheit, über den bisherigen Rahmen hinauszudenken, eingeschränkt wird. Dann ist die Bewertung jedoch unentbehrlich, da nur überprüfte Optionen zu einer tragfähigen Lösung weiterentwickelt werden können. Bei dieser Bewertung werden die BATNAs (Best Alternatives To a Negotiated Agreement) und WATNAs (Worst Alternatives To a Negotiated Agreement) ermittelt.

Ein wichtiger Ansatz ist dabei, eine zukünftige Aktion nicht von einer bestimmten Handlung der anderen Seite abhängig zu machen. Es soll nicht nach dem Motto „Wenn – dann“ gearbeitet werden. Darauf basierende Lösungen sind von vornherein zum Scheitern verurteilt. Besser ist es daher, zukunftsorientiert für die eigene Seite festzulegen, was auf jeden Fall aus eigener Motivation heraus getan werden soll, um den Konflikt zu lösen, die Kommunikation zu verbessern und damit künftige Schwierigkeiten zu vermeiden.

8.4.5 Fünfte Phase: Verhandlung und Vereinbarung

Vor Abschluß einer Vereinbarung, die die Festlegung auf eine der gefundenen Optionen dokumentiert, muß diese Option eine Prüfung nach dem fünf Punkte umfassenden SMART-Raster durchlaufen:

- Spezifisch
- Meßbar
- Ausführbar
- Realistisch
- Termingerecht

Erst wenn jedes Kriterium aus Sicht aller Konfliktparteien erfüllt wird, kann eine Vereinbarung ausgearbeitet werden. Bedingungen in einer optionalen Lösung, die einer der Parteien nicht behagen, bergen weiteres Konfliktpotential.

Die drei letztgenannten Punkte sind in diesem Zusammenhang von ausschlaggebender Bedeutung. Jede noch so gut klingende Option, die nicht, nicht ganz oder nicht zeitgerecht umzusetzen ist, kann zwangsläufig nicht weiterverfolgt werden, da sie im weiteren Verlauf der Geschäftsbeziehung zu neuen Streitigkeiten führen würde.

8.5 Techniken der Mediation

Die nachfolgenden in der Mediation angewandten Techniken sind auch in anderen Formen von Verhandlungen einsetzbar.

Für eine zielgerichtete Konfliktlösung ist die Entflechtung verschiedener, oftmals vermischter Bereiche sinnvoll. Die Komplexität des Falls muß erkannt werden. Wie bereits dargestellt, müssen die emotionale und inhaltliche Ebene getrennt erfaßt und betrachtet werden.

Dazu gibt es eine Reihe sich jeweils gegenüberstehender Bereiche. Die wichtigsten lauten:

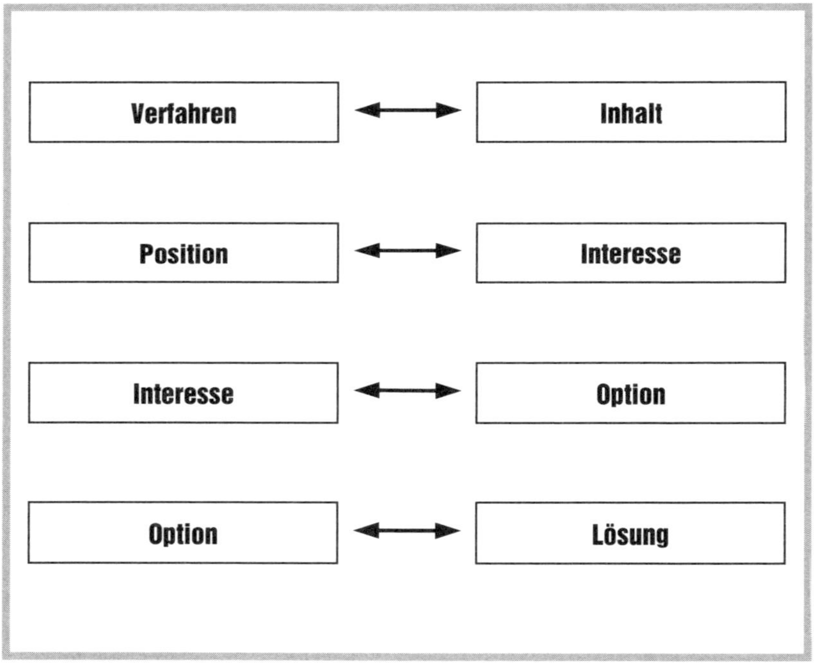

Abb. 23: Stufenweise Entwicklung im Verlauf einer Mediation

Zu den wichtigsten inhaltsbezogenen Paaren gehören:

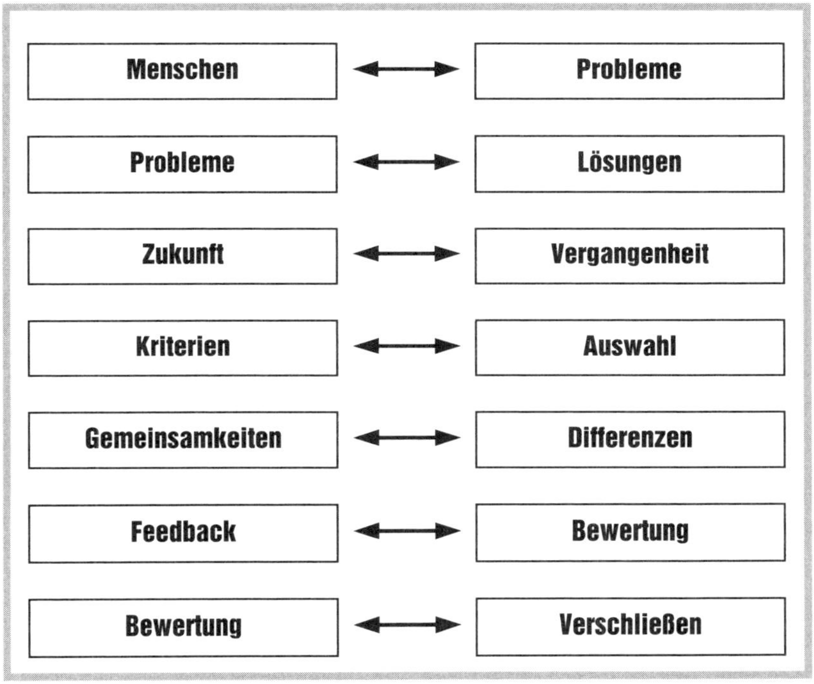

Abb. 24: Abgrenzung zusammenhängender Inhalte

Diese Bereiche sind vor und während der Verhandlung getrennt zu behandeln, um eine differenziertere Betrachtungsweise zu ermöglichen.

Die Art und Weise der Kommunikation spielt eine große Rolle. Zunächst steht die Klärung offener Fragen im Vordergrund. Dies geschieht durch „offene“ Fragen, die mit einem „W“ beginnen: wer, was, wann, wie, wo. Eine offene Frage regt zu ausführlicheren Antworten an im Gegensatz zu einer „geschlossenen“ Frage, die mit „Ja“ oder „Nein“ beantwortet wird.

Nach diesen Erläuterungen faßt der aufmerksam zuhörende Mediator die wichtigen Punkte zusammen und wiederholt sie mit eigenen Worten. Er erwartet Feedback auf Fragen wie „Habe ich Sie richtig verstanden, daß ...“ oder „Sie sagen demnach, daß ... Ist das richtig?“ oder „Nach Ihrer Sicht der Dinge scheint ... Stimmen Sie dem zu?“

Ebenso ist die Berücksichtigung der emotionalen Komponente wichtig: „Sie sind verständlicherweise sehr aufgeregt.“ Der Transfer zur Sichtweise der anderen Seite geschieht durch die direkte Aufforderung: „Wie würden Sie sich verhalten, wenn Sie durch ... betroffen wären?“

Wichtig ist es, den Kontext zu erweitern: „Es gibt viele Unternehmer, die die gleichen Erwartungen haben wie Sie.“ Zum passenden Zeitpunkt kann der Mediator Empathie zeigen: „Ich kann nachempfinden, wie anstrengend dies für Sie sein muß.“

Demgegenüber wirken sich suggestive Fragen, Drohungen oder Beschuldigungen sehr negativ auf den Kommunikationsfluß aus. Wenn die Gegenseite bewertet, predigt, doziert oder besserwisserisch mit Formulierungen auffällt wie: „Für Sie ist es wohl am besten, wenn ...“, muß der Mediator intervenieren. Durch sein Vorbild stimuliert sollen die Beteiligten zum Zuhören übergehen. In schwerwiegenden Fällen weist der Mediator auf die Einhaltung der Spielregeln hin oder schlägt ein Einzelgespräch vor, um die Teilnehmer zu entkrampfen und einen neuen Ansatz zu finden.

8.5.1 Spiegeln/Pacing

Beim Spiegeln bzw. Pacing drückt der Mediator mit eigenen Worten das aus, was er gerade von der einen Partei gehört hat. Er hat dabei folgende Zielsetzungen:

- sicherzustellen, daß er alles, was die eine Konfliktpartei gesagt hat, richtig verstanden hat
- sicherzustellen, daß er alles, was sie gesagt hat, entsprechend gleich gewichtet

- sicherzustellen, daß er nichts hinzufügt, was sie nicht gesagt hat
- sicherzustellen, daß er nicht etwas wegläßt, was sie gesagt hat und was ihr wichtig ist
- der Konfliktpartei zu zeigen, daß er sie respektiert und ernst nimmt

Dies leitet er durch Formulierungen ein, wie:

- „Wenn ich Sie richtig verstanden habe ..."
- „Zusammenfassend könnte ich also sagen ..."
- „Sie meinen also ..."
- „Ich habe das so verstanden, daß ..."

Wichtig beim Spiegeln bzw. Pacing ist, eine gemeinsame sprachliche Basis mit dem Gesprächspartner zu schaffen.

Diese Vorgehensweise bildet eine essentielle Grundlage jeder Art von Kommunikation: Auch bei geschäftlichen Gesprächen oder im privaten Bereich empfiehlt es sich, in dieser Weise vorzugehen, vor allem wenn es darauf ankommt, die Intentionen des Befragten klar zu erfassen. Dadurch wird die Vorbereitung gemeinsamer Ziele, Planungen und Aktivitäten erleichtert.

Im nachstehenden Flußdiagramm wird aufgezeigt, wie eine solche Kommunikation abläuft. Wenn nicht im ersten Anlauf alle wichtigen Punkte geklärt bzw. verstanden wurden, können diese in weiteren iterativen Schritten erarbeitet werden. Das Flußdiagramm ist dabei wie eine Schleife zu nutzen, die so lange durchlaufen wird, bis alle relevanten Erläuterungen vorgebracht und verstanden wurden.

Nach der Zusammenfassung eines Punkts kann erneut mit der Anfangsfrage „Was ist Ihnen wichtig?" begonnen werden, bis abschließend alle für die befragte Seite wichtigen Aspekte geklärt sind.

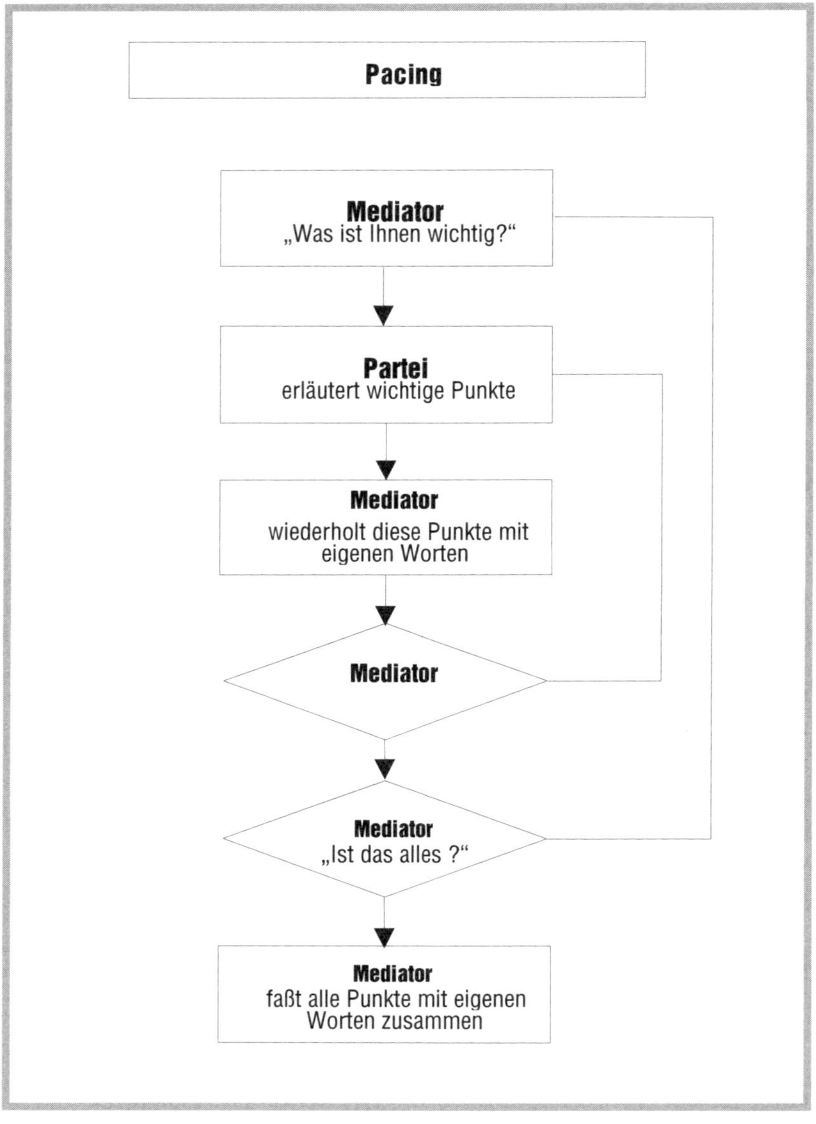

Abb. 25: Pacing als iterativer Vorgang der Informationsgewinnung

8.5.2 Paraphrasieren/Reframing

Bei besonders negativen oder emotionsgeladenen Formulierungen hat der Mediator das Gesagte neutral umzuformulieren („reframen“). Das ermöglicht der einen Partei, die Emotionalität und den Ärger der anderen Seite herauszuhören und zu verstehen. Und sie hört nochmal die gefilterte Quintessenz jener Aussage in neutraler Form aus dem Munde des Mediators. Dadurch, daß vorwurfsvolle Andeutungen entschärft wurden, kann man die Aussage eher akzeptieren. Ein Beispiel dafür: „Diese kleine Rostlaube fährt ja noch nicht mal 120“ wird umformuliert in „Das Auto fährt bis zu 120 km/h“

Der Mediator wird Empathie zeigen können, wenn er der jeweiligen Partei aufmerksam zuhört. Für diese wiederum ist es wichtig, daß nicht nur die sachliche Botschaft, sondern auch alle emotionalen Begleitumstände wie Wut, Ärger, Angst, Frustration, zum Ausdruck kommen. Dies gelingt dem Mediator, indem er die Botschaft, die er verstanden hat, zusammenfaßt und einer Gefühlsregung zuordnet:

Statt beispielsweise ungefiltert weiterzuleiten: „Wir hatten ein fixes Termingeschäft, das für unser Unternehmen unglaublich wichtig war, und der Mistkerl hat sich trotz vieler Anrufe unsererseits immer verleugnen lassen“, formuliert der Mediator: „Daß der Geschäftsführer der Firma XY nicht zurückgerufen hat, hat Sie empört.“

Um Kommunikationsstörungen zu vermeiden macht der Mediator keine Vorwürfe, sondern formuliert in Ich-Botschaften. Statt „Sie drücken sich unklar aus“ wird er sagen: „Ich habe das nicht ganz verstanden, könnten Sie mir diesen oder jenen Punkt nochmal darlegen?“ Statt „Sie widersprechen sich laufend“ wird er sagen: „In diesem Punkt sehe ich noch nicht ganz klar, da ich vorhin verstanden habe, es ist ... so und so.“ Statt „Sie reden um den heißen Brei herum“ wird er formulieren: „Diesen einen Punkt sollten wir nochmal genauer betrachten.“

Vorwürfe schrecken ab	Ich-Botschaften vermitteln
Sie drücken sich unklar aus.	Ich habe das nicht ganz verstanden, könnten Sie mir diesen oder jenen Punkt nochmal darlegen?
Sie widersprechen sich laufend.	In diesem Punkt sehe ich noch nicht ganz klar, da ich vorhin verstanden habe, es ist ... so und so.
Sie reden um den heißen Brei herum.	Diesen einen Punkt sollten wir nochmal genauer ansehen.

Abb. 26: Umformungsbeispiele für Paraphrasieren/Reframing

8.5.3 Fragestellungen, NLP und Körpersprache

Fragestellungen

Wichtig ist auch, mit welcher Art der Frageform der Mediator auf die Parteien zugeht oder es zuläßt, wie sie sich untereinander befragen. Es gibt dazu verschiedene Formen der Frageformulierung:

- die Small-talk-Frage
- die offene Frage
- die geschlossene Frage
- die Gegenfrage
- die provozierende Frage
- die Alternativ-Frage
- die Suggestiv-Frage
- die Zick-Zack-Frage
- die Ablenkungsfrage
- die Testfrage

Small-talk-Frage

Diese Frage hat nichts mit der eigentlichen Mediation oder dem Konflikt zu tun. Beispiele: „Hatten Sie eine angenehme Reise?“, „Haben Sie gut in unser Büro gefunden?“, „Kann ich Ihnen etwas zu trinken anbieten?“

Damit schafft der Mediator eine entspannte Atmosphäre und sorgt gleichzeitig dafür, daß die äußeren Umstände für die Mediation wie Sitzgelegenheit, Getränke, Raumtemperatur den Wünschen und Vorstellungen der Betroffenen entsprechen.

Die offene Frage

Die offene Frage beginnt mit einem Fragewort und fordert die Beantwortung mit einem ganzen Satz; ein einfaches Ja oder Nein genügt nicht. Beispiele für offene Fragen sind: „Was passierte dann?“, „Was hat Sie daran gestört?“

Diese Frageform ist besonders am Anfang der Mediation erforderlich, damit alle Aspekte, die einer Partei wichtig sind, genannt werden können.

Die geschlossene Frage

Die geschlossene Frage beginnt mit einem Verb oder Hilfsverb und wird mit Ja oder Nein beantwortet. Sie zielt auf einen bestimmten Aspekt ab. Beispiel: „Kannten Sie diesen Umstand schon vor dem Anruf des Geschäftsführers?“

Möglicherweise muß der Mediator aus einem Schwall von Antworten die Informationen entnehmen, die für eine fachgerechte Einschätzung der Gesamtsituation notwendig sind. Ein derartiger Vielredner kann durch einen „kontrollierten Dialog“ unterbrochen werden.

Der Mediator kann beispielsweise unterbrechen mit: „Sie machen gerade sehr viele wichtige Ausführungen. Damit kein Detail verlorengeht, würde ich an dieser Stelle gerne zusammenfassen, um zu sehen, ob ich alles richtig aufgenommen habe. Sie sagen, daß ...“ Ein Gesprächspartner, der sich nur sehr wenig äußert, kann durch offene Fragen in eine konstruktive Unterhaltung hineingezogen werden.

Die geschlossene Frage ist sinnvoll, wenn sowohl die Anwälte ihre Statements abgegeben als auch die Parteien den Sachverhalt aus ihrer Sicht umfassend dargestellt haben, damit auf bestimmte Aspekte, die die neuralgischen Punkte sein können, näher eingegangen werden kann. Es ist wichtig, die geschlossene Frage nicht zu früh zu stellen, um nicht aufgrund der Selektion, die sie zur Folge hat, die wichtigsten Aspekte und vor allen Dingen die Interessen auszuklammern.

Die Gegenfrage

Die Gegenfrage wird der Mediator dann einsetzen, wenn die Konfliktparteien versuchen, aus ihm einen Richter zu machen. Beispielsweise wenn behauptet wird: „Ich weiß nicht, ob ich diesen Umstand hier darlegen möchte“, dann kann der Mediator fragen „Was spricht aus Ihrer Sicht dagegen?“ oder „Welche Sorge haben Sie, wenn Sie es täten?“ oder „Wer beurteilt das?“ Diese Frageform ist mit Vorsicht anzubringen, da sie zwar einerseits zu weiteren Aussagen ermutigt, aber auch belehrend wirken kann. Hier sind die Persönlichkeit und das Fingerspitzengefühl des Mediators gefragt.

Die provozierende Frage

Die provozierende Frage stellt eine Möglichkeit dar, notorische Schweiger zu einer Äußerung zu bewegen. Beispiele: „Wollten Sie tatsächlich auf diese Chance verzichten?“, „Möchten Sie wirklich zusehen, wie Ihr Unternehmen in Konkurs geht?“

Die provozierende Frage ist mit Vorsicht zu verwenden, da sich der Angesprochene u. U. zu stark angegriffen fühlt und sich dann ganz verschließt. Es erfordert viel Menschenkenntnis und Erfahrung, um diese Frageform richtig einzusetzen.

Alternativ-Frage

Sie ist eine Form der geschlossenen Frage, die dem Angesprochenen in der Regel zwei Alternativen vorgibt und damit andere Möglichkeiten ausschließt. Beispiel: „Wann haben Sie diese Sonderabsprache getroffen, vor oder nach der Unterschrift unter den Vertrag?“

Die Form der geschlossenen Frage sollte ebenfalls nur dann verwendet werden, wenn das Gespräch und die Mediation schon sehr weit gediehen sind und keine zusätzlichen Informationen mehr erforderlich sind.

Die Suggestiv-Frage

Sie beinhaltet eine Unterstellung. Beispiel: „Und der Geschäftsführer hat Ihnen nicht versichert, daß er fristgerecht liefern würde?“ Da die Mediation von Offenheit und Fair play ausgeht, findet die Suggestiv-Frage keine Anwendung. Sollte einer der Betroffenen dem anderen eine solche Suggestiv-Frage stellen, wird der Mediator intervenieren.

Die Zick-Zack-Frage

Hierbei springt der Fragesteller von Themenkomplex zu Themenkomplex ohne einen inneren Zusammenhang, um dem Gefragten keine Gelegenheit zu geben, eine Geschichte zu konstruieren. Diese Technik wird gerne in Gerichtsprozessen verwendet, ebenso wie die Suggestiv-Frage, jedoch nicht im Rahmen der Mediation.

Die Ablenkungsfrage

Mit der Ablenkungsfrage wird ein Thema angesprochen, das keinen unmittelbaren Zusammenhang mit der eigentlichen Sache herstellt. Sie ist zur Entspannung des Gefragten bei bestimmten Gelegenheiten hilfreich, sofern der Weg zurück zur Sache gefunden wird.

Sie ähnelt der Small-talk-Frage darin, daß sie unabhängig von der zu verhandelnden Sache im Raum steht. Abweichend von der Small-talk-Frage soll mit der Ablenkungsfrage jedoch keine entspannte Atmosphäre geschaffen werden, sondern sie kann eine ins Stocken geratene Besprechung aus einer unangenehmen Stille befreien.

Ein Beispiel dazu: „Würden Sie einen Abenteuerurlaub mit nur einem Rucksack und einem Kompaß beginnen?“ Nicht nur die Antwort selbst gibt Aufschluß über den Menschen, sondern auch die Art und Weise, in welcher Form und nach welcher Zeit er antwortet.

Die Test-Frage

Die Test-Frage ist eine im Gerichtsprozeß häufige Frageform, um die Wahrheitswilligkeit, Beeinflußbarkeit sowie Aussagetüchtigkeit zu überprüfen und mögliche Vorurteile des Gefragten herauszufinden.

Sie wird regelmäßig am Ende der Mediation angewandt, um die gefundenen Optionen auf ihre Realisierbarkeit zu überprüfen.

Zusammenfassung der Fragestellungen

Beim Einsatz der geeigneten Fragetechnik ist es für den Mediator wichtig, daß er jede Frage ganz neutral und ohne Vorwurf formuliert. Ebenso wichtig ist es, jeweils nur eine Frage zu stellen, damit sich der Gefragte darauf konzentrieren kann. Zwei oder mehr Fragen gleichzeitig zu präsentieren, wie man dies von Journalisten kennt, die in Interviews gern viele Informationen in kurzer Zeit abfragen wollen, hat in der Regel zur Folge, daß sich ein rhetorisch geschulter Gefragter nur diejenige Frage aussucht, die er auch beantworten will. Alternativ beantwortet er eine dritte, gar nicht gestellte Frage und zwingt damit den Frager zum Nachfassen. Diese rhetorischen Spielereien laufen dem Grundsatz des Fair play in der Mediation zuwider und sind zu vermeiden.

NLP

Wie die Fragetechniken ist NLP – Neurolinguistisches Programmieren – ein Hilfsmittel, das Hinweise darauf geben kann, in welchen Strukturen ein Mensch denkt.

Dies ist für den Mediator wichtig, um die Konfliktparteien „abzuholen". Der Mediator achtet darauf, auf welchen Wahrnehmungskanälen die Beteiligten agieren, um besser mit ihnen kommunizieren zu können.

Menschen lassen sich in verschiedene Wahrnehmungskategorien einteilen. Je nach Ausprägungsgrad sind dabei folgende Schwerpunkte erkennbar:

- visuelle Wahrnehmung
- auditive Wahrnehmung
- kinästethische Wahrnehmung
- olfaktorische Wahrnehmung
- gustatorische Wahrnehmung

Zur Erkennung des Typus ist das Zuordnen wiederkehrender Bemerkungen hilfreich.

Bei einem visuellen Typ kann man Sätze hören wie „Das sieht nicht gut aus", „Ich will damit zeigen, daß ...", „Es gibt verschiedene Blickwinkel", „Das sehe ich so", „Da blicke ich nicht mehr durch."

Bei einem auditiven Medianten klingt das so: „Das verstehe ich nicht", „Das hört sich nicht gut an", „Das klingt so, als wenn ...",

„Es gibt verschiedene Stimmen, die sagen ...“, „Lassen Sie Ihren Vorschlag mal hören.“

Der kinästethische Typ wird formulieren: „Das begreife ich“, „Das kann ich gut nachvollziehen“, „Das gibt mir ein Gefühl von ...“, „Ich wollte ihm immer begreiflich machen, daß ...“, „Ich will damit belegen, daß ...“

Der olfaktorische Typus, der über den Geruchssinn wahrnimmt, und der gustatorische, der über den Geschmack wahrnimmt, sind sehr selten. Der Gesprächspartner fällt in der Regel in einen der drei Bereiche Sehen, Hören oder Fühlen, und der Mediator kann ihm auf der gleichen Sprachebene, der visuellen, der auditiven oder der kinästethischen, anworten. Damit sich das Gegenüber „abgeholt“ fühlt, ist es nicht nur wichtig, auf der gleichen Sprachebene zu kommunizieren, sondern sich auch in Gestik, Mimik, im Sprechtempo und in der Stimmlage anzupassen, um sukzessive eine mit dem Gesprächspartner gleiche Ebene einzunehmen.

Aufgabe des Mediators ist, den jeweiligen Typen im Gesprächspartner zu erkennen und seine eigenen Formulierungen darauf abzustimmen. Dieses Abstimmen schafft eine Atmosphäre der Zusammengehörigkeit, da „die gleiche Sprache gesprochen“ wird.

Ausgehend von einer „normal organisierten“ rechtshändigen Person können die Blickrichtungen wie folgt gedeutet werden: Sieht sie nach oben, ruft sie Bilder ab. Sieht sie nach unten, erinnert sie sich an Gefühle. Rechts oben bedeutet visuelle Konstruktion, links oben visuelle Erinnerung. Die Mitte steht links für die auditive Erinnerung, rechts für auditive Konstruktion. Der Blick nach rechts unten bedeutet Gefühle und nach links unten innerer Dialog.

Dabei sind die Blickrichtungen jeweils von der betroffenen Person aus zu sehen.

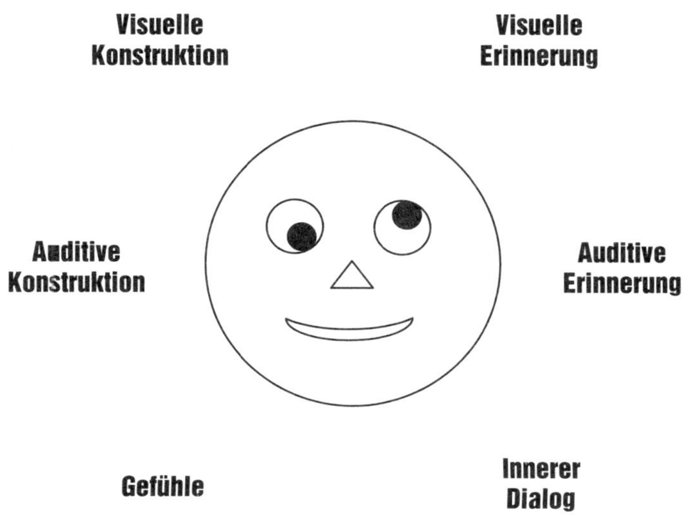

(frei nach Cora Besser-Siegmund)

Abb. 27: Blickrichtungen beim Gespräch und ihre Bedeutung

Die Analogiebildung, daß eine „normal organisierte“, linkshändige Person ein spiegelbildliches Deutungsbild mitbringt, muß einzelfallbezogen überprüft werden, da etliche Linkshänder dazu erzogen wurden, die rechte Hand einzusetzen.

Die durch langjährige Erfahrung erworbene Menschenkenntnis hilft dem Mediator, seine Sichtweise anzupassen und sein Gegenüber rasch und richtig einzuschätzen.

Körpersprache

Die Körpersprache umfaßt das weitläufige Feld der Gestik und Mimik, d.h. das der nonverbalen Äußerungen. Im Gegensatz zu den verbalen Äußerungen, die vielfach überlegt getätigt werden, erfolgen Mimik und Gestik meist unbewußt. Ein beispielsweise ohne Nachdenken zum Stab erhobener Zeigefinger dient der Unterstreichung einer Bemerkung.

Mimik, die Sprache des Gesichts, wird von den meisten Menschen unbewußt eingesetzt. Der Wahrheitsgehalt bleibt einem geschulten Auge jedoch nicht verborgen: Für ein echtes Lachen setzt der Mensch beispielsweise etwa dreimal soviel Gesichtsmuskeln ein wie für ein falsches oder aufgesetztes Lachen.

Gestik wird häufig als das „Reden mit den Händen" bezeichnet, meint aber ein weit umfangreicheres Gebiet der körperlichen Ausdrucksweise. Die Körperhaltung und naturgemäß jede Bewegung des Körpers werden vom Gesprächspartner (meist) unbewußt wahrgenommen und eingeordnet.

Auch wenn viele Menschen keine aktive Deutung der Körperhaltungen und einzelner Körperbewegungen vornehmen, sind subjektive Eindrücke für die Verhandlung prägend. Vor dem Bauch verschränkte Arme und abgewandter Blick werden als Desinteresse interpretiert. Vorsicht ist jedoch bei der einseitigen Deutung körpersprachlicher Signale geboten, da beispielsweise die verschränkten Arme sowohl Ablehnung als auch Introvertiertheit bedeuten können. Es kann aber genausogut sein, daß dem Betroffenen nur kalt ist und er sich deshalb zusammenkauert. Die gleiche Problematik stellt sich bei übereinandergeschlagenen Beinen. Zwei Personen, deren übereinandergeschlagene Beine zueinander weisen, demonstrieren damit nach außen, daß sie zumindest eine Gesprächseinheit bilden. Eventuell kann man daraus auch entnehmen, daß sie sich persönlich oder geschäftlich nahestehen. Wenn einer von beiden jedoch die Beine in die andere Richtung übereinanderschlägt, kann dies auch einen eingeschlafenen Fuß als Ursache haben.

Mimik und Gestik sind zwei mitunter stark unterschätzte Faktoren in Verhandlungen. Zusammengenommen ergeben sie ein Gesamtbild des Gegenübers und seiner Intentionen.

Für viele im Personalwesen Tätige nimmt die Körpersprache eine wichtigere Stellung als die gesprochene Sprache ein, da sie unbewußt erfolgt und somit die wahren Absichten erkennen läßt. Man kann mit dem Mund zwar einen Sachverhalt aussprechen, wenn die Augen jedoch etwas anderes ausdrücken, führt dies bei einem ungeschulten Gegenüber bestenfalls zu Verwirrung, bei einem versierten Gesprächspartner zu Rückfragen und intensivierter Beobachtung. Besonderes Augenmerk muß daher darauf gerichtet werden, ob sich die verbalen und die nonverbalen Aussagen widersprechen.

Auf weiterführende Literatur des Pantomimen Sammy Molcho sei in diesem Zusammenhang verwiesen.

8.5.4 Aktives Zuhören

Die auditive Wahrnehmung ist eine wichtige Sinnesfunktion. Durch die Aufnahme von Geräuschen mit Hilfe des Hörsinns können Gefahren rechtzeitig erkannt werden, ohne daß eine genaue Analyse der Art und Richtung der Gefahr zunächst möglich ist. Die Augen ermöglichen dann ein richtungsgebundes und zielgerichtetes Auffassen der Situation. Die Ohren arbeiten breitbandiger und räumlich uneingeschränkter: Sie liefern ein akustisches Abbild der Gesamtumgebung.

Zuhören ist eine Funktion, die die Konzentration auf eine Schallquelle oder einen Gesprächspartner erfordert, wobei andere Geräusche in ihrer Priorität herabgesetzt und in den Hintergrund gedrängt werden.

Aktives Zuhören erweitert die Konzentration auf einen Gesprächspartner um rhetorische Anteile, die die Unterhaltung aufrechterhalten und weiterführen. Das aktive Zuhören, das die Grundlage für ein konstruktives Gespräch bildet, ist eine in schnellebigen Zeiten gerne vernachlässigte Eigenheit, deren Wegfall es Verhandlungspartnern schwermacht, sich zu verstehen. Die Pflege des aktiven Zuhörens gehört zum guten Ton und stellt einen der Eckpfeiler der mediatorischen Verhandlung dar.

Werden Informationen nur teilweise aufgenommen und mißverständliche Interpretationen angestellt, können die wahren Inhalte nicht aufgenommen und verarbeitet werden. Das erzeugt falsche Schlüsse und unpassende Reaktionen: Ein negatives Verhandlungsergebnis scheint vorprogammiert.

Diesem läßt sich nur durch aktives Zuhören entgegenwirken, wobei sich die besonders zu beachtenden Punkte in neun wichtigen Regeln zusammenfassen lassen:

	Aktives Zuhören bedeutet:	**Erläuterung**
1.	Sprechen Sie nicht selbst.	Sie können nicht zuhören, wenn Sie selbst sprechen.
2.	Zeigen Sie, daß Sie zuhören wollen.	Konzentrieren Sie sich auf Ihren Gesprächspartner. Schauen Sie nicht Dritte an, während Sie ihm zuhören.
3.	Lockern Sie die Atmosphäre auf.	Vermitteln Sie dem Gesprächspartner, daß er frei sprechen kann.
4.	Stellen Sie sich auf den Gesprächspartner ein.	Versuchen Sie, sich in seine Situation zu versetzen, um seinen Standpunkt zu verstehen.
5.	Nehmen Sie sich Zeit zum Zuhören.	Unterbrechen Sie Ihren Gesprächspartner nicht. Hetzen Sie weder sich noch Ihren Gesprächspartner.
6.	Stellen Sie weiterführende Fragen.	Ermutigen Sie Ihren Gesprächspartner, und demonstrieren Sie Interesse.

7.	Lenken Sie weder sich selbst noch den anderen ab.	Zeichnen Sie keine Kritzeleien, blättern Sie keine Unterlagen durch.
8.	Beherrschen Sie sich, und wahren Sie eine geschäftsmäßige Haltung.	Eigener Ärger führt zu Anspannung und falschen Interpretationen des Gehörten.
9.	Lassen Sie sich durch Vorwürfe und Kritik nicht aus der Fassung bringen.	Streiten Sie nicht: Auch wenn Sie gewinnen, verlieren Sie.

Abb. 28: Neun wichtige Regeln für das aktive Zuhören

Der Mediator wendet insbesondere die Punkte 1 bis 7 an; die Punkte 8 und 9 sind mehr für die betroffenen Parteien von Bedeutung.

Die aufgestellten Regeln gelten nicht ausschließlich für den Bereich der Mediation, sondern sind in ihrer Gesamtheit auf jedwede Art der Verhandlung anwendbar.

8.5.5 Einsatz technischer Medien

Sinn und Ziel der Mediation ist, die Interessen der Beteiligten herauszufinden und daraus Optionen zu entwickeln, die zu einer einvernehmlichen Gewinner-Gewinner-Lösung führen. Mit Hilfe von Flip-chart, Meta-Plan und Computer lassen sich die Aspekte des Konflikts gut veranschaulichen.

Flip-chart

Das Flip-chart oder eine andere Tafel kann vom Mediator und den Konfliktparteien benutzt werden, um Interessen aufzuschreiben oder Punkte festzuhalten, die zum gegenwärtigen Zeitpunkt nicht im konkreten Gespräch behandelt werden können, jedoch keinesfalls in Vergessenheit geraten sollen. Da viele Menschen überwiegend visuell geprägt sind, ist das optische Darstellen dessen, was eine Seite gesagt hat und ihr somit wichtig ist, sowohl für sie selbst als auch für die Gegenseite eine sinnvolle Unterstützung.

Für die kinästethischen Typen ist besonders Bewegung sehr ergiebig. Ihnen hilft es, aufzustehen, den Stift in die Hand zu nehmen und einen Punkt selbst zu notieren. Auch für die anderen Typen, wie den visuellen und auditiven Typen, bringt Bewegung etwas Positives, da am Anfang der Mediation noch alle unter Streß stehen. Die Bewegung, die in den wenigen Schritten zum Flip-chart und zurück zum Besprechungstisch liegt, lockert die Anspannung und führt zur Entkrampfung der Kommunikation.

Meta-Plan

Bei der Meta-Plan-Technik werden Karten auf eine Fläche aus Textilien, Karton oder Metall aufgesteckt oder mit Hilfe von Magneten, Sprühkleber oder einem Kreppband fixiert; so können sie schnell umsortiert werden.

Im Rahmen des Brainstorming können beispielsweise Begriffe auf Karten geschrieben werden. Diese Karten werden während des Brainstorming an der Meta-Plan-Wand unsystematisch und unsortiert befestigt, damit alle Beteiligten einen Überblick bekommen können. Nach Abschluß des Brainstorming werden die Karten sortiert: „Zu welchem Komplex gehört diese Karte, zu welchem jene?“ Dazu können Headlines bzw. Überschriften gefunden werden. Beim Sortieren kann man feststellen, ob Karten mit bestimmten Begriffen mehrfach auftauchen und sich dadurch eine Schwerpunktbildung ergibt oder einzelne Karten redundant vorhanden sind und somit entfernt werden können. Durch diese aktive Systematisierung, bei der alle Beteiligten gleichermaßen mitwirken können, entsteht ein gemeinsames Handeln – die Grundvoraussetzung für eine anhaltende Geschäftsbeziehung.

Computer

Unerläßlich bei der schnellen kalkulatorischen Betrachtung der Lösungsmöglichkeiten hinsichtlich anfallender Kosten oder möglicher Einsparungen erweist sich der Computer als geeignetes Mittel, quantifizierbare Lösungen rasch zu überprüfen und darzustellen.

Das Vorgehen am Computer, wenn die Parteien selbst aktiv werden, hat den unschätzbaren Vorteil, daß sie genau das tun, was zu unterlassen sonst schwer fällt, nämlich aktiv zu werden, etwas zu schreiben, zu sagen, auszuarbeiten. Wenn sie dies mit der Gegenseite tun, erkennen sie dabei, daß es nicht das Problem der anderen Seite ist, sondern das gemeinsame.

8.6 Zusammenfassung

Mediation ist ein durch fünf wichtige Phasen gekennzeichnetes Verfahren. Diese sind die Einleitung, die Darstellung der Standpunkte, die Ermittlung der Hintergründe und Interessen, die Erarbeitung von Optionen und Lösungen, bis die für beide Seiten beste Lösung gefunden ist und im letzten Schritt in einer Vereinbarung niedergelegt wird.

Die wichtigste Phase ist die Erkundung der Interessen, da dabei der Schritt von den einseitigen Positionen zu den objektiven Interessen vollzogen wird und damit erst die Basis für mögliche gemeinsame Lösungen und eine weitere Zusammenarbeit geschaffen wird. Das Verfahren in dieser Weise zu strukturieren ist Aufgabe des Mediators.

Das Hauptelement, das sich durch jede Verhandlung wie ein roter Faden zieht, ist die Kommunikation. Diese wird verbal und nonverbal geführt. Bei der verbalen Kommunikation sind die Techniken des Spiegelns und Reframing ebenso wichtig wie die Fragetechniken. Während beim Spiegeln das Gesagte zur Kontrolle des Verständnisses in eigenen Worten zusammengefaßt wird, geht das Reframing einen Schritt weiter, um die Emotionalität und die negative Richtung einer Aussage zu neutralisieren. Damit wird die

Kommunikation zwischen den Parteien verbessert. Da jede Aktion eine Reaktion hervorruft, ist jede negative Aussage hinderlich, die womöglich durch emotionale Komponenten verstärkt wird, da sie bei der anderen Seite einen Rechtfertigungszwang auslöst. Dieses gegenseitige „Aufschaukeln“ wird im Wege des Reframing gedämpft.

Die Fragetechniken begleiten jede der Mediationsphasen, wobei bestimmte Fragetypen häufiger zu Beginn (offene Frage), andere eher am Ende des Verfahrens (Testfrage) Verwendung finden.

Gleichwertige Bereiche sind die nonverbale Kommunikation, die Körpersprache und NLP (Neurolinguistisches Programmieren). Die Gesamtheit der gesendeten Signale wie Wort, Mimik, Gestik und Blickrichtung wirken auf den Mediator und die andere Partei. Diese haben dadurch die Möglichkeit, zu erkennen, auf welcher Ebene der Sprecher „abgeholt“ werden kann und in welchen Strukturen er denkt.

Das Zusammenspiel von Techniken, Persönlichkeit und Erfahrung des Mediators bildet die Grundlage, die Kommunikation in adäquater Form durch das strukturierte Verfahren zu führen. Um wichtige Punkte einzelner Phasen nicht aus den Augen zu verlieren sowie wichtige Interessen zu visualisieren und Optionen zu fixieren, werden technische Hilfsmittel wie Flip-chart, Meta-Plan und Computer eingesetzt.

Die in der Mediation angewandten Kommunikationstechniken sind auf jede andere Form der Verhandlung übertragbar.

Merksatz

Nur wer aktiv zuhört, erfährt auch, was der Gesprächspartner wirklich sagen möchte.

9 Beispiele für Verträge und Klauseln

Pacta sunt servanda.
(Anonym)

Verträge müssen eingehalten werden.

In Verträgen wird die Kooperation von Unternehmen oder Mitarbeitern in einem Unternehmen geregelt. Bei Abschluß gehen die Vertragsparteien davon aus, daß alle getroffenen Regelungen unproblematisch eingehalten werden können. Da die Erfahrungen jedoch ein anderes Bild ergeben, werden einige Verträge vorausschauend auf mögliche Konflikte abgefaßt. Je nach Vertragsgegenstand werden dazu bestimmte Klauseln eingebaut.

Ziel dieser Klauseln ist, einen Gerichtsprozeß zu vermeiden und zunächst eine Mediation durchzuführen. Sie werden vertraglich fixiert, um den Einstieg in die Mediation zu erleichtern, da es erfahrungsgemäß im Konfliktfall schwer ist, sich über die adäquate Vorgehensweise zu einigen.

Um zu entscheiden, welche Klauseln wie in einem Vertragswerk zu verwenden sind, ist eine Betrachtung eines grundsätzlichen Vertragsaufbaus hilfreich.

9.1 Grundsatzaufbau eines Vertrags

Ein Vertrag, der zwischen Unternehmen geschlossen wird, besteht grundsätzlich aus zwei großen Regelungsblöcken.

1. Block

Der erste Block umfaßt die sogenannten Essentialia, nämlich die Parteien, den Gegenstand und den Preis der Leistung oder Ware. Das zukünftige „Miteinander“ wird je nach Vertragsgegenstand und Bedürfnis der Parteien verschieden ausführlich geregelt. Der

Inhalt richtet in jedem Fall den Blick nach vorne auf den Zeitraum einer harmonischen Kooperation.

2. Block

Der zweite Block umfaßt alle Regelungen, die dann greifen sollen, wenn etwas schief geht. Für diese Fälle wird in einem guten Vertrag das „Wenn ... , dann ...“ geregelt sein. Dieser Block beinhaltet Regeln, die auch im Falle von Komplikationen im Ablauf ein weiteres Miteinander ermöglichen sollen. Hierunter fallen auch die Mediationsklauseln, die dafür gedacht sind, den Gang vor Gericht zu verhindern, um möglichst rasch zum eigentlichen Geschäftsablauf zurückzukehren.

9.2 Mediationsklauseln in Verträgen

Aufgrund der negativen Erfahrungen mit den Folgen vor Gericht ausgetragener Streitigkeiten, wie Zerstörung der Geschäftsbeziehung, Behinderung der Abläufe im eigenen Unternehmen, überflüssige Kosten, Verzögerung und Bindung von Kapazitäten und Kreativität, wird dringend empfohlen, die Mediation als Vorstufe vor einem nicht kontrollierbaren Gerichtsverfahren zu wählen.

Dafür sollte eine Kombination aus den Klauseln der Alternativen A bis D und Varianten A bis D – die im folgenden beschrieben werden – gefunden werden, die am besten zur Unternehmensphilosophie paßt. Modifikationen und Ergänzungen optimieren die Anpassung der Klausel an die Belange des Unternehmens.

Unternehmen, die Mediationsklauseln in ihr Vertragswerk einbeziehen, sind von zukunftsweisenden Strukturen geprägt und werden bereits im Vorfeld des Vertragsabschlusses eine kooperative Atmosphäre kreieren, die Konflikte weitgehend vermeidet. Im Falle des Auftretens solcher Konflikte wird ein Unternehmen versuchen, diese zunächst im Wege der konstruktiven Kommunikation zu lösen.

9.2.1 Klauselbeispiele

Vorausschauende Unternehmen können die nachfolgenden Klauseln in ihre Verträge aufnehmen, um eine zwangsläufige gerichtliche Auseinandersetzung zu vermeiden und eine wirtschaftlich sinnvolle Alternative zu Schiedsgerichtsverfahren zu haben.

Die Alternativen unterscheiden sich in ihren verschiedenen Festlegungsmodi. Je ausführlicher eine Klausel im beiderseitigen Einvernehmen der Vertragsparteien schon vor Auftreten des Konflikts formuliert werden kann, desto unkomplizierter wird die Abwicklung im Streitfall.

Wenn auf eine Verfahrensordnung einer Institution Bezug genommen werden kann, kann die Klausel kurz gehalten werden, und sie erlaubt gleichzeitig eine Weiterentwicklung der Verfahrensordnung.

Alternative A

Vor der Einleitung eines Gerichtsverfahrens ist eine Wirtschaftsmediation durchzuführen. Sie beginnt mit der schriftlichen Aufforderung einer Seite unter Benennung des Gegenstands der Streitigkeit. Gleichzeitig hat diese Seite das Schreiben dem nachfolgend benannten Mediator zur Kenntnis zu bringen mit der Maßgabe, einen Termin zu bestimmen.

Als Mediator wird benannt: Rechtsanwalt XXX.

Sollte einer der nachfolgenden Verhinderungsgründe vorliegen, ist automatisch als Mediator der Rechtsanwalt YYY benannt:

1. mangelnde Neutralität aufgrund rechtlicher, wirtschaftlicher oder persönlicher Verflechtung mit der Materie
2. Verhinderung aufgrund von Krankheit, Tod o.ä.

Sollte auch Rechtsanwalt YYY aus einem der vorgenannten Gründe nicht in Frage kommen, wird Rechtsanwalt ZZZ benannt.

Optional kann festgelegt werden, daß einer der vorgenannten Mediatoren das Verfahren nach den Regeln einer bestimmten, in der Klausel zu benennenden Institution durchzuführen hat.

Alternative B

Vor der Einleitung eines Gerichtsverfahrens ist eine Wirtschaftsmediation durchzuführen. Sie beginnt mit der schriftlichen Aufforderung einer Seite unter Benennung des Gegenstands der Streitigkeit. Gleichzeitig hat diese Seite das Schreiben dem nachfolgend benannten Mediator zur Kenntnis zu bringen mit der Maßgabe, einen Termin zu bestimmen.

Es wird die aktuelle Verfahrensordnung der Institution AAA angewandt.

Als Mediator wird benannt: Rechtsanwalt XXX.

Sollte einer der nachfolgenden Verhinderungsgründe vorliegen, ist automatisch als Mediator Rechtsanwalt YYY benannt.

1. mangelnde Neutralität aufgrund rechtlicher, wirtschaftlicher oder persönlicher Verflechtung mit der Materie
2. Verhinderung aufgrund von Krankheit, Tod o.ä.
3. Ablehnung der vereinbarten Verfahrensordnung durch den Mediator

Sollte auch Rechtsanwalt YYY aus einem der vorgenannten Gründe nicht in Frage kommen, wird Rechtsanwalt ZZZ benannt.

Gerade um weitere Auseinandersetzungen im Konfliktfall zu vermeiden, kann es von Vorteil sein, auf eine bestehende Verfahrensordnung für die Mediation zurückzugreifen, so wie es in Alternative B formuliert ist. Obwohl keine der bestehenden Verfahrensordnungen so unverrückbar ist wie ein Gesetz, gibt doch jede in ihrer Art eine Richtschnur vor, die im Kern bei allen identisch ist. Da vor Abschluß des Mediationsvertrags noch offene Fragen geklärt werden und spezifische flexible Reglements für die Durchführung vereinbart werden können, bleibt trotz der Festlegung auf eine bestimmte Verfahrensordnung genügend Raum für Kreativität.

Alternative C

Vor der Einleitung eines Gerichtsverfahrens ist eine Wirtschaftsmediation durchzuführen. Sie beginnt mit der schriftlichen Aufforderung einer Seite unter Benennung des Gegenstands der Streitigkeit. Gleichzeitig hat diese Seite das Schreiben der Institution AAA zur Kenntnis zu bringen mit der Maßgabe, das Verfahren einzuleiten.

Die Mediation wird nach der jeweils aktuellen Verfahrensordnung der Institution AAA durchgeführt.

Bei der Variante C wird der Mediator von der Institution festgelegt. Dieser ist auch gleichzeitig verpflichtet, das Verfahren gemäß der Ordnung dieser Institution durchzuführen.

Alternative D

Vor der Einleitung eines Gerichtsverfahrens ist eine Wirtschaftsmediation durchzuführen. Sie beginnt mit der schriftlichen Aufforderung einer Seite unter Benennung des Gegenstands der Streitigkeit. Gleichzeitig hat diese Seite das Schreiben der Institution AAA zur Kenntnis zu bringen mit der Maßgabe, das Verfahren einzuleiten.

Die Mediation wird nach der jeweils aktuellen Verfahrensordnung der Institution AAA durchgeführt.

Nach der Benennung von drei Mediatoren durch die Institution AAA haben sich die Parteien innerhalb von drei Arbeitstagen auf einen Mediator zu einigen.

Nach Einigung auf einen Mediator wird dieser von der Partei informiert, die die Mediation vorgeschlagen hat, der Mediator legt gemeinsam mit dieser Partei einen ersten Termin fest.

Im Falle des Nichtzustandekommens einer Einigung wird von der Institution AAA ein Mediator festgelegt, der noch nicht benannt ist.

Allen diesen Mediationsklauseln ist gemeinsam, daß sie den spätestmöglichen Zeitpunkt für eine Mediation festlegen: vor der Einleitung eines Gerichtsverfahrens. Je nach Branche kann es sinnvoll sein, diesen Zeitpunkt weiter vorzuverlegen, indem beispielsweise eine Formulierung gewählt wird wie:

„Wenn eine Streitigkeit zwischen den Parteien, die als solche von einer Seite der anderen schriftlich mitgeteilt wurde, nicht binnen einer Frist von ... einvernehmlich zur Zufriedenheit beider Seiten gelöst werden kann, so hat die Seite, die zu Verhandlungen aufgefordert hat, nach Ablauf der Frist die Gegenseite zur Durchführung der Mediation schriftlich aufzufordern.“

Zur Erweiterung und Klarifizierung kann nachfolgender Passus anstelle einer Gerichtsstandvereinbarung in die Mediationsklausel eines Vertrags aufgenommen werden:

„Alle Streitigkeiten, Kontroversen oder Ansprüche, die sich aufgrund dieses Vertrags oder späterer Änderungen dieses Vertrags ergeben oder sich auf diesen beziehen, einschließlich dessen Entstehung, Gültigkeit, Wirkung, Auslegung, Verletzung oder Beendigung, werden zur Mediation gemäß den Mediationsregeln der XXX-Institution überwiesen.[1)] Der Mediator wird nach Maßgabe der Mediationsregeln der XXX-Institution bestimmt, sofern sich die Parteien nicht selbst auf die Person des Mediators einigen können. Ort der Mediation ist ...“

1) Um zusätzliche Klarheit zwischen Mediation und einem allfälligen Gerichtsverfahren zu schaffen, kann an dieser Stelle noch folgender Satz eingefügt werden: „Die Parteien verpflichten sich, bis zur Beendigung der Mediation auf die Anrufung der Gerichte zu verzichten.“[*]

---

* Die letzten beiden Absätze frei nach Egger, Philips & Partner, Schweiz.

9.2.2 Scheiternsklauseln

Die Scheiternsklauseln beziehen die Möglichkeit des Scheiterns der Mediation mit ein.

Am Anfang einer Geschäftsbeziehung, die die positiven Erfahrungen der Mediation durch eine Klausel im Vertrag festschreibt, sollte ebenfalls an die Möglichkeit gedacht werden, daß eine Mediation scheitern kann. Die Mediationsklausel sollte festlegen, unter welchen Voraussetzungen das Mediationsverfahren beendet wird.

Um allen Eventualitäten vorzubeugen, ist es sinnvoll, Voraussetzungen eines Scheiterns festzuschreiben. Andernfalls könnte eine beteiligte Seite die Einleitung des Gerichtsverfahrens dadurch verhindern, daß sie das Scheitern des Mediationsverfahrens nicht schriftlich fixiert.

Variante A

Das Mediationsverfahren ist beendet, wenn die Parteien dies übereinstimmend erklären.

Dies ist die beste Lösung für den Scheiternsfall, da auch darüber Einigkeit herrschen sollte. Jedoch ist zu bedenken, daß mit der Weigerung einer Partei, auch wenn die Mediation aus Sicht der anderen Partei und des Mediators zu keinem Ergebnis mehr führen kann und führt, das Verfahren nicht endet.

Variante B

Das Mediationsverfahren ist beendet, wenn nach der dritten (vierten, fünften*) Mediationssitzung keine schriftliche Vereinbarung geschlossen wird.

* muß vertraglich festgelegt werden

Der Vorteil dieser Regelung ist, daß ein gewisser zeitlicher Druck die Beteiligten motiviert, zu einer Lösung zu kommen. Nachteilig ist, daß ein Verfahren, das möglicherweise nach weiteren Sitzungen zu einer für beide Seiten befriedigenden Lösung gekommen wäre, schon zu früh als gescheitert angesehen wird. Die Schwierigkeit bei der Festlegung, die wievielte Sitzung das Ende markieren soll, liegt in der Komplexität des Konflikts.

Variante C

Das Mediationsverfahren ist beendet, wenn der Mediator das Verfahren für gescheitert erklärt.

Der Vorteil liegt in der adäquaten Beendigung des Verfahrens, bei der nicht eine Partei die andere durch ihren Unwillen, ein Scheitern zu erklären, behindert.

Variante D

Das Mediationsverfahren ist beendet, wenn eine der Parteien dies ausdrücklich erklärt.

Die Variante D schließt zwar die Problematik der Variante A aus, schafft aber andererseits ebenfalls eine Machtposition.

Hierdurch kann eine Seite die Lösung durch eine Scheiternserklärung vereiteln, auch wenn das Mediationsverfahren nach Ansicht der anderen Seite und des Mediators noch zu einer sinnvollen Lösung führen kann,

Allgemein bleibt für alle Varianten zu sagen, daß jede von ihnen Vor- und Nachteile hat, die jedes Unternehmen für sich abwägen muß, um eine Entscheidung treffen zu können.

9.2.3 Formulierungsbeispiel

Die folgende Mediationsklausel der gwmk (Gesellschaft für Wirtschaftsmediation und Konfliktmanagement e.V.) kann als Anhaltspunkt für Verträge zwischen Wirtschaftspartnern dienen.

Mediationsklausel der gwmk

1. Die Parteien werden versuchen, alle Probleme, die bei der Durchführung dieser Vereinbarung entstehen, gütlich durch Verhandlungen zu lösen.

2. Gelingt es den Parteien nicht, ihre Meinungsverschiedenheiten binnen 60 Tagen nach Beginn der Verhandlungen beizulegen, werden die Parteien ein Mediationsverfahren gemäß der Verfahrensordnung der Gesellschaft für Wirtschaftsmediation und Konfliktmanagement e.V. (gwmk) für das Mediationsverfahren durchführen. Das gleiche gilt, wenn die Verhandlungen nicht binnen 30 Tagen nach Zugang der Aufforderung einer Partei zur gütlichen Verhandlung gemäß Ziff. 1 aufgenommen worden sind.

3. Durch diese Vereinbarung ist keine Partei gehindert, ein gerichtliches Eilverfahren, insbesondere ein Arrest- oder einstweiliges Verfügungsverfahren, durchzuführen.

9.3 Inhalt eines Mediationsvertrags mit Verfahrensordnung

Den Mediationsvertrag schließen die Konfliktbeteiligten mit dem Mediator vor Beginn der Mediation ab.

Im Mediationsvertrag werden die Teilnehmer, der Streitgegenstand und die Bedingungen festgehalten, unter denen die Mediation stattfinden wird. Sie sind für die Unterzeichner bindend.

9.3.1 Präambel

Zunächst kann der Vertrag mit einer Präambel eingeleitet werden, die festhält, daß beide Konfliktparteien eine Einigung versuchen wollen. Die Präambel sowie die Vorteile der Mediation können im Verlauf des Verfahrens den Parteien immer wieder ins Gedächtnis gerufen werden.

In der Präambel wird beschrieben, ob bereits ein Verfahren anhängig ist und für die Mediation unterbrochen wurde oder ob die Angelegenheit noch nicht rechtsanhängig ist. Ferner wird die Verbindlichkeit dieses Vertrags deutlich hervorgehoben.

9.3.2 Vertragsparteien

Bei dem Mediationsvertrag handelt sich um einen Dreiparteienvertrag: Die drei Vertragsparteien sind der Mediator und die beiden Konfliktparteien, die sich jeweils aus Streitbeteiligten und ihren Rechtsanwälten zusammensetzen.

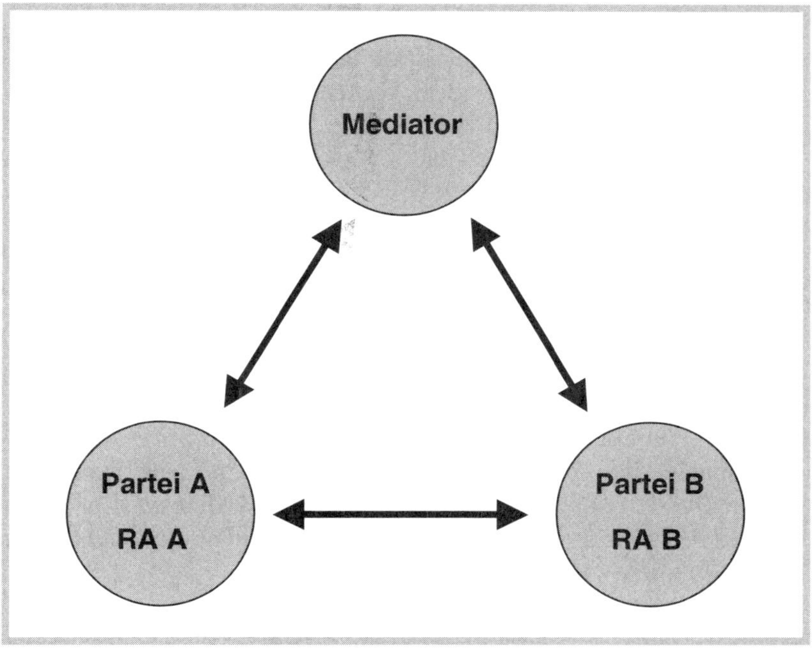

Abb. 29: Mediationsvertrag als Dreiparteienvertrag

Für die Unternehmen wird festgelegt, daß nur die Personen als Repräsentanten auftreten, die über eine entsprechende Entscheidungsbefugnis verfügen.

9.3.3 Teilnehmer

Der Mediator, die Konfliktparteien, die Anwälte, die Berater und sonstige hinzugezogene Personen stellen die Teilnehmer dar. Andere als bei der Unterzeichnung anwesende Personen dürfen nur mit dem Einverständnis *beider* Konfliktparteien hinzugezogen werden. Dem Mediator obliegt es, auf eine ausgewogene Personenanzahl auf jeder Seite zu achten.

Es muß eine vertragliche Verpflichtung enthalten sein, daß weitere hinzugezogene Personen den gleichen vertraglichen Bedingungen unterliegen, insbesondere Verschwiegenheit, wie die unterzeichnenden Personen.

9.3.4 Mediationsgegenstand

Der Konflikt, der in der Mediation gelöst werden soll, sollte möglichst konkret und neutral beschrieben werden. Zum Gegenstand gehört eine kurze Darstellung des Sachverhalts sowie der Punkte, über die Einigkeit besteht, und eine Auflistung der strittigen Fragen. Eine erläuternde Darstellung kann hinzugefügt werden.

Hierauf folgen die rechtlichen Ansprüche beider Seiten, aus denen etwaige Konsequenzen ersehen werden können. Damit herrscht Klarheit im Hinblick auf die Verpflichtung, über diesen Gegenstand keine Klage rechtsanhängig zu machen.

9.3.5 Verfahrensordnung

Wenn die Verfahrensordnung nicht bereits durch die Mediationsklausel im streitgegenständlichen Vertrag geregelt wurde, wie in den Formulierungsbeispielen der Alternativen B, C und D aufgezeigt, ist wahlweise von den Parteien eine Verfahrensordnung zu akzeptieren, die bereits bei einer Institution Verwendung findet, oder die einzelnen Inhalte sind gesondert zu definieren. Die Verfahrensordnung regelt:

- Anerkennung der Mediationsordnung
- Einleitung des Verfahrens
- Durchführung des Verfahrens
- Ablauf des Verfahrens
- Beendigung des Verfahrens
- Aufgaben des Mediators
- Rechtsstellung des Mediators
- Haftungsausschluß des Mediators
- Verhinderungsklausel – Ersatz für den Mediator bei Ausfall
- Einzelgespräche
- gerichtliche Geltendmachung
- Vertraulichkeit
- Beweisverwertung
- Verjährung
- Scheiternsklausel

Die eine Verfahrensordnung begleitende Gebührenordnung regelt:

- Honorar des Mediators
- Gebühren für die Organisation
- Zahlungsmodi

Sollte keine Verfahrensordnung zur Anwendung kommen, muß ein Mediationsvertrag verwendet werden, der alle oben aufgeführten Punkte regelt.

9.4 Inhalt eines Mediationsvertrags ohne Verfahrensordnung

9.4.1 Beginn und zeitlicher Ablauf des Verfahrens

Dieser Abschnitt regelt die einleitenden Handlungen des Verfahrens und den Übergang zur eigentlichen Mediation. Diese beginnt nach Abschluß des Mediationsvertrags mit der Einleitung seitens des Mediators und der anschließenden Darstellung des Sachverhalts durch die Rechtsanwälte.

Schon im Vorfeld kann eine zeitliche Begrenzung vorgegeben werden, die beispielsweise durch die verpflichtende Anmeldung zum Konkurs oder einen durch wirtschaftliche Umstände bedingten Termin veranlaßt sein kann. Wenn ein solcher Rahmen gesetzt ist, wird der Mediator einen Zeitplan vorschlagen, der optimal auf die Bedürfnisse der Parteien zugeschnitten ist. Bei auftretenden Terminschwierigkeiten kann dieser Zeitplan schnell und unproblematisch abgeändert werden. Sollte es sich um ein Problem handeln, das keine Lösung innerhalb einer bestimmten Zeit erfordert, wird der Mediator dennoch auf eine zeitnahe Durchführung drängen, damit der Gesamtkomplex im Zusammenhang mediatorisch bearbeitet werden kann.

9.4.2 Vertraulichkeitserklärung

Die Parteien verpflichten sich, sämtliche ihnen im Mediationsverfahren bekanntgewordenen Informationen absolut vertraulich zu behandeln.

Die Verpflichtung zur Vertraulichkeit umfaßt die Durchführung einer Mediation sowie das Ergebnis derselben.

Die Verpflichtung zur Vertraulichkeit erstreckt sich auch auf alle Dritte, wie beispielsweise Zeugen oder Sachverständige, die zur Mediation hinzugezogen werden sollen. Diese Personen müssen zum Unterschreiben einer Vertraulichkeitserklärung angehalten werden.

Von der Vertraulichkeit kann nur im gegenseitigen Einvernehmen der Parteien Abstand genommen werden. Dies kann sinnvoll sein, um innerhalb oder außerhalb des Unternehmens im Konfliktfall ein Beispiel aus der Praxis zitieren zu können.

9.4.3 Verzicht auf die gerichtliche Geltendmachung

Zwischen den Parteien wird ebenfalls vereinbart, daß während der Mediation kein anderes gerichtliches oder schiedsgerichtliches Verfahren rechtsanhängig gemacht wird, damit die Mediation dadurch nicht unterlaufen wird.

9.4.4 Beweisverwertungsabrede

Für den Fall, daß die Mediation scheitert und ein Gerichtsverfahren eingeleitet wird, legt die Beweisverwertungsabrede fest, daß alle Informationen, die im Verfahren offenbart wurden, nicht verwertet werden dürfen. Dies ist erforderlich, um eine umfassende Offenlegung der Umstände und Interessen in der Mediation zu gewährleisten. Gleichzeitig ist ein Schutz vor Ausforschung im Verfahren notwendig. Dieser ist durch die Beweisverwertungsabrede gegeben.

Damit nicht eine Seite bewußt alle Tatsachen in der Mediation offenlegt, um diese für einen späteren Prozeß unverwertbar zu machen, ist zu regeln, daß das Beweisverwertungsverbot nicht für die Tatsachen gilt, die auch außerhalb der Mediation ohne die speziell dort gewonnenen Erkenntnisse beweisbar sind.

9.4.5 Verjährungsregelung

Generell, jedoch insbesondere falls der Zeitpunkt des Verjährungseintritts nahe bevorsteht, erklären die Parteien die Stundung, um die Verjährung zu hemmen, oder den Verzicht auf die Einrede der Verjährung in bezug auf den Streitgegenstand. Der Grund für diese

Regelung liegt in der potentiellen Möglichkeit der Ausnutzung des Verfahrens, d.h. der bewußten Ausdehnung der Mediation bis zur Verstreichung der Verjährungsfrist.

9.4.6 Rechtsstellung des Mediators

Diese Regelung verdeutlicht nochmalig den Grundsatz, daß der Mediator ein neutraler Dritter ist. In der Klausel versichert der Mediator, daß er neutral ist, da er weder von den Parteien wirtschaftlich oder persönlich abhängig ist noch eine von diesen vorher anwaltlich beraten hat oder nach dem Verfahren beraten wird.

Für Rechtsanwälte, die als Mediatoren tätig sind, ist die Verpflichtung, weder vorher noch nachher einseitig zu beraten oder zu vertreten, § 18 BORA (Berufsordnung für Rechtsanwälte) zu entnehmen. Dies bedeutet konkret, daß der Anwalt nicht als Mediator arbeiten darf, wenn er in der gleichen Angelegenheit bereits zuvor als Anwalt tätig war. Ebensowenig darf er, wenn er zunächst als Mediator beauftragt war, im weiteren Verlauf der Sache als Parteianwalt auftreten. Die Verpflichtung ist für Anwaltsmediatoren demnach zweifach abgesichert.

Der Mediator darf keinen Rechtsrat erteilen und ist im Gegensatz zu den Parteianwälten nicht für den Schutz von Ansprüchen oder Rechtspositionen irgendeiner Seite verantwortlich.

Weiter wird festgelegt, daß der Mediator in einem anschließenden Gerichtsverfahren nicht als Zeuge vernommen werden darf, da sonst auf diese Weise alle Informationen, die vertraulich bleiben sollten, offengelegt und in den Prozeß mit einbezogen werden können. Der Schutz für den Anwaltsmediator ist bereits durch das in § 383 Abs. 1 Nr. 6 ZPO gesetzlich festgelegte Zeugnisverweigerungsrecht doppelt gesichert.

Zur Wahrung der Neutralität des Mediators ist die absolute persönliche und wirtschaftliche Unabhängigkeit erforderlich.

Ferner wird häufig ein Haftungsausschluß für den Mediator vereinbart.

9.4.7 Kostenvereinbarung

Kommt die Verfahrensordnung einer Institution zur Anwendung, wird diese vorwiegend von einer Gebührenordnung begleitet, die sowohl die Gebühren der Institution für die Organisation umfaßt als auch das Honorar des Mediators aufzeigt. Andernfalls ist eine Kostenvereinbarung zu treffen.

Dieser Punkt erfaßt die Absprachen zum Honorar des Mediators (s. auch Kapitel 6).

9.5 Formulierungsbeispiele

In den beiden nachfolgend aufgeführten Beispielen für verwendete Mediationsverträge ist zu beachten, daß der mit dem Mediator geschlossene Vertrag oft verwirrenderweise als Mediationsvereinbarung bezeichnet wird. Dieser Begriff eignet sich jedoch besser für die als Abschluß einer Mediation ausgearbeitete Übereinkunft der Streitparteien. In dieser Form wird der Begriff konsequenterweise auch in diesem Werk verwendet (vgl. Begriffsbestimmungen im Glossar).

Die Beispiele enthalten nicht alle oben aufgeführten Kriterien und sollen nur als Anhalt dienen.

Mediationsvertrag der Bundesanstalt für vereinigungsbedingte Sonderaufgaben

Die Bundesanstalt für vereinigungsbedingte Sonderaufgaben,

vertreten durch ...

und

vertreten durch ...

schließen zur außergerichtlichen Regelung ihrer gegenseitigen Ansprüche folgende Mediationsvereinbarung.

§ 1 Anerkennung der Mediationsordnung
Die Parteien erkennen die Mediationsordnung an und führen das Verfahren nach Maßgabe dieser Ordnung durch.
die Parteien dies übereinstimmend erklären.

§ 2 Verzicht auf die Einrede der Verjährung
Die Parteien verzichten bezüglich aller wechselseitigen Ansprüche bis zum Ablauf von 3 Monaten nach der schriftlichen Mitteilung der Mediationsstelle über die Beendigung des Mediationsverfahrens auf die Erhebung der Einrede der Verjährung.

§ 3 Pactum de non petendo
Die Parteien vereinbaren das Ruhen laufender Gerichtsverfahren und verpflichten sich bis zur schriftlichen Mitteilung der Beendigung des Mediationsverfahrens durch die Mediationsstelle keine Gerichtsverfahren einzuleiten oder einstweiligen Rechtsschutz zu beantragen.

§ 4 Vertraulichkeit
Die Parteien verpflichten sich, die im Rahmen der Mediation zugänglich gewordenen Informationen vertraulich zu behandeln und in einem möglichen Rechtsstreit nicht zu verwenden sowie keine Aussagegenehmigung für Zeugenaussagen zu geben.

§ 5 Einverständnis mit dem Mediator
Die Parteien erklären sich damit einverstanden, daß das Mediationsverfahren von Herrn ... als Mediator durchgeführt wird.

§ 6 Kostenvorschuß
Die Parteien überweisen innerhalb von 14 Tagen jeweils einen Kostenvorschuß von ... DM für das Honorar des Mediators auf das Konto ...

... , den ... ... , den ...

Mediationsvertrag des IDR Mediation-Service

Vereinbarung über Durchführung der Mediation

Name 1) ____________
vertreten durch: ____________

Name 2) ____________
vertreten durch: ____________

vereinbaren hiermit verbindlich, daß IDR Mediation-Service folgenden Konflikt zu den nachstehend aufgeführten Bedingungen annimmt:
____
____

1. Durchführung der Mediation
Die Mediation wird gemäß dieser Vereinbarung und den gegenwärtig geltenden Mediation-Geschäftsbedingungen von IDR Mediation-Service durchgeführt. Die Mediation-Geschäftsbedingungen sind vollinhaltlich als Bestandteil dieser Vereinbarung beigefügt.

2. Mediator
Die Parteien stimmen darin überein, daß _____________ der Mediator des Konflikts sein wird. Gleichzeitig erkennen die Parteien hiermit an, daß der Mediator mit Abschluß dieser Vereinbarung ein von ihnen unabhängiger Vertragspartner ist. Er wird oder ist weder als Vertreter noch als Angestellter oder dergleichen von IDR Mediation-Service tätig.

3. Mediation-Kosten
Die Kosten der Mediation werden auf der Basis von DM ___ pro Tag inkl. aller Nebenkosten berechnet; hinzu kommt eine Verwaltungsgebühr für IDR Mediation-Service von DM ___; beide Beträge verstehen sich zzgl. der jeweils gültigen gesetzlichen Mehrwertsteuer.

Die Parteien vereinbaren hiermit, daß die Kosten für die Mediation vor Durchführung der Mediation-Sitzung im voraus wie folgt entrichtet werden:

____

____

Für weitere Tage entstehende Gebühren von DM ____ pro Tag werden von jeder Partei, sofern nicht anders zwischen ihnen vereinbart, hälftig getragen.

Auch diese sowie die anderen Kosten sind bei Rechnungsstellung durch IDR Mediation-Service sofort fällig.

Gleichzeitig erkennen beide Parteien hiermit verbindlich an, daß sie für die gesamten Kosten und Gebühren, die durch die Mediation enstehen, gesamtschuldnerisch haften und IDR Mediation-Service ermächtigt ist, auch die Kosten des Mediators im eigenen Namen einzuziehen.

4. Konsultation mit dem Rechtsvertreter der Parteien
Jede Partei, die nicht durch einen Rechtsvertreter in der Mediation-Sitzung repräsentiert ist, wird angehalten, vor, während oder nach der Mediation-Sitzung oder vor Abschluß einer Vereinbarung infolge der Mediation ihren Rechtsvertreter nach Belieben zu konsultieren.

Die Parteien erkennen hiermit verbindlich an, daß weder IDR Mediation-Service noch der Mediator Rechtsrat im Sinne des Rechtsberatungsmißbrauchsgesetzes erteilen und weder eine Analyse noch einen Schutz irgendwelcher Ansprüche oder sonstiger Rechtspositionen der Parteien in irgendeiner Art vornehmen.

5. Einzeltreffen (Klausuren)
Der Mediator kann kurze Einzeltreffen (Klausuren) mit einer der Parteien abhalten, ohne daß dies eine Bevorzugung der anderen Partei darstellt. Diese Einzeltreffen sind dazu bestimmt, das Verständnis des Mediators an der Position der jeweiligen Partei zu verbessern. Alle von dem Mediator durch derartige Einzeltreffen gewonnenen Informationen und Erkenntnisse jeder Art sind streng vertraulich. Sie unterliegen der Verschwiegenheitsverpflichtung, sofern die Parteien nicht darin übereinstimmen, daß diese Informationen in der gemeinsamen Sitzung mit beiden Parteien offengelegt werden können.

6. Vertraulichkeit
Die Parteien vereinbaren hiermit verbindlich, daß die Mediation-Sitzung(en) Einigungsverhandlung(en) darstellen. Diese Einigungsverhandlungen dürfen in einem gegebenenfalls nachfolgenden Rechtsstreit dieses Konflikts, vor welchem Gericht auch immer, nicht zur Sprache kommen.

Die Parteien vereinbaren hiermit verbindlich, daß sie weder IDR Mediation-Service noch den Mediator als Zeugen benennen, noch ansonsten dazu veranlassen werden, auszusagen und/oder Dokumente, Notizen oder andere Informationen irgendeiner Art offenzulegen. Alle Dokumente, Erklärungen, Informationen sowie sonstiges Material, das vor oder während der Mediation-Sitzung, schriftlich oder mündlich, gegeben oder erteilt worden ist, wird von beiden Parteien lediglich für die Zwecke der Mediation benutzt und vertraulich behandelt. Bei Beendigung der Mediation wird das gesamte Material entweder der übergegebenen Partei umgehend zurückgegeben, ohne daß Unterlagen zurückgehalten werden, oder es wird vollständig vernichtet.

Name: ________________	Name: ________________
Adresse: ______________	Adresse: ______________
________________________	________________________
________________________	________________________
Tel.: ______ Fax: ______	Tel.: ______ Fax: ______
Datum: ________________	Datum: ________________
Verbindliche Unterschrift: ____________	Verbindliche Unterschrift: ____________

Erläuterungen zum Vergleich beider Verträge

Identisch ist, daß sich in beiden Verträgen ein Passus über die Vertraulichkeit findet sowie eine ausdrückliche Einigung auf den Mediator.

Die Beispielverträge unterscheiden sich in der Regelung der finanziellen Abwicklung und der Ausführlichkeit der Regelungen. Auch werden unterschiedliche Prioritäten gesetzt: Im ersten Beispiel werden der Verzicht auf die Einrede der Verjährung und die Stillhaltevereinbarung in den Vordergrund gerückt, im zweiten die Erteilung von Rechtsrat und optionale Einzelgespräche.

Übereinstimmend ist in beiden Verträgen auch geregelt, daß eine bestimmte Mediationsordnung zur Anwendung kommt: Dies entfrachtet den Mediatonsvertrag. Außerdem kann die Mediationsordnung bereits in der Einleitungsphase von der potentiellen Konfliktpartei gelesen werden. Daraus eventuell resultierende Fragen können bereits im Vorfeld geklärt werden, so daß zügig zur eigentlichen Mediation übergegangen werden kann. Von der Mediationsordnung abweichende Vereinbarungen müssen vor Abschluß des Mediationsvertrags übereinstimmend getroffen und in demselben schriftlich verankert werden.

Die Modifikation einer Struktur vorgebenden Verfahrensordnung zeigt die Flexibilität der Mediation als Ganzes und das Eingehen auf die Interessen der Parteien auf. Die Verständigung auf die Nutzung einer Mediationsordnung bzw. die gemeinsame Erarbeitung einer Abwandlung oder Ergänzung einer solchen Ordnung mit dem Ziel, eine allen Beteiligten genehme Ausgangsbasis zu bieten, zeitigt den ersten Schritt zu einem konstruktiven Gespräch, das als Eckpfeiler der Mediation gilt.

9.6 Mediationsvereinbarung

Die Mediationsvereinbarung wird als Abschluß einer erfolgreichen Mediation zwischen den Konfliktbeteiligten geschlossen. Sie wird fallbezogen gefaßt, individuell durch die Beratungsanwälte ausgearbeitet und ist nicht oder nur eng begrenzt auf andere Fälle übertragbar.

Es kann keine allgemeingültigen Beispiele geben, da der Inhalt der Vereinbarung vom Streitgegenstand, der durchgeführten Mediation, den juristischen Notwendigkeiten und den Wünschen der Streitparteien abhängt.

Stellvertretend kann folgende Aufzählung als Richtwert für den essentiellen Inhalt einer Mediationsvereinbarung dienen.

9.6.1 Streitparteien

Die Mediationsvereinbarung wird ausschließlich zwischen den Streitparteien geschlossen; der Mediator ist zwar an der Durchführung der Mediation beteiligt, nicht jedoch an der Umsetzung der vereinbarten Absprachen.

9.6.2 Mediationsgegenstand

Der Streitgegenstand ist im Mediationsvertrag beschrieben. Wurde der Streitgegenstand dort hinreichend gut beschrieben, kann die Formulierung für die Mediationsvereinbarung übernommen werden.

9.6.3 Mediationsergebnis

Es werden sämtliche vereinbarten Punkte und die gegebenenfalls zugehörigen Termine zusammengefaßt.

9.7 Weitere rechtliche Aspekte

Obwohl die Erfahrung in der Mediation zeigt, daß die gemeinsam gefundene Lösung auch tragfähig ist und eingehalten wird, kann dem Bedürfnis nach zusätzlicher Sicherheit durch eine Vollstreckungsklausel nach § 1044 b I ZPO Rechnung getragen werden.

9.7.1 Vollstreckungsklausel

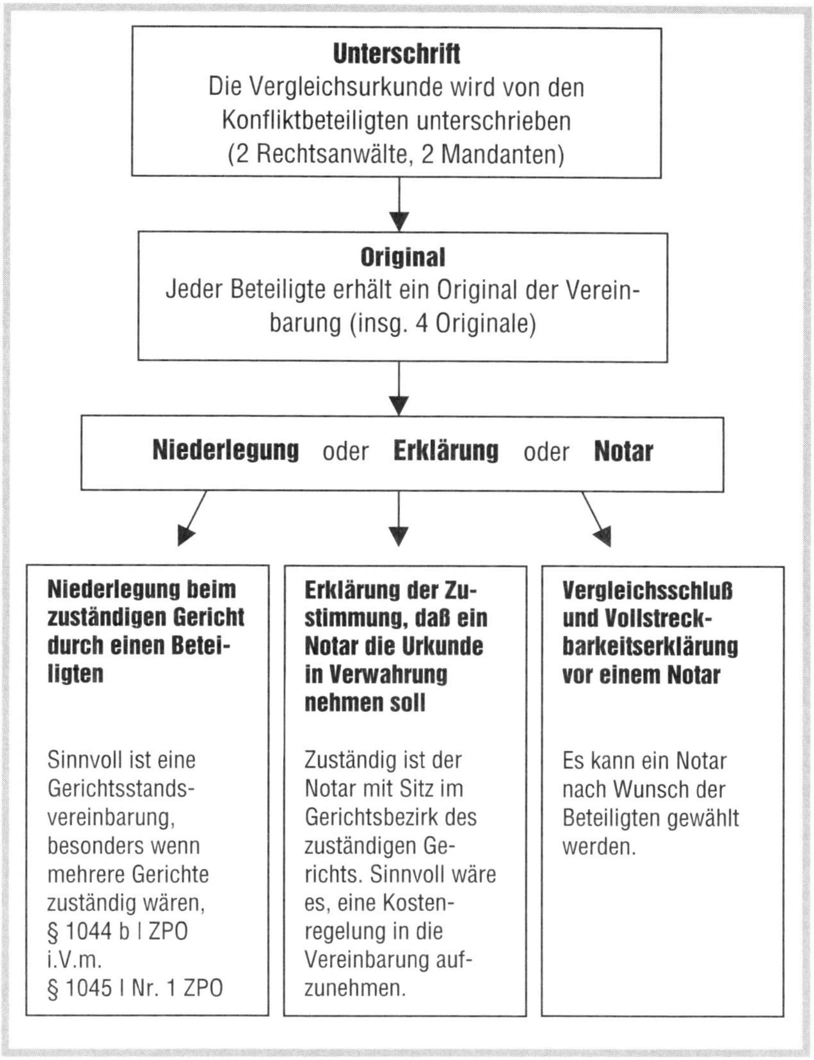

Abb. 30: Vollstreckungsklausel nach § 1044b I ZPO

9.7.2 Verjährung

Es gibt verschiedene Verjährungsfristen. Die 30jährige Verjährungsfrist ist die längste. Daneben sind die am häufigsten auftretenden Fristen jene über vier, drei und zwei Jahre, bzw. die über zwölf oder sechs Monate. Die Verjährung dieser Fristen kann unterbrochen oder gehemmt werden.

Unterbrechung

Nach ihrer Beendigung beginnt erneut die volle Frist.

Gesetzestext § 217 BGB (ff.)
„Wird die Verjährung unterbrochen, so kommt die bis zur Unterbrechung verstrichene Zeit nicht in Betracht; eine neue Verjährung kann erst nach der Beendigung der Unterbrechung beginnen."

Die Verjährung kann durch Anerkenntnis, § 208 BGB, gerichtliche Geltendmachung, § 209 BGB, oder durch Antrag auf Vorentscheidung, § 210 BGB, unterbrochen werden.

Die üblichen Formen der Unterbrechung sind die Klageerhebung oder die Zustellung eines Mahnbescheids. Alle anderen Formen bedingen eine endgültige Regelung. Dies versetzt eine Partei in die Lage, auf dem so gewonnenen Anspruch zu beharren. Die Mediation kann in diesen Fällen nur dann sinnvoll eingesetzt werden, wenn die Partei, die den Anspruch innehat, gewillt ist, ihn nicht durchzusetzen, um eine flexiblere Regelung einer beiden Seiten gerecht werdenden Lösung zu erreichen.

Nachstehend sind die zugehörigen Gesetzestexte im Wortlaut wiedergegeben:

Gesetzestext § 208 BGB
„Die Verjährung wird unterbrochen, wenn der Verpflichtete dem Berechtigten gegenüber den Anspruch durch Abschlagszahlung, Zinszahlung, Sicherheitsleistung oder in anderer Weise anerkennt."

Gesetzestext § 209 BGB I+II

„Die Verjährung wird unterbrochen, wenn der Berechtigte auf Befriedigung oder Feststellung des Anspruches, auf Erteilung der Vollstreckungsklausel oder Erlassung des Vollstreckungsurteils Klage erhebt.

Der Erhebung der Klage stehen gleich:

1. die Zustellung eines Mahnbescheides im Mahnverfahren;

1a. die Geltendmachung eines Anspruches durch Anbringung eines Güteantrages bei einer Gütestelle der im § 794 Abs. 1 Nr. 1 der Zivilprozeßordnung bezeichneten Art;

1b. die Zustellung eines Antrages im vereinfachten Verfahren zur Festsetzung von Unterhalt;

2. die Anmeldung des Anspruches im Insolvenzverfahren oder im Schiffahrtsrechtlichen Verteilungsverfahren;

3. die Geltendmachung der Aufrechnung im Prozeß;

4. die Streitverkündung in dem Prozesse, von dessen Ausgange der Anspruch abhängt;

5. die Vornahme einer Vollstreckungshandlung und, soweit die Zwangsvollstreckung den Gerichten oder anderen Behörden zugewiesen ist, die Stellung des Antrages auf Zwangsvollstreckung."

Gesetzestext § 794 I 1 Nr. 1 ZPO

„Die Zwangsvollstreckung findet ferner statt: aus Vergleichen, die zwischen den Parteien oder zwischen einer Partei und einem Dritten zur Beilegung des Rechtsstreits seinem ganzen Umfang nach oder in betreff eines Teils des Streitgegenstandes vor einem deutschen Gericht oder vor einer durch die Landesjustizverwaltung eingerichteten oder anerkannten Gütestelle abgeschlossen sind, sowie aus Vergleichen, die gemäß § 118 Abs. 1 Satz 3 oder § 492 Abs. 3 zu richterlichem Protokoll genommen sind."

Gesetzestext § 210 BGB
„Hängt die Zulässigkeit des Rechtswegs von der Vorentscheidung einer Behörde ab oder hat die Bestimmung des zuständigen Gerichts durch ein höheres Gericht zu erfolgen, so wird die Verjährung durch die Einreichung des Gesuchs an die Behörde oder das höhere Gericht in gleicher Weise wie durch Klageerhebung oder durch Anbringung des Güteantrags unterbrochen, wenn binnen drei Monaten nach der Erledigung des Gesuchs die Klage erhoben oder der Güteantrag angebracht wird. Auf diese Frist finden die Vorschriften der §§ 203, 206, 207 entsprechende Anwendung."

Hemmung

Der Zeitraum der Hemmung wird in die Verjährungsfrist nicht eingerechnet.

Gesetzestext § 217 BGB
„Wird die Verjährung unterbrochen, so kommt die bis zur Unterbrechung verstrichene Zeit nicht in Betracht; eine neue Verjährung kann erst nach der Beendigung der Unterbrechung beginnen."

Unterbrechung

Nach ihrer Beendigung beginnt erneut die volle Frist.

Gesetzestext 205 BGB
„Der Zeitraum, während dessen die Verjährung gehemmt ist, wird in der Verjährungsfrist nicht eingerechnet."

Die Verjährung kann aus Rechtsgründen gemäß § 202 BGB, aus tatsächlichen Gründen gemäß § 203 BGB oder aus familiären Gründen gemäß § 204 BGB gehemmt sein.

Letzteres bleibt im Wirtschaftsbereich außer Betracht. Die Hemmung aus tatsächlichen Gründen bedingt den Stillstand der

Rechtspflege oder höhere Gewalt. Da dieses absolute Ausnahmezustände sind, werden sie hier ebenfalls nicht berücksichtigt.

Der Regelfall der Hemmung ist die Stundung oder die Geltendmachung eines Leistungsverweigerungsrechts, wobei hier der Grundsatz von Treu und Glauben zu bedenken ist.

Stundung

Die Stundung ist die nach Verjährungsbeginn getroffene Vereinbarung, die durch die Fälligkeit des Anspruchs hinausgeschoben wird. (BGH NJW-RR 92,255). Da ein einseitiges Stundungsangebot die Verjährung nicht hemmt, ist auch die Annahme erforderlich, mithin auch die einvernehmliche Vereinbarung der Stundung.

Die Stundung unterbricht zugleich die Verjährung, da sie ein Anerkenntnis im Sinne von § 208 BGB enthält.

Leistungsverweigerungsrecht

Gesetzestext § 852 II BGB
„Schweben zwischen dem Ersatzpflichtigen und dem Ersatzberechtigten Verhandlungen über den zu leistenden Schadensersatz, so ist die Verjährung gehemmt, bis der ein oder andere Teil die Fortsetzung der Verhandlungen verweigert.“

Gesetzestext § 639 II BGB
„Unterzieht sich der Unternehmer im Einverständnisse mit dem Besteller der Prüfung des Vorhandenseins des Mangels oder der Beseitigung des Mangels, ist die Verjährung solange gehemmt, bis der Unternehmer das Ergebnis der Prüfung dem Besteller mitteilt oder ihm gegenüber den Mangel für beseitigt erklärt oder die Fortsetzung der Beseitigung verweigert.“

Hauptanwendungsfall ist das pactum de non petendo, das Stillhalteabkommen, die Absprache zwischen Gläubiger und Schuldner, daß der Anspruch einstweilen nicht gerichtlich geltend gemacht wird.

Der Wille der Parteien muß aber darauf gerichtet sein, für den Schuldner ein Leistungsverweigerungsrecht zu begründen (BGH NJW 83,2497) oder die Klagbarkeit der Forderung vorübergehend auszuschließen (BGH NJW-RR 99,1049).

Die Tatsache, daß die Parteien über den Anspruch miteinander verhandeln, genügt nicht. (Palandt, Rdnr. 8). Eine Ausnahme bilden die §§ 852 II, 639 II BGB. Hier führen die Verhandlungen zur Hemmung der Verjährung. Es handelt sich dabei um Delikts- bzw. Werkvertragsrecht.

Treu- und Glaubensgrundsatz

Gesetzestext § 242 BGB
„Der Schuldner ist verpflichtet, die Leistung so zu bewirken, wie Treu und Glauben mit Rücksicht auf die Verkehrssitte es erfordern."

Wenn die Parteien über Grund und Höhe des Anspruches verhandeln, darf der Gläubiger gemäß § 242 BGB darauf vertrauen, daß der Schuldner mit der Zurückstellung der gerichtlichen Geltendmachung einverstanden ist. (Palandt, Rdnr. 12).

Auch wenn kein pactum de non petendo zustande kommt und keine Verhandlungen im Sinne der §§ 852 Abs. 2, 639 Abs. 2 BGB vorliegen, kann der Einwand aus § 242 BGB den Einwand der Hemmung begründen.

9.8 Zusammenfassung

Für Unternehmen, die bereits entschieden haben, daß die Mediation ein für sie geeignetes Verfahren ist, gibt es verschiedene Mediationsklauseln, die je nach Branche, Unternehmensgröße und Vertragsart verwendet werden können.

Chronologisch betrachtet gibt es Klauseln, die zur Einleitung einer Mediation führen, Klauseln, die Verfahren für den Fall des Scheiterns einer Mediation festlegen, sowie Verweise auf Regelwerke von Institutionen, die Mediation anwenden.

Vor Beginn einer Mediation ist ein Mediations*vertrag* abzuschließen, der regelt, welcher Mediator mit welchen Teilnehmern welche Problemstellung vertritt. Ferner werden darin die Rahmenbedingungen der Mediation sowie rechtliche Aspekte, wie Vertraulichkeitserklärung, Beweisverwertungsabrede und Hemmung bzw. Einrede der Verjährung, und die Rechtsstellung des Mediators behandelt. Ein weiterer wichtiger Punkt des Mediationsvertrags betrifft das Honorar des Mediators.

Am Ende einer erfolgreich durchgeführten Mediation wird eine Mediations*vereinbarung* über die erarbeitete Lösung des Konflikts getroffen, die meist von den beratenden Anwälten ausgearbeitet wird. Der Mediationsvereinbarung liegt das Memorandum zugrunde, das der Mediator am Ende der letzten Mediationssitzung fertigt.

Die Vertragsklausel zur Durchführung einer Mediation hat den Vorteil, daß eine zukunftsorientierte Verfahrensregelung für einen später auftretenden Konflikt bereits in einem Stadium getroffen wird, in dem die Beziehungen der Parteien noch nicht konfliktbelastet sind. Tritt im späteren Verlauf ein Konflikt auf, der weder in eigenen Verhandlungen lösbar ist noch von einem Gerichtsurteil entschieden werden soll, führt der bereits vorgezeichnete Weg in die Mediation. Als zusätzliche Sicherheit kann eine Vollstreckungsklausel eingefügt werden, die den gleichen Effekt besitzt wie eine gerichtliche Protokollierung. Letzteres ist bei Einigungen im Rahmen der Mediation, die nach einem begonnenen Gerichtsverfahren gefunden werden, sinnvoll.

Merksatz

Erfolgreiche Zusammenarbeit basiert auf gegenseitigem Vertrauen. Vertrauen basiert auf gegenseitigem Verständnis.

10 Präventives Konfliktmanagement

Dimidium facti,
qui coepit, habet.
(Horaz, Episteln, 1,2,40)

Frisch gewagt
ist halb gewonnen.

Mit Konflikten kann man reaktiv und präventiv umgehen. Reaktiv werden Konflikte gelöst, wenn sie bereits entstanden sind, und präventiv, indem man ihre Entstehung vermeidet bzw. unvermeidbare Konflikte frühzeitig erkennt und ihnen mit adäquaten Interventionsstrategien begegnet. Die Schaffung einer positiven Streitkultur durch die Leitung des Unternehmens ist ein erster Schritt. Das Management ist Vorbild für diese Umgestaltung. Die Kommunikation muß dergestalt gefördert werden, daß Informationen zur richtigen Zeit der richtigen Person in der richtigen Art und Weise weitergegeben werden. Eine Möglichkeit der Prävention ist die Abfassung von Mediationsklauseln, die in sämtliche Vertragswerke des Unternehmens eingebaut werden können.

Es muß die Grundhaltung entstehen, daß Konflikte, die selbst bei optimal geführter Kommunikation nicht vermieden werden können, zu analysieren, zu deeskalieren und zu lösen sind. Dadurch spart das Unternehmen erhebliche Kosten.

10.1 Kommunikative Grundeinstellung im gesamten Unternehmen

Konflikte am Arbeitsplatz wirken sich in mehrfacher Hinsicht belastend aus:

- ❑ Reibungsverluste entstehen und nehmen zu.
- ❑ Bearbeitungs- und Durchlaufzeiten verlängern sich.

- Qualitätsmängel häufen sich.
- Die Produktion geht zurück.
- Der Krankenstand steigt.

Daraus folgen erhöhte Kosten und verminderte Wettbewerbsfähigkeit, beides Faktoren, die bei den aktuellen Marktgegebenheiten kein Unternehmen auf Dauer verkraften kann.

Dabei darf die emotionale Komponente nicht außer Betracht bleiben. Konflikte spielen sehr stark in die empfindliche Wechselbeziehung Arbeitnehmer-Arbeitsplatz hinein. Der Arbeitnehmer identifiziert sich mit seiner Arbeit und seinem Arbeitsplatz. Bei auftretenden Konflikten ist die Sicherheit bietende Einbindung in den Arbeitsplatz gestört und gefährdet. Daher stellen Konflikte am Arbeitsplatz oft eine enorme Bedrohung für den Arbeitnehmer und das Unternehmen dar.

10.1.1 Wissenswertes über die Konfliktparteien

- Die Konfliktparteien kennen die Inhalte und Hintergründe ihres Streits am besten. Nur sie können daher entscheiden, wo die individuelle Lösung für ihren Streit zu finden ist. In der Mediation stehen sie im Mittelpunkt des Verfahrens.
- Wichtig für das Gelingen einer Mediation ist, daß die Beteiligten erkennen, daß der Konflikt ein gemeinsames Problem ist, das nur gemeinsam gelöst werden kann. Darüber hinaus müssen sie bereit sein, sich von ihren starren Positionen zu lösen.
- Im Streitfall ist die Kommunikation zwischen den Beteiligten oft derart gestört, daß sie alleine keinen Lösungsweg finden. Sie benötigen die Unterstützung Dritter.
- Neben der Notwendigkeit ist es vielfach auch Wunsch der Beteiligten, ihre Geschäftsbeziehung fortzusetzen. Deswegen ist es ihnen auch ein Bedürfnis, sich direkt an der Regelung ihres Streitfalls zu beteiligen und an den Verhandlungen teilzunehmen.

10.1.2 Förderung der Kommunikation

Ein zielgerichtetes Konfliktmanagement, das rasche Erfolge erreicht, ist von großer Wichtigkeit. Über geeignete Unterrichts- und Ausbildungsangebote könnten die Mitarbeiter entsprechend geschult werden, eine kommunikative Grundhaltung zu verinnerlichen. Die Vorbildfunktion des Managements sollte dabei als Multiplikator fungieren.

Wenn jeder Mitarbeiter des Unternehmens die Komplexität von Konflikten und deren soziale Auswirkungen kennen würde und durch entsprechende Aus- und Fortbildung damit umzugehen gelernt hätte, könnten viele Konfliktfälle frühzeitig erkannt und von vornherein vermieden werden.

Dies geschieht insbesondere durch eine veränderte Kommunikation:

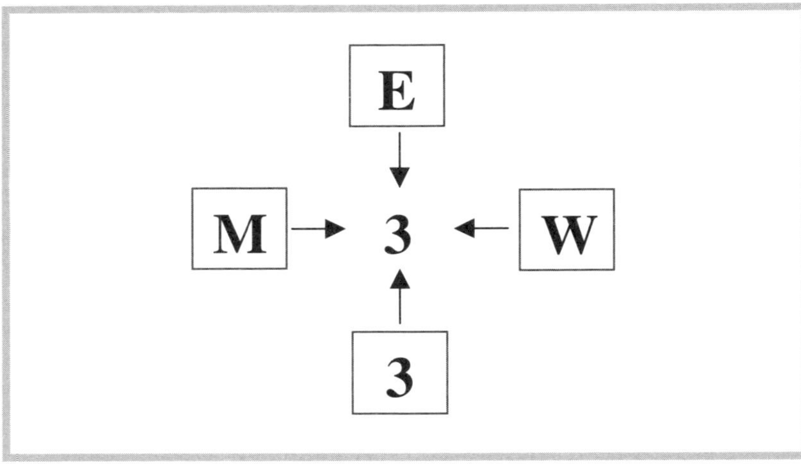

Abb. 31: Unterschiedliche Blickwinkel bedingen unterschiedliche Betrachtungsweisen

Ausgehend von der Erkenntnis, daß die „3“, die man selbst sieht, für einen anderen Betrachter ebenso ein „E“ oder ein „W“ bedeuten kann, muß man genauer nachfragen und für den Standpunkt des anderen Verständnis zeigen. Dies wiederum führt dazu, daß sich der andere verstanden fühlt und ebenfalls kommunikativ handelt. Mit dem Wissen, daß die meisten Konflikte aus fehlender oder mißverstandener Kommunikation entstehen, kann in dem Unternehmen, in dem diese mediatorische Grundeinstellung gelebt wird, eine Reduktion des Konfliktpotentials um 70 bis 80 % erzielt werden. Diese im ersten Ansatz sehr hoch scheinende Zahl wird verständlich, wenn der Anteil der nicht offen ausgetragenen Konflikte einbezogen wird.

Zur Erreichung einer kommunikativen Grundeinstellung im Unternehmen ist zunächst eine Ausbildung aller Führungskräfte erforderlich, auf die weitere Fortbildungsmaßnahmen aufbauen. Diese Führungskräfte potenzieren die neue Grundhaltung durch ihre Vorbildfunktion für alle Mitarbeiter. Entscheidend ist dabei, daß die Mitarbeiter aufgrund dieses erworbenen Wissens auch innerlich eine mediatorische Einstellung annehmen. Solange in einem Unternehmen nur der Kämpfer und Vernichter als Held gilt, werden keine durchschlagenden Erfolge zu erzielen sein. Der Vorgesetzte sollte als Beispiel vorausgehen, sich jedoch gleichzeitig dessen bewußt sein, daß eine „Verordnung“ der mediatorischen Grundhaltung unmöglich ist.

Nicht nur als Grundlage für die Mediation stehen folgende zwei Grundprinzipien für den Umgang mit Konflikten:

- ❑ Respekt vor den beteiligten Personen
- ❑ Respekt vor dem Konflikt

Es ist erforderlich, laufend die unternehmensinterne Kommunikation zu verbessern. Dazu ist zunächst wichtig, zu wissen, wie Kommunikation im Konfliktfall funktioniert.

So ist es unabdingbar, die Kommunikationswege zu kennen und zu wissen, welche Personen wie miteinander kommunizieren. Entscheidend ist dabei auch, zu erfahren, welche Personen nicht oder mangelhaft miteinander kommunizieren können oder wollen. Sobald dies bekannt ist, kann daran gearbeitet werden, die fehlerhafte

Kommunikation zu verbessern. Bestimmte Muster sind immer wieder erkennbar:

- Kontrolle der Gegenseite durch Drohungen, Schuldzuweisungen, Druckausübung und Spott
- Entwertung der eigenen Meinung, um die Gegenseite aufzuwerten
- mangelnde Einbeziehung der anderen Seite
- Aufteilung von Zuständigkeiten

Bereits das Wissen über diese Zusammenhänge hilft, diese Hindernisse zu überwinden. Dabei darf Kommunikation auf keinen Fall mit Klatsch verwechselt werden. Kommunikation bedeutet den Austausch wichtiger Infomationen zur Erleichterung von Arbeitsabläufen und Übermittlung benötigten Wissens. Darüber hinaus gibt eine offene Kommunikation zwischen Vorgesetztem und Mitarbeiter dem Mitarbeiter ein Gefühl des Gebrauchtwerdens und der Wichtigkeit seiner Arbeit.

Mehrere Mitarbeiter sind mit der gemeinsamen Bearbeitung eines Projekts betraut: Nicht jeder kann und soll das Projekt alleine durchführen – Synergieeffekte sind gefragt. Eine effektive Auseinandersetzung mit dem Projekt ist demzufolge nur durch eine ausreichende Kommunikation möglich.

Als Paradebeispiel gilt das Brainstorming, bei dem eine offene Kommunikation von essentieller Bedeutung ist, um das Potential der Mitarbeiter auszuschöpfen und zu verwerten.

10.1.3 Verhandlungen nach dem Harvard-Konzept

Das Harvard-Konzept geht von dem grundsätzlichen Gedanken aus, daß ein Kuchen zunächst „vergrößert" werden muß und dann erst verteilt werden kann. Demgegenüber zielen die meisten anderen Verhandlungsmodelle von Beginn an auf die Verteilung des Kuchens und die Verwaltung des daraufhin folgenden Mangels ab.

Ein wichtiges Kriterium im Harvard-Konzept ist, daß zunächst die emotionale Ebene ins reine kommen muß und erst nach erfolgreicher Klärung in die eigentliche Verhandlung über die Sache eingestiegen werden darf. Eine gestörte Beziehung läßt keine zufriedenstellenden Sachergebnisse zu.

Eine weitere Grundlage bildet das Prinzip, Positionen zu vermeiden und Interessen zu erkunden. Da die Positionen in aller Regel unvereinbar sind, gilt es, neben der Offenlegung der hinter den Positionen stehenden eigenen Interessen die Interessen der anderen Seite herauszufinden, um Gemeinsamkeiten feststellen zu können. Erst aufgrund dieser gemeinsamen Interessen ist es möglich, Optionen zu finden. In dieser kreativen Phase des Entwickelns von Optionen, die regelmäßig mit einem Brainstorming beginnt, ist es von Bedeutung, die Beurteilung der Optionen später getrennt durchzuführen.

Im weiteren Verlauf der Verhandlungen werden die Optionen anhand objektiver Kriterien überprüft. Welche Kriterien angewandt werden, ist verhandelbar. Es handelt sich dabei beispielsweise um Normen, Rechtsgrundsätze und im Wirtschaftsleben anerkannte Bewertungsverfahren. Im Anschluß daran versuchen beide Seiten, eine gemeinsame Lösung auf Grundlage der gefundenen Optionen zu gestalten. Diese im Raum stehende Lösung wird von jeder Seite mit ihrer eigenen BATNA verglichen, indem sie folgende Fragen prüft:

- ❑ Wie verhält sich die beste Alternative im Vergleich zu dieser vorgestellten Lösung?
- ❑ Welche Alternative hat die andere Seite zu bieten?

Die eigene BATNA sollte vorsichtig in die Verhandlung eingebracht werden, da sie andernfalls als Drohung mißverstanden werden könnte. Ebenso ist die BATNA der anderen Seite vorsichtig zu behandeln.

Das nachfolgende Flußdiagramm möge als simplifizierter Ablaufplan einer Mediation dienen. Zum Zwecke der Übersichtlichkeit sind nicht alle möglichen Variationen auf dem Weg zu einer Gewinner-Gewinner-Lösung aufgezeigt.

Sollte die letzte Verzweigung, bei der nach einer besseren Alternative gefragt wird, zur Feststellung führen, daß die in der Mediation erarbeitete Lösung nicht die BATNA darstellt, sollte ein anderer Weg eingeschlagen werden. Dies kann ein Schiedsgerichts- oder Gerichtsverfahren sein.

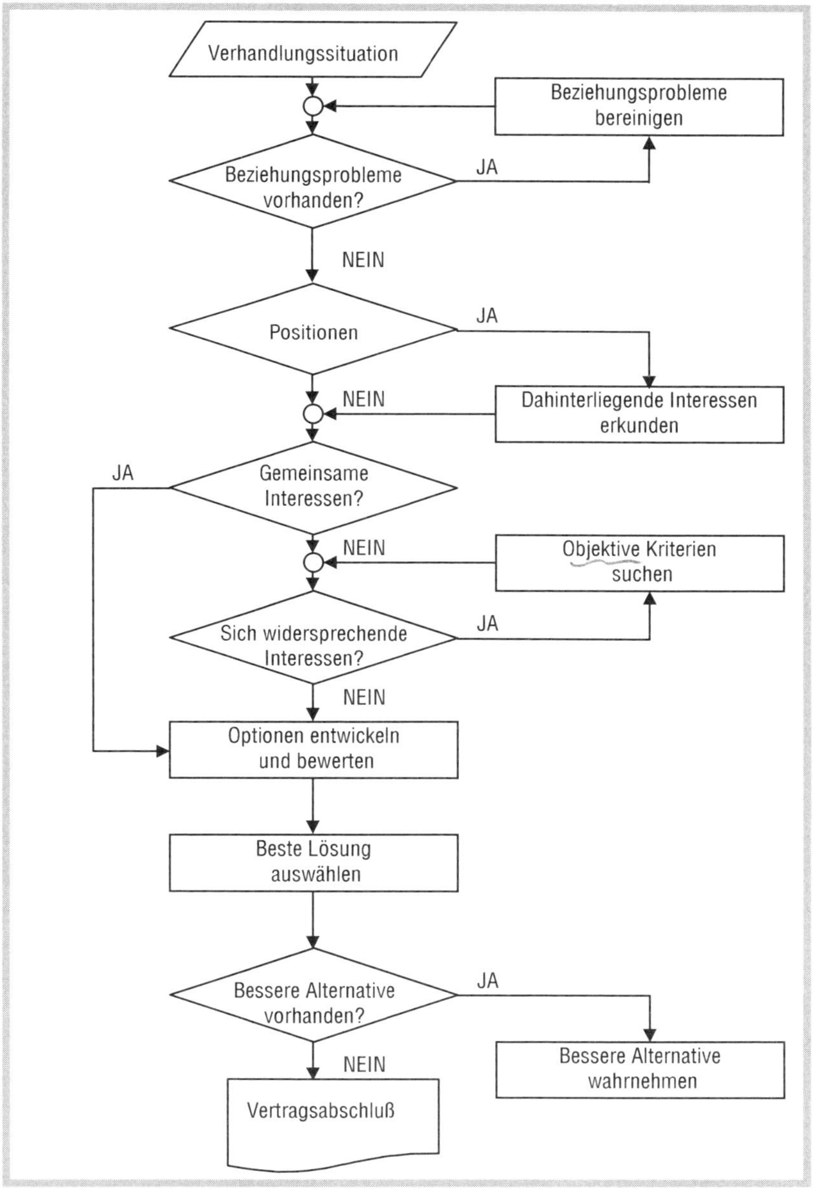

Abb. 32: Ablauf einer Mediation

10.1.4 Frühzeitige Erkennung von Konfliktpotentialen

Konflikte entstehen durch eine von der Gegenseite abweichende Wahrnehmung eines Sachverhalts und unterschiedliche Annahmen über die Wahrnehmung der Gegenseite. Werden diese Unterschiede, die in der Natur des Menschen liegen, nicht im kommunikativen Austausch geklärt, kommt es zwangsläufig zu Mißverständnissen. Diese führen im einfachen Fall zu Mißstimmung und im weiteren Fall, vor allem wenn diese nicht ausgeräumt wird, zu Aggressivität und Konflikt.

Bei der Entstehung der Mißverständnisse müssen zwei Ebenen betrachtet werden:

- die Sachebene, auf der sich die kognitive Wahrnehmung abspielt
- die Beziehungsebene, die die subjektiven Empfindungen umfaßt

Beide Ebenen dienen in der zwischenmenschlichen Kommunikation dem Austausch von Informationen, wobei die landläufige Auffassung von Informationsaustausch nur die Abgabe und Aufnahme von gesprochenen und greifbaren Informationen umreißt. Nonverbaler Kommunikation, die ihren Informationsgehalt größenteils mittels Mimik und Gestik übermittelt, kommt eine ebenso große Bedeutung zu. Die durch sie gegebenen Informationen stehen gleichberechtigt neben den rein faktischen und können diese untermauern, verstärken, relativieren oder auch negieren.

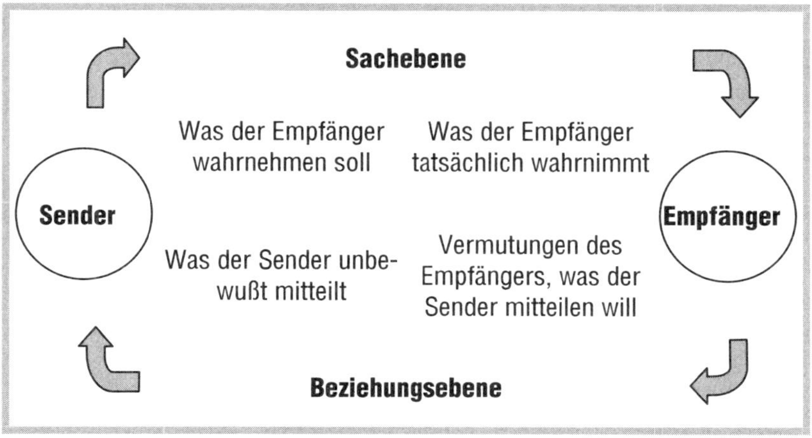

Abb. 33: Kommunikation auf verschiedenen Ebenen

Diese Probleme der selektiven Perzeption werden durch unterschiedliche Denk- und Gedankenstrukturen verstärkt. Beispielsweise werden sportlich orientierte Menschen körperliche Anstrengungen weit weniger belastend einstufen als komfortorientierte Menschen. Bei Besprechungen zur Planung eines Betriebsausflugs wären solche Faktoren zu berücksichtigen.

Problemverschärfend wirken darüber hinaus alle sprachlichen, kulturellen und ethnischen Unterschiede der Gesprächspartner. Die nonverbale Kommunikation mittels Gestik ist nicht in allen Bevölkerungsgruppen und -schichten einheitlich und sollte zurückhaltend eingesetzt bzw. mit Vorsicht bewertet werden.

Wichtige Kommunikationsregeln in Verhandlungen:

- Unterbricht ein Sprecher den anderen häufig, so steigt bei diesem die Tendenz, seinerseits dem anderen ins Wort zu fallen.
- Dauert eine Gesprächspause länger als drei Sekunden, fährt der Sprecher meist selbst fort. Andernfalls kommt es zu unangenehmen und gesprächsbelastenden Zwangspausen.
- Je länger die Beiträge eines Sprechers, um so länger müssen auch die Beiträge des Gegenübers sein.

- Grundsätzlich soll während einer Äußerung der Blickkontakt gehalten werden, um vom Zuhörenden ein optisches Feedback zu erhalten. Lächeln, Kopfnicken und zustimmende Äußerungen, wie „mmmh“ sind Anregungen und verlängern die Ausführungen des Sprechenden deutlich. Am Ende einer Äußerung kann man per Blickkontakt die Aufforderung vermitteln, nun die Rollen zu wechseln, um den Zuhörenden sprechen zu lassen.

Am Beispiel der alltäglichen Situation am Arbeitsplatz soll das Verständnis für die Differenz zwischen Sach- und Beziehungsebene einerseits und gegenseitiger Erwartungshaltung andererseits vertieft werden.

Diskrepanz zwischen herausragendem Niveau und selbstverständlicher Arbeitsleistung und der daraus resultierende Konflikt

Ein Arbeitnehmer, der im Betrieb erfolgreich arbeitet und dabei herausragende Leistungen vollbringt, wird von seinem Vorgesetzten, seinen Kollegen und gegebenenfalls seinen Mitarbeitern für diese besonderen Leistungen als herausragend eingestuft. Davon angespornt, arbeitet der Arbeitnehmer auf diesem Niveau weiter und setzt sein gesamtes Engagement ein. Auch die weiteren Leistungen werden noch als herausragend honoriert.

Doch nach einiger Zeit werden diese Leistungen zum Standard, und die Vorgesetzten, Kollegen und Mitarbeiter erwarten von diesem Arbeitnehmer nichts anderes mehr als nur das Beste. Damit wird dieses hervorragende Leistungsniveau als der für diesen Arbeitnehmer richtige Maßstab fixiert.

Bleibt der Arbeitnehmer bei diesem zwar sehr guten, aber gewohnten Niveau, sinkt dieses Niveau in den Augen der anderen häufig auf ein normales Standardniveau herab. Um wieder Herausragendes zu leisten, müßte der betroffene Arbeitnehmer seine Leistungen noch weiter steigern, was vielfach jedoch nicht mehr möglich ist. Daraus ergibt sich ein Ansatz für gefährliche Frustration aufgrund des Unvermögens, den noch höheren Erwartungen weiter gerecht zu werden.

Sollte der Arbeitnehmer andererseits sein bisher herausragendes Leistungsniveau vernachlässigen und „nur sehr gute“ Leistungen liefern, wird dies als darunterliegend empfunden werden. Obwohl der Arbeitnehmer eine für sich betrachtet sehr gute Leistung erbracht hat, ist sein Umfeld enttäuscht. Dies wiederum kann vom Arbeitnehmer als augenscheinliches Versagen interpretiert werden und zu einem innerem Konflikt führen.

Im besten Falle kann dieser innere Konflikt zu einem Ansporn führen, die Leistungen nochmals zu steigern und wieder zu dem herausragenden Niveau zurückzukehren; aber es kann sich bei dem Arbeitnehmer auch Frustration einstellen, die zu Leistungen weit unter seinen bisherigen Vorgaben führen. Dieses Problem wird als Niveauverschiebung bezeichnet.

In diesem Stadium sind in erster Linie ausreichend geschulte Führungskräfte gefragt, die mit Sachverstand und Einfühlungsvermögen das Problem gemeinsam mit dem Mitarbeiter und seinem Team besprechen und einen kreativen Lösungsweg suchen.

In zweiter Linie können allgemeine Schulungs- oder Fortbildungsmaßnahmen und je nach Status des Mitarbeiters ein zusätzliches Coaching zur Anwendung kommen.

Diskrepanz zwischen Zielerreichung und Routineaufgaben

Die zweite Niveauverschiebung liegt in dem Versuch des Arbeitnehmers, von seinen immer gut und zuverlässig erfüllten Routineaufgaben aus ein höheres Niveau zu erreichen. Diese innere Herausforderung und die erwartete Akzeptanz bei den Vorgesetzten spornt den Arbeitnehmer an, seine Arbeitsleistung zu steigern. Wird diese Mehrleistung von den Vorgesetzten und Mitarbeitern nicht gewürdigt, entsteht beim Arbeitnehmer schnell ein Frustpotential, das sich zu einem Konflikt bis hin zur inneren Kündigung ausweiten kann. Diese Verstimmung kann durch eine Analyse und einen konstruktiven Lösungsweg beseitigt werden: Gefühle bleiben im Hintergrund; die Sache steht im Vordergrund.

Je nach gradueller Ausprägung dieser Diskrepanz kann ein neutraler Dritter hilfreich bis erforderlich sein. In diesem Stadium ist eine Lösung durch Fortbildungsseminare und Inhouse-Trainer denkbar. Je größer das betroffene Umfeld ist, desto sinnvoller ist es, einen neutralen Dritten einzuschalten.

Diskrepanz zwischen Alltag und Konflikt

Die erste Schwierigkeit in dieser Phase liegt darin, zu erkennen, daß neben den mit Routine und Erfahrung gemeisterten Alltagsschwierigkeiten weitere Probleme auftreten können. Ebenso kann eine Kumulation der „normalen" Schwierigkeiten bereits ein Problem darstellen.

Die Reaktionen auf diese Analyse können sich in verschiedene Richtungen bewegen: Die Bandbreite reicht dabei von Problemnegation über Phlegma bis hin zu blindem Aktionismus.

In diesem Problemfeld treten die Gefühle in den Vordergrund, das Frustpotential wird unkontrollierbar und der Konflikt verselbständigt sich. Ein eigengesteuerter Lösungsweg zur Wahrung des Ist-Zustands und zur Erreichung des Soll-Zustands ist dann meist nicht mehr möglich.

Entscheidend ist, zunächst die destruktiven Eskalationsmechanismen zu durchbrechen und einer weiteren Konfliktverschärfung Einhalt zu gebieten. Ist die Zunahme an Konfliktpotential gestoppt, kann die Rückkehr zur Normalität in Angriff genommen werden. Eine genaue Analyse der Konfliktsituation durch möglichst neutrale Bewerter, die den notwendigen Abstand zum Konflikt haben, schafft die Grundlage zur Rückkehr in den Alltag.

Nicht die Symptome sollen behandelt werden, sondern die Ursachen. Diese sind in der Analyse ermittelt worden und können anschließend in einem geeigneten Verfahren behandelt werden. Hierbei kommt neben der Mediation das Einzeltraining oder Coaching in Betracht.

Mobbing am Arbeitsplatz

Mobbing wirkt sich negativ auf die Bilanz des Unternehmens aus, da mehr Energie auf die Intrigen als auf das Arbeiten aufgewendet wird. Der Weg einer Lösung des Problems durch Kündigung des unruhestiftenden Arbeitnehmers führt oft unweigerlich zum Arbeitsgericht und zu hohen Kosten. Möglicherweise verliert das Unternehmen dadurch auch einen sehr guten und erfahrenen Mitarbeiter. Auf der anderen Seite kann der unruhestiftende Arbeitnehmer, bei richtiger Führung durch seine Vorgesetzten, viel Positives für das Unternehmen bewirken.

Eine Konfliktlösung mittels einer Mediation wäre billiger und fände unter Ausschluß der Öffentlichkeit statt. Nur durch die Mediation wird der Gesichtsverlust vermieden, so daß eine weitere Zusammenarbeit ermöglicht wird.

Bei der Betrachtung, wie zahlreich die Konfliktpotentiale am Arbeitsplatz sind, verdeutlicht sich die Sinnhaltigkeit der Anwendung. Es gibt Konfliktsituationen zwischen einzelnen Teams, zwischen verschiedenen Abteilungen, zwischen Chef und Mitarbeiter sowie zwischen Betriebsrat und Unternehmer. Allen gemeinsam ist eine gestörte Kommunikation. Viele Arbeitnehmer formulieren ihre Probleme mit den Worten:

- „Ich bin mißverstanden worden.“
- „Ich fühle mich ungerecht behandelt.“
- „Ich bin übergangen worden.“
- „Der/Die hat das über mich gesagt: ...“, wobei dann regelmäßig unklar bleibt, wer wirklich welche Aussagen gemacht hat.

Übrig bleiben auf alle Fälle das Problem und der Konflikt. Daher ist im professionellen Konfliktmanagement zu unterscheiden zwischen:

- Zielkonflikten
- Wahrnehmungskonflikten
- Rollenkonflikten
- Verteilungskonflikten

In der Praxis kommen diese Konflikte immer in Mischform vor. Dies soll erneut mit Blick auf die Arbeitsplatzsituation veranschaulicht werden

Konstruiertes Beispiel aus dem Arbeitsbereich

Viele Konflikte basieren auf Vorurteilen, wie folgende Einstellung der Außendienstler zeigt: „Die Bürohocker mit ihren festen Arbeitszeiten und Bezügen sind rundherum abgesichert, während wir uns draußen abrackern und von einem Termin zum nächsten hetzen."

Auf der anderen Seite denken die Innendienstmitarbeiter: „Die im Außendienst stehen nicht dauernd unter der Kontrolle des Chefs, machen ständig nur Pausen und kassieren obendrein riesige Provisionen. Wir hier drinnen sollen wie verrückt arbeiten, während die da draußen bloß in der Gegend herumfahren."

Gesehen werden nur die vermeintlichen Vorteile der anderen Seite: Die Vorteile der eigenen Seite werden nicht im gleichen Maße berücksichtigt, sondern noch gemindert. Es tritt ein von Unwissen, Unsicherheit und Verallgemeinerung getragener Neid auf.

Das fehlende Wissen über die jeweiligen Nachteile der anderen Arbeitsplatzsituation, gepaart mit der mangelnden Anerkennung der eigenen Leistung, bringt die schwelenden Konflikte zur Explosion.

Ein möglicher Lösungsansatz wäre ein gegenseitiger Besuch am Arbeitsplatz. Wer „einen Tag lang in den Schuhen des anderen stand", kann diesen und dessen Probleme besser verstehen und deswegen offener kreative Lösungen entwickeln. Dadurch kann der Außendienstmitarbeiter mehr Verständnis für die Bearbeiter in der Verwaltung entwickeln, und umgekehrt erfährt der Innendienstler die Schwierigkeiten, die den Tagesablauf des Außendienstmitarbeiters mitbestimmen.

Wie effektiv vor- und außergerichtliche Verfahren angewendet werden, zeigt nachfolgendes Beispiel aus dem benachbarten Ausland.

Frühe, konfliktnahe Streitbehandlung durch die Beteiligten selbst: die Angebote in Holland

Der in Amsterdam lebende Justizforscher Erhard Blankenburg weist seit Jahren unermüdlich auf etwas Erstaunliches hin:

Trotz ganz ähnlicher Bevölkerungs- und Wirtschaftsstruktur und vor allem ähnlicher Rechtskultur werden in Holland weitaus weniger Konflikte vor Gericht ausgetragen als in der Bundesrepublik Deutschland. Dies bestätigt der Vergleich zwischen Holland und dem unmittelbar angrenzenden Nordrhein-Westfalen.

Des Rätsels Lösung liegt in einem seit jeher existierenden, gut ausgebauten und akzeptierten Angebot an vorgerichtlichen Institutionen der Streitbehandlung. Diese traditionsreiche Struktur bewirkt in Holland die frühzeitige, konfliktnahe Behandlung von Differenzen und damit die Meidung einer streitigen und gerichtlichen Austragung.

Folgende Fakten dienen zur Erläuterung: In Holland kommt es nur bei 0,1 bis 0,2 % der den Versicherern gemeldeten Verkehrsschadensfälle zu einer gerichtlichen Auseinandersetzung. In der Bundesrepublik Deutschland sind es dagegen 2 %, was einem Anteil der Arbeit der erstinstanzlichen Gerichte von immerhin 10 % entspricht.

Der Grund für diese unterschiedliche Inanspruchnahme der Gerichte liegt vor allem in der unterschiedlichen Regulierungspraxis der Versicherer. Da es in den Niederlanden kein Rechtsberatungsmonopol gibt, findet die Verkehrsunfallregulierung in erster Linie zwischen den Beteiligten aus dem Versicherungsgewerbe statt. Diese Praxis der Verhandlungen zwischen gleichstarken Partnern meidet nicht nur die gerichtliche Auseinandersetzung, sondern erspart die Anrufung Dritter, ein umfangreiches Rechtsschutzversicherungssystem sowie die Einschaltung von Rechtsanwälten.

Konflikte und ihre Behandlung werden dadurch organisatorisch und vor allem finanziell auf diejenigen verlagert, die Konflikte mit dem nötigen sachlichen Know-how und finanziellen Rückhalt lösen können. Für den betroffenen Verkehrsteilnehmer ergibt dies die kostengünstigste und zügigste Art der Streitbeilegung.

10.2 Konfliktvermeidungsstrategien

Bergmann und Volkerna* beschreiben, welche Konfliktfelder typisch für die Beziehungen zwischen Arbeitgeber und Arbeitnehmer bzw. Arbeitnehmer und Arbeitnehmer sind. 62 % der Konfliktfelder zwischen Arbeitnehmer und Arbeitgeber betreffen:

- Zielkonflikte
- Ablehnung der Leistungen von Arbeitnehmern
- ungerechte Beurteilungskriterien
- schlechte Zeitplanung
- unrealistisches Arbeitspensum
- Machtmißbrauch

61 % der Konfliktfelder zwischen Arbeitnehmer und Arbeitnehmer betreffen:

- mangelnde Arbeitsleistung der Kollegen
- unterschiedliche Persönlichkeiten
- unterschiedliche Arbeitseinstellungen
- „Schlechtmachen“ von Kollegen (Mobbing)
- Zielkonflikte
- Unterschiede hinsichtlich Rasse, Nationalität, Wertvorstellungen, Geschlecht

An diesen Punkten, die die häufigsten Konfliktfelder darstellen, müssen Konfliktvermeidungsstrategien ansetzen.

Dazu ist der Konflikt zu analysieren und interpretieren. Unter größtmöglicher Parteikontrolle muß der Konflikt bearbeitet werden und im Nachgang zur Lösung adäquat aufbereitet werden, um daraus Lehren für eine zukünftige Konfliktvermeidung zu ziehen.

---

* Bergmann/Volkerna, Understanding and Managing Interpersonal Conflict, zit. nach Gleason (Hrsg.), Workplace Dispute Resolution, Directions for the 21st century

10.2.1 Konfliktanalyse

Die Analyse eines aufgetretenen Konflikts stellt einen ersten und wichtigen Schritt auf dem Weg zu einer erfolgreichen Lösung desselben dar. Sie sollte vor einer aktionistischen Konfliktzerschlagung und damit möglicher Verschleppung des Konflikts unbedingt durchgeführt werden.

Das nachfolgende strukturierte Analyseschema hat sich als sinnvoll in der geordneten Betrachtung und Bewertung eines Konflikts und seiner Beteiligten erweisen und kann als Anleitung für den Mediator dienen.

I. Datensammlung

1. Informationskategorien
   - ❑ verfahrenstechnische Informationen
   - ❑ persönliche Informationen
   - ❑ beziehungsrelevante Informationen
2. Informationsgewinnung
   - ❑ Beobachtung (Gespräche, Besprechungen und Veranstaltungen)
   - ❑ direkte Befragung der Konfliktparteien
   - ❑ Quellenstudium (Zeitungen, Protokolle, Berichte)

II. Informationszusammenführung und Prüfung auf Datenkonsistenz

- ❑ Strukturierte Aufbereitung der Erkenntnisse
- ❑ Kontrolle, ob noch weitere Informationen benötigt werden

III. Auswertung und Interpretation der Informationen

- ❑ Inhalt des Konflikts
- ❑ Größe und Einfluß der Konfliktparteien
- ❑ Einstellungen, Motive, Wahrnehmungen
- ❑ Beziehung der Konfliktparteien zueinander

10.2.2 Parteiliche Kontrolle

Um entscheiden zu können, welche Interventionsstrategie die geeignete ist, sollte die parteiliche Kontrolle im Konfliktlösungsverfahren berücksichtigt werden.

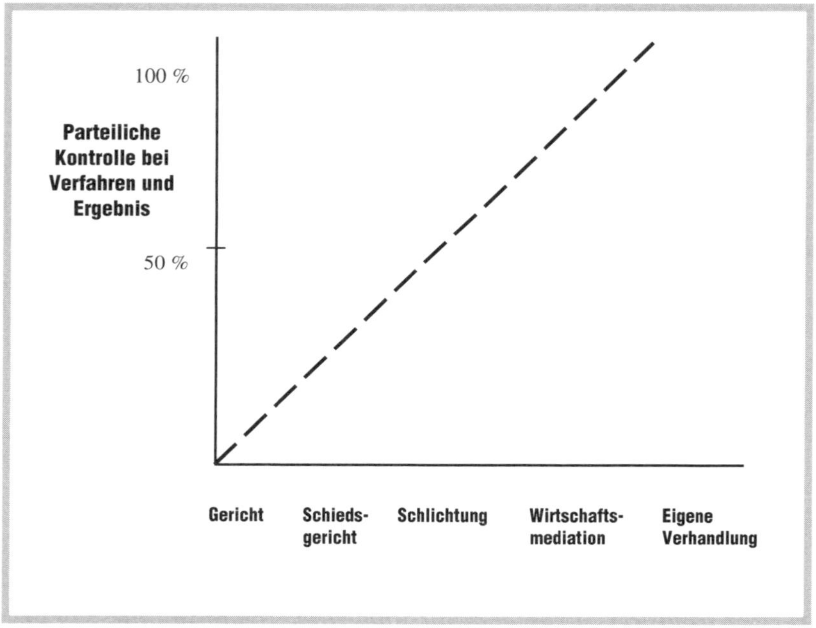

Abb. 34: Parteiliche Kontrolle in verschiedenen Konfliktlösungsverfahren

Der lineare Anstieg des Anteils an parteilicher Kontrolle ist nicht quantitativ zu werten, sondern kann verhandlungsabhängig sein. Es soll vielmehr der Anstieg von einer Verhandlung vor Gericht (geringer Anteil) über einen sehr großen Anteil bei der Wirtschaftsmediation zu einem maximalen Anteil bei eigenen Verhandlungen beschrieben werden.

Je nach Art der Konfliktlösung erhält die parteiliche Kontrolle eine andere Quote. Sie beträgt jedoch nie 0 %, da bei jeder Form der Konfliktlösung ein Mindestmaß an Beteiligung seitens der Konfliktparteien erforderlich ist.

10.2.3 Konfliktnachbereitung und zukünftige Konfliktvermeidung

Es gibt eine Reihe von Fragen, die sich Betroffene zu ihrer Verantwortung für den Konflikt stellen müssen. Diese Fragen helfen, den Konflikt zu analysieren und dadurch Ansatzpunkte für seine Lösung zu finden. Die Fragen setzen allerdings voraus, daß der Betroffene ruhig und neutral sich selbst reflektieren kann.

- Was habe ich dazu beigetragen, damit dieser Konflikt entsteht?
- Im nachhinein betrachtet: Wie hätte ich es besser handhaben können?
- Wie unterscheiden sich meine und die Version meines Konfliktpartners?
- Was verlangt dieser Konflikt von mir?

Nach der Beantwortung dieser Fragen ist der erste Abschnitt der Analyse und der Gewinnung eines Grundverständnisses für die andere Seite abgeschlossen. Durch die Frage nach einer möglichen besseren Handhabung und den Aktivitäten, die der Konflikt erfordert, ist bereits ein mediatorischer Schritt in die Zukunft getan.

Der Blick reicht zur Analyse in die Vergangenheit, um die gemachten Erfahrungen in der Zukunft positiv nutzen zu können. Zur Findung einer umfassenden Lösung muß das durch den Konflikt verursachte Schadensausmaß betrachtet werden:

- Welchen Schaden habe ich durch meine eigenen Handlungen erlitten?
- Welchen Schaden haben die anderen erlitten?

Bereits die Anerkennung, daß der anderen Seite ein Schaden entstanden ist, verbunden mit dem Ausdruck des Bedauerns darüber, öffnet die andere Seite für das klärende Gespräch.

Mit der Entschuldigung für den Schaden des Klägers wird nicht gleichzeitig zugegeben, daß man den Schaden verursacht hat. Es wird lediglich das Mitgefühl zum Ausdruck gebracht, daß dem Kläger ein Schaden entstanden ist.

Darüber hinaus sollte der Betroffene eine eigene Bilanz des Konflikts ziehen:

- Welches ist die wichtigste Lehre, die ich aus diesem Konflikt ziehen kann?
- In welcher Art und Weise könnte dieser Konflikt mein Leben verbessern?

Abschließend sind die Konfliktlösungsstrategien zu überdenken:

- Was würde es mich kosten, mich von diesem Konflikt komplett zu lösen?
- Was würde passieren, wenn ich es täte?

10.3 Einbau von Mediationsklauseln in Verträge

Ein sehr wichtiger Teil des präventiven Konfliktmanagements ist die vorausschauende Einarbeitung von Mediationsklauseln in Verträge. Je nach Art des Vertrags und der möglichen Konflikte ist die Klausel in geeigneter Weise zu formulieren. Damit können bereits drei wichtige Punkte geklärt werden:

- die generelle Durchführung einer Mediation bei Auftreten eines Konflikts
- die Festlegung, wann ein solcher Konfliktfall vorliegt
- Beschreibung der Vorgehensweise, d.h. welcher Mediator oder welche Institution nach welchen Regeln eingeschaltet werden soll

10.4 Einsparungen für das Unternehmen

Die Kündigung eines Mitarbeiters ist mit erheblich mehr Kosten verbunden, als gemeinhin angenommen wird. Dies um so mehr, als einige Kosten rechnerisch nicht sofort bzw. überhaupt nicht erfaßt werden können. Es handelt sich dabei um interne Transaktionskosten der Kündigung. Diese Kosten nehmen bei Streitigkeiten zwischen Unternehmen ein erhebliches Potential ein, werden jedoch aufgrund der schlechten Erfaßbarkeit oft unterschätzt.

Mit Hilfe der Mediation muß es erst gar nicht zu einer Kündigung kommen, wenn die Zusammenarbeit mit dem zu kündigenden Mitarbeiter weiter angestrebt wird. Die der Kündigung zugrundeliegenden Mißstände könnten im Wege der Mediation ausgeräumt werden. Dies würde das Arbeitsklima verbessern und zu mehr Loyalität bei den anderen Mitarbeitern führen, da diese erkennen, daß Konflikte angenommen, behandelt und kooperativ gelöst werden.

Kosteneinsparungen für den Arbeitgeber

- ❑ Einsparungen von Arbeitsgerichtskosten
- ❑ Reduzierung von Transaktionskosten (mittelbare Kosten, die durch schlechte Arbeitsmoral, sinkende Produktivität und Fehlzeiten verursacht werden)
- ❑ Reduzierung von Kosten durch unbearbeitete Arbeitsplatzkonflikte
- ❑ keine Folgekosten für neue Mitarbeiter
- ❑ Zeiteinsparung durch Vermeidung langwieriger Stellenbesetzungsverfahren
- ❑ Vermeidung des Risikos, daß neue Mitarbeiter in die gleichen destruktiven Konflikte geraten
- ❑ Vermeidung arbeitsrechtlicher Probleme bei Internationalisierung
- ❑ Erleichterung von Umstrukturierungsmaßnahmen
- ❑ Förderung der Teamfähigkeit
- ❑ Förderung der Mitbestimmung als Unternehmenskultur

10.5 Zusammenfassung

Mediation ist ein Teil des Konfliktmanagements. Dieses umfaßt neben dem Umgang mit und der Lösung von Konflikten auch eine geeignete Konfliktprävention. Der wichtigste Faktor dafür ist eine offene Kommunikation, die laufend geschult und gefördert wird.

Nachdem Konflikte ein natürlicher Bestandteil des Lebens und zwischenmenschlicher Beziehungen sind, sollten Unternehmen ein System entwickeln, bei dem Konflikte effizient, schnell und kosteneffektiv gelöst werden, sobald sie auftreten. Die Vorteile einer strukturierten und vorgelebten Konfliktprävention sind:

- Anleitung der Konfliktbeteiligten während der Konfliktlösung
- strukturiertes Vorgehen statt Aktionismus
- Perspektivenwechsel
- Förderung des Miteinanders statt des Gegeneinanders
- Wecken von Verständnis für die Argumente der Gegenseite
- Konsens statt Kompromiß schafft Gewinner statt Verlierer
- Übernahme eigener Verantwortung statt Delegation
- zügige Rückkehr zu den originären Aufgaben
- Entwicklung sozialer Kompetenzen

Führungspersonal und Mitarbeiter der Rechts- und Personalabteilung sollten in speziellen Schulungen die Möglichkeiten angemessener Konfliktbearbeitung kennenlernen und das erworbene Wissen in geeigneter Weise an ihre Mitarbeiter vermitteln.

Als Gewinn einer praktizierten Konfliktprävention stehen eine stark reduzierte Anzahl an unternehmensbezogenen Konflikten, ein vielfach verbessertes Arbeitsklima bei steigender Produktivität sowie eine zufriedene Mitarbeiterschaft.

Merksatz

Nur kommunikative Mitarbeiter sind produktive Mitarbeiter.

11 Übersicht verschiedener Mediations- organisationen

Fama crescit eundo.
(Vergil, Äneis, 4,175)
Das Gerücht wächst, indem es sich verbreitet.

In den USA werden Konfliktfälle vom Gericht zwangsweise an Mediatoren verwiesen, bevor es zu einer Verhandlung kommt. Die Beteiligten dürfen erst wieder mit einem Mediationsergebnis oder dem nachgewiesenen Abbruch einer Mediation zum Gericht zurückkehren.

Dies entlastet zum einen die Gerichte, die auf diese Weise Kapazitäten für „echte" juristische Fälle schaffen. Zum anderen versetzt es die Beteiligten in die Lage, über die Mediation rasch zu einem wirtschaftlich sinnvollen Konsens zu gelangen, ohne daß eine Seite, die die Vorteile der Mediation kennt, selbige vorschlagen müßte. Dies schafft eine von vornherein ausgewogene Situation.

In Österreich ist die Mediation im familienrechtlichen Bereich gesetzlich verankert. Zur Zeit wird darüber nachgedacht, auch für den Bereich der Wirtschaft eine gesetzliche Fixierung zu initiieren.

In der dänischen Gesellschaft ist Mediation eine sehr alte, wenn auch nicht geregelte, Form der Streitlösung. Im Danske Lov (Dänisches Gesetz), das im Jahre 1683 erlassen wurde, wurde den Parteien freigestellt, ihren Streit mittels Mediation beizulegen. In einem Dekret aus dem Jahre 1795 finden sich Richtlinien und genaue Gründe für die Nutzung der Mediation statt der Rechtsprechung. Über die Jahrhunderte wurde dieses Dekret mehr und mehr vernachlässigt, bis es in den 50er Jahren dieses Jahrhunderts durch eine generelle Richtlinie ersetzt wurde, die den Richtern erlaubt, während Gerichtsverhandlungen eine Mediation zu veranlassen.

Bei der Bewältigung von Konflikten am Arbeitsplatz verfügen die Dänen über eine mehr als hundertjährige Tradition. Auf der Basis dieser Tradition wurden Prinzipien wie Vertraulichkeit zum

Arbeitsrecht hinzugefügt und eine offizielle, traditionelle Mediationsinstitution per Legislatur eingerichtet.

In Deutschland haben Gerichte generell die Möglichkeit, den Parteien die Mediation nahezulegen. Anders als amerikanische Gerichte können deutsche Gerichte eine mediatorische Konfliktlösung jedoch nicht anordnen.

11.1 Allgemeine Aspekte internationaler Mediation

Die Schwierigkeiten, die bei Konflikten im internationalen Bereich auftreten, können dadurch entschärft werden, daß man sich auf einen Mediator einigt, der nicht der Nationalität einer der Beteiligten angehört, und indem die Mediation in einer Sprache durchgeführt wird, die nicht die Muttersprache einer der beiden Seiten ist.

Gerade in der internationalen Mediationsarbeit ist die Kommunikation extrem wichtig. Es muß sichergestellt sein, daß nicht nur alle Beteiligten und der Mediator die Sprache sprechen, in der die Mediation durchgeführt wird, sondern daß sie sie so gut beherrschen, daß neben den Zwischentönen auch die Stimmungen erkannt werden können.

Wenn kulturelle Barrieren zwischen Konfliktparteien verschiedener Sprachen bestehen, ist es eine besondere Herausforderung, die Kommunikation effektiv durchzuführen. Weil der Mediator die verbalen und nonverbalen Feinheiten in den Ausdrücken der Parteien verstehen muß, ist es sehr schwierig, mit Hilfe eines Dolmetschers zu verhandeln, besonders mit einem, der nicht im Mediationsverfahren versiert ist. Daher wird, wann immer möglich, von der Verwendung von Dolmetschern abgeraten.

Es ist wichtig, daß Mediatoren aus verschiedenen Kulturen und Sprachen in einem Mediatorenpool verfügbar sind, um die Bedürfnisse der einzelnen Streitparteien zu erfüllen. Darüber hinaus erfordern Streitfälle zwischen Parteien aus unterschiedlichen Kulturen oft Co-Mediation.

11.2 Deutschsprachiger Raum

Es folgen einige wichtige Organisationen im deutschsprachigen Raum, die sich der Mediation verschrieben haben.

Deutschland:
- gwmk (Gesellschaft für Wirtschaftsmediation und Konfliktmanagement e.V.)
- BMWA (Bundesverband für Mediation in Wirtschaft und Arbeitswelt)

Österreich:
- AVM (Anwaltsvereinigung für Mediation und kooperatives Verhandeln)
- forum wirtschaftsmediation

Schweiz:
- WIPO (World Intellectual Property Organization)
- IfM (Institut für Mediation)

Weitere Informationen können direkt bei den Adressen angefordert werden, die im Anhang aufgelistet sind.

11.2.1 gwmk, München

Die Gesellschaft für Wirtschaftsmediation und Konfliktmanagement (gwmk) e.V., die sich vorwiegend aus Juristen, Steuerberatern und Wirtschaftsprüfern zusammensetzt, hat eine Verfahrensordnung erarbeitet. Die Kosten für ein Verfahren nach diesem Regelwerk sind aus einer Gebührentabelle ersichtlich. Zusätzlich gelten für alle Mediatoren, die für die gwmk tätig werden, ethische Grundsätze und Verhaltensrichtlinien, die in einem weiteren Regelwerk festgehalten sind.

Als Besonderheit kann von der gwmk das erste deutschsprachige Video über Wirtschaftsmediation angefordert werden, in dem die Verfahrensstruktur und die Vorzüge der Wirtschaftsmediation anhand eines Beispielfalls dargestellt werden.

11.2.2 BMWA, Bad Doberan

Der Bundesverband für Mediation in Wirtschaft und Arbeitswelt (BMWA) ist eine interdisziplinär organisierte Vereinigung, bestehend aus Juristen, Soziologen, Ethnologen u. a. Die Kompetenzen der verschiedenen Fachdisziplinen decken alle Fähigkeiten ab, die ein Mediator benötigt. Zudem wird der Verband als Informationsquelle für viele publizistische und wissenschaftliche Arbeiten genutzt.

Der BMWA hat neben den ethischen Richtlinien für die Mediatoren einen Mediationsvertrag erarbeitet, der die Grundlage für die Verhandlungen mit den Beteiligten bildet. Auf diese Weise wird schon in der Vorbereitung der Mediation die Systematik derselben verdeutlicht.

11.2.3 AVM, Wien

Im Herbst 1997 wurde die Anwaltliche Vereinigung für Mediation und kooperatives Verhandeln gegründet, um u. a. der Mediation als Form der außergerichtlichen Streitbeilegung auch innerhalb der Anwaltschaft eine „Heimat" zu geben.

Bisher haben sich unter der Präsidentschaft von RA Dr. Klaus Hoffmann fast 250 Mitglieder – darunter auch die Rechtsanwaltskammern der neun Bundesländer – diesem neuen Aufgabenbereich mit Interesse zugewandt.

Die AVM informiert ihre Mitglieder über Entwicklungen auf dem Gebiet der Mediation und bietet eine Ausbildung für Rechtsanwälte an, die nicht nur als Parteienvertreter, sondern auch als Mediator tätig sein oder ihre Klienten als Beratungsanwalt während einer Mediation begleiten wollen.

11.2.4 forum wirtschaftsmediation, Wien

Das forum wirtschaftsmediation wurde 1997 als Verein gegründet. Seine derzeit 30 Mitglieder sind Wirtschaftsmediatoren aus unterschiedlichsten Herkunftsberufen wie Wirtschaftsjuristen, Unternehmensberater, Anwälte, Notare, Psychologen, Richter, Gewerbetreibende u. a.

Das Ziel ist vor allem die Verbreitung der Methode und der Einsatzmöglichkeiten der Mediation in und zwischen Organisationen sowie im Umweltbereich (Begleitung von Bauvorhaben).

Der monatliche themenbezogene Jour fixe des forum wirtschaftsmediation befaßt sich mit inhaltlichen Fragen, wie z.B. Mediation im Arbeitsrecht (anhand internationaler Vergleiche), Rollenklarheit zwischen Schlichtung und Mediation, Möglichkeiten der Konfliktanalyse über Organisationsaufstellung, Diskussion um die Erfordernisse von Feldkompetenz usw.

11.2.5 WIPO, Genf

Die World Intellectual Property Organization (WIPO) ist eine Organisation, die sich insgesamt mit alternativen Konfliktlösungsmöglichkeiten, insbesondere der Schlichtung und der Mediation, befaßt. Sie stellt für jedes Verfahren entsprechende Regelwerke zur Verfügung und kann auf einen internationalen Mediatorenpool zugreifen.

Des weiteren bietet die WIPO Menschen die Möglichkeit, sich als Mediator oder als Schlichter oder als beides bei der WIPO registrieren zu lassen. Die formelle Aufnahme in eine internationale Datenbank ermöglicht der WIPO, bei internationalen Streitigkeiten Fachkompetenz aus unterschiedlichen Nationen zu vermitteln.

Dem angesprochenen Personenkreis eröffnet sich das weite und interessante Gebiet internationaler Konfliktbearbeitung, das mit einigen Besonderheiten gegenüber nationalen Verhandlungen aufwartet.

11.26 IfM, Bern

IfM ist ein Verein, der weder politisch, religiös oder weltanschaulich an eine bestimmte Gruppierung gebunden ist noch von einer bestimmten Interessengruppe speziell gefördert oder unterstützt wird.

Das Ziel ist die Förderung der Mediation durch Erfahrung, Aus- und Weiterbildung sowie Information. Der Verein befaßt sich mit Konfliktprävention, Konfliktmanagement und Streitbeilegung. Durch diese Tätigkeit soll zur Öffnung und zu einer qualitativen Verbesserung der Konfliktkultur in der Schweiz beigetragen werden.

11.3 Zusammenfassung

In Deutschland beschäftigen sich eine zunehmende Anzahl von Institutionen mit der Wirtschaftsmediation. Mediatoren, Anwälte, Wirtschaftsexperten, Unternehmensrepräsentanten und Vertreter der Wissenschaften schließen sich zu neuen Institutionen zusammen, die sowohl Mediationen organisieren und passende Regelwerke erarbeiten als auch Listen bereithalten, aus denen sie geeignete Mediatoren vorschlagen.

Im anglo-amerikanischen Rechtskreis wird Mediation schon länger als geeignetes Instrument zur Lösung von Wirtschaftskonflikten genutzt. Dabei halten diese Länder teilweise gesetzliche Grundlagen vor, aufgrund deren bei Gericht anhängige Streitverfahren in die Mediation verwiesen werden können.

Die international unterschiedlichen Verfahrensordnungen bilden die Basis für die jeweilige Mediation. Wird eine Mediation nach der Verfahrensordnung einer bestimmten Institution durchgeführt, kann der Mediationsvertrag sehr kurz gehalten werden, da eine Bezugnahme auf jene Verfahrensordnung möglich ist.

In Gesamtbetrachtung zeigt die zahlenmäßige Zunahme an internationalen Institutionen die wachsende Popularität der Mediation.

Merksatz

Der Blick zum Nachbarn erweitert den Horizont.

12 Mediations-Checkliste

Alea jacta est.
(Caesar)
Der Würfel ist gefallen.

Die nachfolgende Mediations-Checkliste (S. 297 ff.) des US-amerikanischen Rechtsanwalts und Mediators Stephen Marsh scheint den Autoren überaus geeignet, um sich auf eine Mediation vorzubereiten. Sie kann durch den beiliegenden Erläuterungstext ohne weiteres auf den Bereich der deutschen Wirtschaftsmediation übertragen werden.

In den anschließenden Unterkapiteln wird auf besondere Anwendungsfelder der Mediation und auf mögliche Fallstricke und Hindernisse eingegangen.

12.1 Vorbereitung auf eine Mediation mit der Mediations-Checkliste

In der Vorbereitungsphase auf eine Mediation müssen sich die Beteiligten und ihre Anwälte bestimmte Fragen stellen und diese beantworten.

12.1.1 Was für ein Konflikt liegt vor?

- ❑ Welche Fakten sind strittig, und welche sind unstrittig?
- ❑ Welche Fakten sind kritisch, welche sind wichtig, und welche sind nur Hintergrundwissen?
- ❑ Welche Fakten sind vorhanden, die den Sachbestand beschreiben?

- ❑ Können Schadensersatzansprüche oder mögliche Rechtsbehelfe (falls ein Rechtsbehelf gesucht wird) geltend gemacht werden?
- ❑ Welche Gegenansprüche und Mittel zur Verteidigung sind möglich (wenn bewußt gewünschter Rechtsbehelf abgelehnt wird), sind vorhanden, und welche Art von Verschulden ist strittig oder unstrittig?
- ❑ Welche vergleichbaren Gerichtsurteile (falls vorhanden) gibt es?

12.1.2 Welche Alternativen zu einer Einigung gibt es?

- ❑ Wie groß ist das Risiko? Welche anderen Ergebnisse sind möglich, wenn keine Einigung erzielt wird?
- ❑ Wie lang und wie teuer würde ein Gerichtsstreit werden, und zu welchen möglichen Ergebnissen würde er führen?
- ❑ Welche Ergebnisse sind in einem Gerichtsverfahren wahrscheinlich? Was wird voraussichtlich darüber hinaus passieren?
- ❑ Welche anderen Optionen stehen dem Gegner offen, wie beispielsweise Verlassen der Verhandlung, bindende Schiedsgerichtsbarkeit oder bindende Schnellgerichtsbarkeit?

Sobald der Fall geprüft ist und alle Fragen zu den Alternativen beantwortet sind, sollte die Besprechung mit dem Klienten stattfinden, um die Mediation vorzubereiten.

12.1.3 Unterrichtung des Klienten und Vorbereitung als Team

Die Mechanismen des Verfahrens und des Ablaufs einer Mediationssitzung werden erläutert. Ziel ist, daß der Klient das Verfahren versteht und deswegen nicht über den Ablauf überrascht ist.

- ❑ Welche Fakten haben vor dem Gesetz Bestand? Der Mandant muß verstehen, daß nicht die Fakten an sich zählen, sondern deren Beweisbarkeit. Dies vermeidet späteren Ärger.
- ❑ Wie wird das Gesetz ausgelegt? Die Ergebnisse werden nicht notwendigerweise das sein, was als fair empfunden wird, sondern das gesetzlich Zulässige.
- ❑ Wie ist der aktuelle Stand des Falls? Wieviel Zeit kann durch eine Einigung eingespart werden?
- ❑ Die Verhandlungen (falls solche stattfanden) werden erläutert. An welchem Punkt sollen die Verhandlungen ansetzen?
- ❑ Die Ziele, die der Klient durch den Streit und das Lösungsverfahren erreichen möchte, werden festgelegt, um sicherzustellen, daß die Mediation die richtige Marschrichtung zur Erzielung des gewünschten Ergebnisses ist.
- ❑ Die konkreten Ziele des Klienten werden definiert.
- ❑ Die Alternativen im Hinblick auf die Ziele des Klienten werden untersucht. Der Klient muß in anderen als Sieg-Verlust-Dimensionen denken.
- ❑ Welche Alternativen zu einer Einigung gibt es (einschließlich der Beachtung möglicher Risiken, Verzögerungen und der Durchsetzbarkeit)? Dem Klienten muß bewußt sein, daß ein Gerichtsverfahren samt Urteil nicht unbedingt das Ende des Verfahrens bedeutet.

12.1.4 Bewertung der gegnerischen Unterlagen

Es wird geprüft und sichergestellt, daß die andere Seite alle für eine vollständige außergerichtliche Verhandlung notwendigen Unterlagen zur Verfügung hat. 21 % aller ergebnislos abgebrochenen Mediationen schlugen fehl, weil eine Partei nicht ausreichend vorbereitet war – oft weil ihr ein notwendiger Bericht, Beleg oder ähnliches nicht vorlag.

Wichtig ist es, sicherzustellen, daß der gegnerischen Seite alle Unterlagen zugestellt wurden, die sie haben sollte, und daß die eigene Seite alle angeforderten Unterlagen erhalten hat, die sie haben wollte. An diesem Punkt schadet es nicht, vor dem Versenden alles noch einmal zu lesen.

12.1.5 Überprüfung der Vorbereitung anhand der Checkliste

Wenn das Unternehmen mit einem Konflikt an einen Beratungsanwalt herangetreten ist, klärt dieser für eine Empfehlung ab, um was für einen Konflikt es sich handelt, welche Alternativen es gibt, und unterrichtet darüber seinen Klienten. Es wird besprochen, welche rechtlichen Aspekte involviert sind und welche Voraussetzungen das geeignete Verfahren mitbringen muß. Nachdem die unternehmerische Entscheidung für eine Mediation gefallen ist, kann die Vorbereitung anhand einer umfassenden Checkliste durchgeführt werden.

12.2 Checkliste für Mediation

Nach der Unterrichtung des Klienten und der Vorbereitung als Team sollte die Mediation anhand der folgenden Checkliste vorbereitet werden.

12.2.1 Auswahl des Mediators

(a) Geeignete Erfahrung
(b) Geeignete Ausbildung
(c) Geeignete Methoden
(d) Gebührenaufstellung
(e) Geeignete Umgebung
(f) Prüfung auf Interessenkonflikt
(g) Einigung der Parteien auf einen Mediator

12.2.2 Vertrauliche Vorab-Mediationspapiere für den Mediator

(a) Prägnantes Statement der Standpunkte und Positionen
(b) Identifikation der Stärken und Schwächen
(c) Bereitstellung eines Zeitplans für die Verhandlungen
(d) Beschreibung der Teilnehmer und ihrer Beziehung zum Fall
(e) Ergänzung durch die aktuelle Rechtsprechung

12.2.3 Vorab-Mediation im Klienten-Einzelgespräch

(a) Erläuterung des Mediationsverfahrens
(b) Durchsicht der Vorab-Mediationspapiere
(c) Erläuterung möglicher Vorteile der Mediation
(d) Ermittlung anfänglich unrealistischer Positionen und sensibler Punkte
(e) Besprechung der Einigungsbefugnis
(f) Warnung vor möglichen zahlreichen Patt-Situationen
(g) Prüfung der Stärken und Schwächen des Falls

12.2.4 Gerichtliche Anordnung der Mediation

(a) Nochmalige Prüfung der Einhaltung der Vertraulichkeit
(b) Zuweisung der Kosten
(c) Vereinbarung von Zeitpunkt, Ort und Teilnehmern
(d) Sicherstellung der Teilnahme aller Personen mit Entscheidungsvollmacht

12.2.5 Rolle des Anwalts

(a) Überreden und verhandeln
(b) Kommunizieren und überreden
(c) Den Klienten schützen
(d) Vernünftig und ruhig erscheinen – kontrolliert und zuversichtlich

12.6.6 Eröffnungsstatement des Anwalts

(a) Vorstellung der eigenen Person – als Anwalt und Mensch
(b) Vorstellung des eigenen Klienten – als Unternehmer und Mensch
(c) Bekräftigung seines Vertrauens in das Verfahren und die Gutwilligkeit des eigenen Klienten
(d) Ausdruck von Empathie
(e) Darstellung der eigenen Position und der Grundlage dafür

12.2.7 Erstes Klienten-Einzelgespräch

(a) Identifikation der Stärken und Schwächen des Falls – Diskussion
(b) Bewertung des erwarteten Ergebnisses des vorliegenden Falls
(c) Besprechung des „ersten glaubwürdigen Angebots"
(d) Besprechung nicht vorhergesehener Elemente oder übersehener Standpunkte
(e) Diskussion der ursprünglichen Erwartungen

12.2.8 Anleitung zur Checkliste für Mediation

1. Auswahl des Mediators

Die Auswahl eines Mediators kann der einfachste Schritt einer Verhandlung sein oder der schwierigste. Wenn ein vertrauenswürdiger Mediator bekannt ist, kann die Auswahl des Mediators eine Sache von Sekunden sein. Wenn das Verfahren der Mediation noch neu ist oder die Umgebung eine andere ist (z. B. eine Mediation in einem Land mit anderen Regelungen) oder wenn ein besonderer Fall mit Hilfe der Mediation gelöst werden soll, ist es hilfreich, den nächsten Schritten zu folgen:

a. Geeignete Erfahrung
Es sollte derjenige Mediator ausgewählt werden, der über geeignete Erfahrung in dem betroffenen Konfliktfeld verfügt, nicht einer, der nur „Erfahrung“ hat.

b. Geeignete Ausbildung
Zielrichtung und Inhalte der Ausbildung des Mediators sollten zu dem zu lösenden Konflikt passen.

c. Geeignete Methoden
Manche Konflikte in der Wirtschaft werden ohne Einzelsitzungen verhandelt, andere Konflikttypen können nicht gelöst werden, ohne die betroffenen Parteien zeitweise zu trennen. Manche Streitfälle lassen sich am besten über mehrere Wochen verteilt lösen, andere werden eher in einer Marathon-Sitzung gelöst.

Manche Mediationen funktionieren am besten mit einem Vermittler (der fast wie ein Schlichter in einer nicht bindenden Schlichtung arbeitet), andere Mediationen werden durch Vermittler behindert.

Bei der Auswahl der Methoden gilt es, die spezifischen Probleme und Bedürfnisse zu beachten, die für den Verlauf der Verhandlungen wichtig sind.

d. Gebührenaufstellung
Bei der Auswahl des Mediators sollten dessen veranschlagte Gebühren geprüft werden. Es macht wenig Sinn, dem Mediator mehr als den Konfliktwert zu zahlen; ebensowenig wie es Sinn macht, sich über Kosten aufzuregen, die weniger als 1 % der Gesamtkosten darstellen.

e. Geeignete Umgebung
Die Mediation sollte im allgemeinen an einem neutralen Ort stattfinden. Manchmal jedoch kann es vorteilhaft sein, die Mediation auf dem „gegnerischen“ Territorium abzuhalten.

Manchmal, vor allem wenn die Parteien und Mediatoren räumlich stark verstreut sind, kann es sein, daß die geeignete Umgebung eine ganz andere als die zunächst angenommene ist.

f. Prüfung auf Interessenkonflikt

Es darf unter keinen Umständen sein, daß der Mediator Repräsentant einer der Parteien ist oder ein ähnlicher Konflikt bereits existiert – einschließlich aller möglichen eigenen Interessenkonflikte. Ein naher Verwandter mag ein guter Mediator sein, für die eigenen Fälle wird er jedoch kaum geeignet sein. Interessenkonflikte treten in etwa 5 % der Fälle auf.

g. Einigung der Parteien auf einen Mediator

Die Einigung auf den Mediator sollte schriftlich abgefaßt sein (selbst ein einfaches Besprechungsprotokoll bestätigt, daß die Parteien sich geeinigt haben, den Fall zu einem bestimmten Zeitpunkt an einem bestimmten Ort mit einem bestimmten Mediator zu verhandeln). Das Protokoll wird von allen Parteien und deren Beratern unterzeichnet.

2. Vertrauliche Vorab-Mediationspapiere für den Mediator

Manche Fälle und manche Mediatoren benötigen Vorab-Mediationspapiere. Manche verwenden sie, wenn sie vorgelegt werden. Manche weigern sich, solche Papiere anzunehmen oder zu benutzen. Unabhängig davon, ob man sich für die Vorlage von Vorab-Mediationspapieren entscheidet, ist die Erstellung derselben ein wichtiger Schritt in der Vorbereitung auf die Verhandlungen.

a. Prägnantes Statement der Standpunkte und Positionen

Welche Positionen haben die Parteien bezogen, und welche Standpunkte oder Gründe stehen hinter diesen Positionen? Es ist oft hilfreich, jeden Punkt nach folgendem Schema anzugehen.

- ❑ Position
- ❑ Standpunkt, der die Position unterstützt
- ❑ rechtliches Element für jeden Standpunkt, Klagegegenstand usw.
- ❑ unstrittige Fakten für jedes Element
- ❑ strittige Fakten für jedes Element

Dies enttarnt oft Positionen mit wackeligem Fundament und hilft, sie zu bewerten. Darüber hinaus hilft es dem Bewerter, sich auf die wichtigen Bereiche zu konzentrieren.

b. Identifikation der Stärken und Schwächen

Dies kann recht einfach sein. Meist erhält man aufgrund der Identifikation der Standpunkte und Positionen auch deren Stärken und Schwächen. Zu diesem Zeitpunkt sollte auch die rechtliche Situation bedacht werden: Wie stark und wie sicher sind die eigenen Zeugen, und wie eindeutig und beweisbar sind die Fakten, die bei der Bewertung eine Rolle spielen?

c. Bereitstellung eines Zeitplans für die Verhandlungen

Manchmal ist es sehr schwierig, entsprechende Zeitvorgaben zu treffen. Wenn dies sehr kompliziert ist, wird der Mediator einen Plan brauchen, um mitzuverfolgen, wo und wann die Parteien sich besprechen wollen; er kann die Erstellung eines solchen Plans durchsetzen.

d. Beschreibung der Teilnehmer und ihrer Beziehung zum Fall

Es ist wichtig, dafür zu sorgen, daß die geeigneten Personen teilnehmen – einschließlich all derjenigen, die für die Erzielung einer bindenden Einigung notwendig sind. Zur Erinnerung: 24 % der Mediationen scheiterten allein daran.

Es muß sichergestellt sein, daß die Entscheidungsträger teilnehmen, auch wenn sie nicht Partei oder Klient sind.

e. Ergänzung durch die aktuelle Rechtsprechung
Oft sind die Anhörungen nicht notwendig, und das Fallrecht stellt keinen Faktor dar. Manchmal gibt es einen kritischen Fall, der ausgebreitet werden muß, damit die Parteien die Realität anerkennen und ihren Fall korrekt bewerten. Dabei helfen die Stellungnahmen vom Sachverständigen und die aktuelle Rechtsprechung.

3. Vorab-Mediation im Klienten-Einzelgespräch

Nach all diesen Vorbereitungen ist es an der Zeit, sich mit dem Klienten zu treffen und ihn auf die Mediation vorzubereiten.

a. Erläuterung des Mediationsverfahrens
Wenn die Mediationssitzung eine allgemeine Zusammenkunft mit kurzen Statements beinhalten wird, auf die Einzelgespräche folgen werden, muß das der Klient wissen.

Wenn die Mediationssitzung sich nicht in Einzelgespräche aufteilt, sollte der Klient darauf vorbereitet werden.

Wenn die Mediation mehrere Tage dauern wird, sollte der Klient sich auf das Verfahren und das beabsichtigte Vorgehen, einschließlich der Festlegung von Tageszielen, vorbereiten können.

Wenn sich die Mediation auf mehrere Wochen oder Monate ausdehnt, sollte der Klient wissen, wann und wo und an welchen Sitzungen die anderen Parteien teilnehmen und welche Sitzungen ohne Anwälte oder Parteien ablaufen.
Erfahrene Klienten (beispielsweise Mediationsanwalt und Schadenssachverständiger) benötigen wenig, wenn überhaupt eine Erläuterung. Manche Klienten benötigen sehr viele Erläuterungen.

b. Durchsicht der Vorab-Mediationspapiere
Dadurch können der Anwalt und der Klient genau verstehen, worum es bei dem Fall geht und in welchem Stadium er sich befindet. Dies kann das erste Mal sein, daß dem Klienten die rechtliche Seite seines Falls in ihrer Gesamtheit erläutert wird.

c. Erläuterung möglicher Vorteile der Mediation

Der Klient sollte wissen, warum die Mediation eingesetzt wird. Es muß sichergestellt sein, daß der Klient versteht, daß die Mediation ein Verfahren ist, mit dessen Hilfe er seine eigenen Interessen verfolgen kann.

d. Ermittlung anfänglich unrealistischer Positionen und sensibler Punkte

Es sollten alle vorhandenen Standpunkte besprochen werden. Zu diesem Zeitpunkt sollten die unrealistischen Positionen, Hoffnungen oder Erwartungen des Klienten mit ihm diskutiert werden; er wird informiert, daß sein Fall nicht zur Berichtigung eines Zivilunrechts herangezogen werden wird.

Obwohl der Klient vom Anwalt bei Annahme des Falls und auch später zu Beginn der Mediation gut vorbereitet wurde, ist es hilfreich, dem Klienten das Verständnis für den wahrscheinlichen Ausgang des Konflikts zu vermitteln.

e. Besprechung der Einigungsbefugnis

Es muß sichergestellt werden, daß der Entscheidungsbefugte teilnehmen wird und von diesem eine Verpflichtung abgegeben wird, eine Einigung dann zu akzeptieren, sobald ein bestimmter vordefinierter Umfang an Bedingungen erfüllt worden ist.

f. Warnung vor möglichen zahlreichen Patt-Situationen

Der Klient sollte informiert werden, daß eine Mediationssitzung mehr als einmal ins Stocken gerät und daß er sich durch mehr als eine Patt-Situation durcharbeiten muß, um eine erfolgreiche abschließende Einigung zu erzielen.

g. Prüfung der Stärken und Schwächen des Falls

Eine Überarbeitung der Vorab-Mediationspapiere (einschließlich der Aspekte, die nicht eingefügt wurden) hilft dem Klienten, seinen Fall realistisch zu betrachten.

4. Gerichtliche Anordnung der Mediation

Wenn die Mediation an ein Gerichtsverfahren angeschlossen ist, sollte die vorgesehene oder beschlossene Anordnung geprüft werden. Obwohl in Deutschland ein Gericht die Parteien noch nicht zu einer Mediation verpflichten kann, sollten die folgenden Punkte dennoch überprüft werden.

a. Nochmalige Prüfung der Einhaltung der Vertraulichkeit
Anwalt und Klient müssen sich schützen.

b. Zuweisung der Kosten
Die Kosten sollten nicht irgendwelchen Annahmen überlassen bleiben. Man kann auf Grundlage einer schriftlichen Vereinbarung besser verhandeln als aufgrund irgendwelcher Annahmen.

c. Vereinbarung von Zeitpunkt, Ort und Teilnehmern
Dieser Punkt darf nicht dem Zufall überlassen werden.

d. Sicherstellung der Teilnahme aller Personen mit Entscheidungsvollmacht
Statistisch gesehen hätten 24 % der fehlgeschlagenen Mediationen vermieden werden können, wenn die Personen mit Entscheidungsvollmacht teilgenommen hätten.

Es muß sichergestellt sein, daß eine entscheidungsbefugte Person bei den Gesprächen zugegen ist.

5. Rolle des Anwalts

Ein Anwalt nimmt einen wichtigen Platz bei einer Mediation ein. Oft stellen reine Mediationsanwälte eine Besonderheit dar. Ein Anwalt hat vier sehr wichtige Funktionen:

a. Überreden und verhandeln
Ein Anwalt trägt die Last, die Verhandlungen zu steuern, indem andere überredet werden.

b. Kommunizieren und überreden
Kommunikation sollte darauf abzielen, die andere Partei zu überreden.

c. Den Klienten schützen
Niemand sonst schützt den Klienten.

d. Vernünftig und ruhig erscheinen – kontrolliert und zuversichtlich
Das stärkste Argument im Sinne der Überredung und Unterstützung ist, vernünftig, ruhig, kontrolliert zu sein und zuversichtlich zu erscheinen. Der Anwalt sollte der ruhende Pol sein, der die Partei beschützt.

6. Eröffnungsstatement des Anwalts

a. Vorstellung der eigenen Person – als Anwalt und Mensch
In der Mediation ist es wichtig, Kontakt mit der anderen Seite herzustellen. Eine kurze Vorstellung der eigenen Person ist dafür oft nützlich. Der Anwalt der Gegenseite kennt die professionellen Qualitäten seines Gegenübers, dessen Klient muß die menschlichen Qualitäten kennenlernen.

b. Vorstellung des eigenen Klienten – als Unternehmer und Mensch
Nach der Darstellung der eigenen Person soll der eigene Klient als Unternehmer und Mensch vorgestellt werden.

c. Bekräftigung seines Vertrauens in das Verfahren und die Gutwilligkeit des eigenen Klienten

Dies ist ein „kostenloses" Zugeständnis. Es tut weder weh noch kostet es viel Zeit.

d. Ausdruck von Empathie

Empathie fördert den menschlichen Aspekt.

e. Darstellung der eigenen Position und der Grundlage dafür

Dies hilft, guten Willen zu zeigen und ebenso die Verhandlungs- und Streitbereiche zu definieren.

7. Erstes Klienten-Einzelgespräch

Meistens reicht die detaillierte Vorbereitung, um das erste Einzelgespräch zu bestehen. Danach sind es das Wissen und die Fertigkeiten, die Absichten und eigenen Pläne, die den Mandanten vorwärtsbringen.

a. Identifikation der Stärken und Schwächen des Falls – Diskussion

Zu diesem Zeitpunkt werden diese Punkte zusammen mit dem Mediator und dem eigenen Klienten besprochen – besonders angesichts der Perspektive, die sich aus dem Eröffnungsstatement der anderen Seite ergibt. Dadurch kann das eigene Vorgehen überdacht und zudem sichergestellt werden, daß der Anwalt und sein Klient auf derselben Wellenlänge liegen.

b. Bewertung des erwarteten Ergebnisses des vorliegenden Falls

Dabei beraten Anwalt und Klient, was passiert, wenn sie einfach den Verhandlungstisch verlassen. Manchmal ist eine Bewertung im ersten Einzelgespräch ein guter Zeitpunkt, solche Dinge zusammen mit dem Mediator zu prüfen. Manchmal ist es besser, diese Bewertung auf einen späteren Zeitpunkt zu verschieben. (Man ist zunehmend der Meinung, daß das Verschieben auf einen späteren Zeitpunkt im Sinne der Vermeidung einer Positionsverhärtung besser sei.)

c. *Besprechung des „ersten glaubwürdigen Angebots“*
Manche Mediatoren und Verhandler glauben an die Theorie des „ersten glaubwürdigen Angebots“, andere tun es nicht. Wenn man daran glaubt, ist jetzt der Zeitpunkt gekommen, es zu besprechen. Wenn man nicht daran glaubt, ist jetzt der Zeitpunkt, dem Klienten zu erklären, warum diese Theorie ein Trugschluß sei.

d. *Besprechung nicht vorhergesehener Elemente oder übersehener Standpunkte*
Dinge werden überprüft, von denen nicht angenommen wurde, daß die Gegenseite sie vorbringen würde, ebenso Standpunkte, die vielleicht übersehen wurden.

e. *Diskussion der ursprünglichen Erwartungen*
Es sollte mit dem Klienten darüber gesprochen werden, was er jetzt nach der Eröffnungssitzung erwartet.

Die Mediations-Checkliste kann dabei helfen, sich für den Einstieg in eine Mediation vorzubereiten. Sie hilft, die Mediation besser vorbereitet und effektiver anzugehen.

12.3 Besondere Anwendungsfelder für Mediation

Mediation verfügt über einige besondere Eigenheiten und Faktoren, die in mehreren speziellen Anwendungsgebieten zum Tragen kommen. Die Anwendungsgebiete sind Personenschäden, Wirtschaftsprozesse und Konkurse.

12.3.1 Personenschäden

Die Vorteile für einen Kläger in einem Fall mit Personenschäden liegen in der Tatsache, daß die Mediation in einem solchen Fall schneller zu einer Lösung führt.

Mediation ist oft die beste Möglichkeit, eine strukturierte Einigung auszuarbeiten – gerade unter nichtmonetären Aspekten (beispielsweise Entschuldigungen), die den Wert einer Einigung steigern und dem Kläger Vorteile bieten, die ein Gerichtsprozeß normalerweise nicht bieten kann.

Aus Sicht der Versicherungsgesellschaft des Angeklagten reduziert Mediation die Gesamtausgaben des Falls enorm.

Besondere Punkte

1. In einer Mediation sollte der Angeklagte gegebenenfalls:

- ❑ den Klägern mitteilen, welche Einigungen bei ähnlichen Fällen erzielt wurden,
- ❑ seine Verteidigung(sstrategie) erläutern,
- ❑ Vernunft und die Bereitschaft zur Bewältigung des Konflikts betonen,
- ❑ Entschuldigung anbieten für den Schaden des Klägers (es wird nicht zugegeben, daß man den Schaden verursacht hat, es wird lediglich das Mitgefühl zum Ausdruck gebracht, daß dem Kläger ein Schaden entstanden ist).

2. In einer Mediation sollte der Kläger

- ❑ vernünftig und ausgeglichen sein,
- ❑ im gleichen Maße wie der Beklagte die eigenen Schwächen im Fall zugeben und darstellen, wie er den Einfluß der Schwächen auf den zu erwartenden Ausgang der Verhandlungen bewertet;
- ❑ dem Versicherungsvertreter einen vernünftigen Grund dafür nennen, warum er sich von einer etablierten Position entfernt (dem Versicherungsvertreter neue medizinische Unterlagen,

neue Sachverständigenberichte, neue Fakten usw. mitteilen). Es sollte nicht vergessen werden, daß ein Auditor den Fall prüfen wird.

3. Beide Seiten sollten
- ❑ darauf vorbereitet sein, Ursachen und Folgen eingehend zu besprechen,
- ❑ mit dem eigenen Mitverschulden umgehen,
- ❑ darauf vorbereitet sein, alle Aspekte des Schadens offenzulegen,
- ❑ Floskeln vermeiden.

12.3.2 Wirtschaftsprozesse

Mediation ist oft die letzte und beste verbleibende Möglichkeit, eine wirtschaftliche Lösung für das Problem zu finden, das einen Prozeß bedingte, anstatt eine Entschädigung einzuleiten. ADR – Alternative Dispute Resolution – ist oft die letzte Möglichkeit, eine frühzeitige Lösung zu ermitteln, Fehler zu korrigieren und die Kosten im Zaum zu halten, wenn ein Prozeß nicht mehr vermieden werden kann.

Mediation sollte als ein Verfahren angesehen werden, durch das zukünftige Beziehungen eine Struktur erhalten, unabhängig davon, ob ein Gerichtsprozeß weitergeführt wird oder nicht.

Wichtige Punkte

1. Kann die Geschäftsbeziehung, die durch den Prozeß zerstört würde, erhalten oder gestärkt werden?
2. Kann eine Alternative zu dem jetzigen Standpunkt gefunden werden?
3. Können verschiedene Lösungen angesichts der Kosten des Vorverfahrens oder anderer Prozeßkosten weiter verfolgt werden?

12.3.3 Vergleiche

Wirtschaftsfälle können mehrere Sitzungen dauern, wobei in jeder ein Punkt gelöst wird, und sie können oft bereits beginnen, sobald die Parteien erkannt haben, daß ein Problem besteht.

Zum weiteren Vergleich: Private Belange benötigen einige Zeit, damit die Sache reift und die Parteien ihre Emotionen unter Kontrolle bringen. Hingegen ist es in Wirtschaftsfällen wichtig, zu verhandeln, solange die Emotionen noch unter Kontrolle sind.

Je früher in Wirtschaftsprozessen eine Mediation stattfindet, um so wahrscheinlicher kann eine Gewinner-Gewinner-Lösung ausgearbeitet werden.

Besonders vor dem Hintergrund vorübergehender einstweiliger Verfügungen, Preisgabe von Wettbewerbsverboten, Streit um vertragliche Formulierungen, Geschäftsgeheimnissen und Arbeitsrechtprozessen ist frühzeitige Mediation eine Methode, Konflikte zu lösen, ohne großen Schaden anzurichten.

Weiterhin führt frühzeitige Wirtschaftsmediation oft zu zusätzlichen Aufträgen zwischen den ehemaligen Streitparteien.

12.3.4 Konkurse

Da Konkurse oft keine Nullsummenlösung nach sich ziehen, ist Mediation in diesem Gebiet nur durch die Erfolge gewachsen, die die Anwälte mit dieser Methode verzeichnen konnten.

Konkurse sind ein Gebiet, bei dem das Warten auf eine Mediation – bis der Berater bestimmen kann, ob es eine Auseinandersetzung geben wird – besser sein kann, als sofort eine Mediation anzustreben. Statt sich umgehend in eine Mediation zu stürzen, bedingen Konkursfälle daher eine Einstellung des „Abwartens und Zusehens“.

Gerichte, die Mediatoren für Konkursfälle einsetzen, fordern normalerweise, daß die Mediatoren mindestens zehn Jahre als Anwälte auf dem Gebiet des Konkursrechts gearbeitet und 40 Stunden eines Mediationsausbildungsprogramms absolviert haben.

Dies rührt daher, daß Konkurse offenbar ein Gebiet sind, bei dem Praxis auf dem Gebiet der speziellen gesetzlichen Regelungen für die Mediation wichtig und für den Erfolg der Verhandlung von großer Bedeutung ist. Oft soll der Mediator einen substantiellen Beitrag liefern, um Alternativen auf Basis des Konkursrechts vorzuschlagen.

12.4 Fallstricke und Hindernisse der Mediation

Es gibt Fälle, in denen Mediation nicht funktioniert. Oft sind solche Fälle geeignet, an eine Schlichtungsstelle übergeben zu werden. Manchmal ist es eine Frage der Wahl des richtigen Zeitpunkts, um das Verfahren einzuleiten, und der Grund, warum es nicht funktioniert, ist eher eine Frage des Timing oder der Vorbereitung als der Frage, ob eine Mediation angebracht war.

12.4.1 Mediationsprobleme

Verfahrensprobleme

Es gibt drei sehr häufige im Verfahren liegende Gründe, die von Anwälten als Begründung für das Scheitern einer Mediation genannt werden.

1. 24 % der gescheiterten Mediationen resultierten aus dem Mangel an Einigungskompetenz. In einer Umfrage bei mehr als 150 Mediatoren mit einer bedeutenden Anzahl von Mediationssitzungen ergab sich, daß ein Viertel daran scheiterte, daß die entscheidungsbefugten Teilnehmer nicht erschienen waren. Diese Personen müssen teilnehmen, damit das Verfahren funktioniert.

2. 21 % der gescheiterten Mediationen resultierten aus einem Mangel an Vorbereitung. Oft als „unzulängliche Aufklärung der entscheidungserheblichen Tatsachen“ bezeichnet, spiegeln diese Probleme eine Partei oder einen Anwalt wider, der nicht genug über den eigenen Fall weiß, um den Fall beizulegen.
3. Eine bedeutsame Anzahl von Mediationen scheiterte aufgrund feindselig eingestellter Anwälte. Eine Mediationssitzung ist kein Ort für einen aggressiven Angriff auf die andere Partei oder deren Anwalt.

Besondere Probleme

Wenn eine Seite mit dem Vorsatz in ein Gerichtsverfahren geht, die andere Seite über die Gerichtskosten „auszuhungern“, ist eine Mediation fruchtlos. In dieser Lage wird Mediation nur als eine weitere Möglichkeit gesehen, der anderen Seite finanziellen Schaden zuzufügen, statt als eine Möglichkeit, die Kosten zu reduzieren und eine bessere Lösung zu finden.

Konflikte, bei denen es um geistiges Eigentum geht, verhalten sich genauso wie jede andere Form von Konflikten, nur daß gerade in diesen Verfahren versucht wird, über die Kostenschraube der Gegenseite massiven Schaden zuzufügen.

Am frustrierendsten ist die Situation, in der eine Seite mental nicht in der Lage ist, die Legitimität oder die Grenzen der Eigentumsrechte anzuerkennen. Diebe wechseln selten ihre Einstellung und werden vertrauenswürdig oder gesetzestreu, nur weil sie an einem Mediationsverfahren teilnehmen.

Individuen unterscheiden sich, aber viele Gerichtsprozesse bezüglich geistigen Eigentums richten sich gegen Personen, deren Vergehen wissentlich und willentlich erfolgte und die sich weigern, Eigentumsrechte anzuerkennen. Bei vielen von ihnen ist eine Mediation genauso fruchtbar, wie mit einem notorischen Einbrecher über seinen „Beruf“ zu sprechen.

12.4.2 Schlichtung

Eine Schlichtung ist oft zügiger abgehandelt als ein Gerichtsverfahren. Schlichtern wird jedoch in vielen Bereichen nachgesagt, daß sie dazu neigen, „das Kind zu teilen, um die Mutter zu ermitteln“. Wenn einer Partei einschneidende Rechtsmittel zustehen und sie bereit ist, zu warten (und einiges Risiko in Kauf zu nehmen), um sie zu bekommen, dann wird eine Schlichtung wahrscheinlich nicht zufriedenstellen.

Statistische Untersuchungen bestätigen diesen Glauben nicht – Schlichter sind nicht geneigt, „das Kind zu teilen“. Bei Regreßforderungen ist jedoch die Wahl des Schlichters entscheidend, ebenso wie eine Prüfung der Leistungen und vorherigen Entscheidungen des Schlichters.

Situationen, in denen eine Seite vollkommen im Unrecht ist und dennoch eine Schlichtung oder ein Gerichtsverfahren anstrebt, um den Vorteil eines natürlichen Kompromisses zu erhalten, enden oft nicht in einer fruchtbaren Mediation. Wenn eine Seite unwillens ist, auch nur ein Stück nachzugeben, und kein rechtlicher Grund vorliegt, sich auf einen Kompromiß zu einigen, haben nichtbindende Schlichtung oder Mediation nur die Chance, die andere Seite zur Aufgabe zu überreden, einzig um Kosten zu sparen.

12.4.3 Kontrapunkt

Es gibt Bereiche, in denen eine Mediation nicht funktionieren wird. Eine Gesamterfolgsquote von 85 % spiegelt jedoch wider, daß die Mediation sehr oft funktioniert. In bestimmten Situationen ist die Erfolgsquote sogar größer als 85 %.

Es ist bekannt, daß – wenn Verhandlungen funktionieren – Mediation das Verhandlungsverfahren verbessern kann. Wenn in einer Situation Verhandlungen nicht möglich sind, kann Mediation diese Patt-Situation manchmal sogar verschlimmern. Mediation findet jedoch kreative Alternativen, die Probleme lösen, wenn Verhandlungen gescheitert sind.

Selbst wenn man unvorbereitet ist, einem an Entscheidungsbefugnis mangelt oder man in hohem Maße unvernünftig ist, kann die Mediation helfen. Es ist jedoch angeraten, die eigenen Chancen zu verbessern, indem man bei diesen Problemen nicht an einer Mediation teilnimmt.

12.5 Zusammenfassung

Um optimale Ergebnisse bei der Mediation zu erzielen, ist die ausführliche Vorbereitung eine der wichtigsten Grundvoraussetzungen. Neben der unabdingbaren Einstellung, eine positive Einigung erreichen zu wollen, erfordert es die Mediation, offen mit Informationen umzugehen.

Wenn sich die Mediation in der Vorprüfung als geeignetes Verfahren herausgestellt hat, wird sich das Unternehmen zusammen mit dem Beratungsanwalt gezielt darauf vorbereiten, in der Mediation als Team aufzutreten.

Um in der Vorbereitungsphase keinen der wichtigen Punkte zu übersehen, sollte nach der Checkliste vorgegangen werden, die mit der Auswahl des geeigneten Mediators beginnt und die Vorbereitung der vertraulichen Vorab-Mediationspapiere umfaßt. In einem nächsten Schritt werden die Papiere in einem gemeinsamen Gespräch zwischen Unternehmen und Anwalt insbesondere auf unrealistische Positionen und sensible Punkte hin überprüft. Anschließend werden die Rahmenbedingungen der Mediation wie die Einhaltung der Vertraulichkeit, die Kostenstruktur und die Vereinbarung von Zeit und Ort der Mediation festgelegt. Daneben muß sichergestellt sein, daß die notwendigen Personen mit Entscheidungsvollmacht anwesend sind.

Für das Unternehmen ist es wichtig, zu erkennen, welche Rolle der Beratungsanwalt einnimmt, damit ein optimales Zusammenwirken ermöglicht wird. Anschließend bereitet der Anwalt sein Eröffnungsstatement vor, in dem er sich und das Unternehmen vorstellt und dem guten Willen Ausdruck verleiht, eine Einigung zu erzielen.

Als nächste Maßnahme findet das erste Einzelgespräch statt. Dabei wird ein erstes glaubwürdiges Angebot besprochen, ebenso der Zeitpunkt, wann dieses der anderen Seite übermittelt werden soll. Nach Kenntnis der Standpunkte der Gegenseite müssen die vorgebrachten Gesichtspunkte besprochen und die ursprünglichen Erwartungen diskutiert werden, um im weiteren Verlauf der Mediation zu einem wirtschaftlich sinnvollen Ergebnis zu gelangen.

Neben der grundsätzlichen Anwendbarkeit im gesamten wirtschaftlichen Kontext sind bestimmte Felder für die Mediation besonders geeignet. Dazu gehören Personenschäden und Insolvenzverfahren. In Wirtschaftsprozessen kommt die Chance zum Tragen, Kosten im Zaum halten, Fehler zu korrigieren und die Geschäftsbeziehung zu erhalten.

Zur bestmöglichen Vorbereitung gehört es, den Blick auf mögliche Fallstricke und Hindernisse zu richten, um diese dann vermeiden zu können.

Die innere Haltung und positive kommunikative Einstellung sind neben der Einhaltung der essentiellen formalen Voraussetzungen die Grundlage mediatorischer Verhandlungen.

Merksatz

Das wichtigste Kriterium für eine gute Kommunikation ist eine gemeinsame Basis des Verständnisses und der Verständigung.

13 Fazit und Ausblick

Experto credito.
(Vergil, Äneis, 11,283)
Glaubt dem Erfahrenen.

Einleitend wurden Konflikte als Störfall menschlicher Beziehungen dargestellt. Es wurde geklärt, warum sie entstehen und wie ihnen mit bisher bekannten Verfahren begegnet wurde. Bereits bei der ersten Betrachtung stellte sich heraus, daß die meisten Konflikte auf Kommunikationsstörungen beruhen.

Der Sprache als primärem Medium zwischenmenschlichen Informationsaustauschs kommt dabei erhebliche Bedeutung zu. Bestimmte Begriffe haben bestimmte Konnotationen, andere werden in verschiedenen Branchen unterschiedlich gebraucht. In der ursprünglichen Bedeutung kann „primitiv" mit „einfach" gleichgesetzt werden. Durch den Sprachgebrauch hat sich jedoch die Konnotation in eine negative Richtung hin entwickelt, die beim Gegenüber den Eindruck erweckt, daß eine negative Aussage getroffen werden soll. Dieses simple Beispiel zeigt bereits, wie sensibel mit Sprache umzugehen ist. Durch die inhaltliche und emotionale Komplexität wirtschaftlicher Zusammenhänge wird dieser Umstand verstärkt.

In diesem Zusammenhang sei noch einmal auf die Verständnistriade von Konrad Lorenz verwiesen: „Verstanden? Gesagt ist nicht gehört. Gehört ist nicht verstanden. Verstanden ist nicht einverstanden". Verständigung mit und Verständnis für den anderen sind Schlüssel für eine kooperative Lösung. Im Gesamtfeld möglicher Konfliktlösungsstrategien muß ein Verfahren gefunden werden, das diesem Umstand Rechnung trägt. Dieses Verfahren ist die Mediation.

Mediation kann als wegweisendes Verfahren gelten, wenn es um die friedliche, konsensuale Streitbeilegung geht, bei der alle Konfliktbeteiligten den Verhandlungstisch als Gewinner verlassen.

Die Vielzahl von Vorteilen, die die Mediation bietet, läßt die vermeidbaren Risiken gering erscheinen. Dennoch müssen sie bei hinreichender Kenntnis frühzeitig eingedämmt werden, um die Mediation nicht zu gefährden. Dies geschieht mit Hilfe ausführlicher Vereinbarungen im Mediationsvertrag und durch die Anwendung geeigneter Kommunikationstechniken durch den darauf geschulten Mediator. Vorteile wie die Kontrolle über den Ausgang der Verhandlungen, die Flexibilität, die Möglichkeit des Gewinner-Gewinner-Ergebnisses und die Vertraulichkeit sind für die Unternehmen ebenso entscheidend wie die Zeit- und Kosteneinsparung.

Der Blick auf die Streitkultur im Wirtschaftsunternehmen zeigt, welches Potential in der Einbeziehung der Mediation sowohl in der Prävention als auch in der reaktiven Konfliktbekämpfung liegt. Dieses ergibt sich aus den charakteristischen Eigenheiten der Mediation.

Im Rahmen der Prävention von Konflikten können mediatorische Grundsätze durch den Einbau von Mediationsklauseln in Verträge einfließen, die sowohl intern gegenüber den Mitarbeitern als auch nach außen gegenüber Kunden und Lieferanten Wirkung erzielen. Daneben kann das Unternehmen bei mediatorischer Grundeinstellung durch frühzeitige Erkennung und Analyse eine rasche Deeskalation und Nachbereitung von Konflikten einleiten.

Welcher Mediator für den jeweiligen Konfliktfall der geeignetste ist, ist für das Unternehmen eine wichtige Frage. Zur Unterstützung der gezielten Auswahl wurden Kriterien aufgezeigt, nach denen der richtige Mediator ausgesucht werden kann. Die quantifizierbaren Eigenschaften können leicht verglichen werden. Die Auswahl und Gewichtung der schwieriger zu beurteilenden nicht quantifizierbaren Eigenschaften wie Persönlichkeit, Führungsstil und Humor kann durch Empfehlungen von Dritten wie Beratungsanwälten, Syndizi oder Erfahrungen anderer Unternehmer unterstützt werden. Diese Eigenschaften sowie eine mediationsgerechte Aus- und Weiterbildung helfen dem Mediator, seinen Aufgaben und Pflichten gerecht zu werden. Für das Unternehmen ist das Verständnis der Rolle des Mediators, der des beratenden Anwalts sowie seiner eigenen wichtig.

Um nach den theoretischen Grundlagen einen Einblick in praktische Erfolge zu geben, wurden verschiedene Beispielfälle aus diversen Wirtschaftsbereichen aufgezeigt, die jedoch nur einen kleinen Ausschnitt der vielfältigen Möglichkeiten darstellen, wann Mediation sinnvoll eingesetzt werden kann. Allen Beispielen gleich ist die Vorgehensweise nach dem Harvard-Modell, bei dem ein Kuchen vor seiner Verteilung „vergrößert" wird, um jedem ein angemessenes Stück davon geben zu können.

Wie die Mediation als nicht reglementiertes und rechtsunverbindliches Verfahren in der Praxis gehandhabt wird, zeigen die verschiedenen Phasen und Techniken. Der strukturierte Weg führt dabei nach der Einleitung über die Darstellung der Standpunkte zur Ermittlung der Interessen und von den Positionen über die Interessen zu den Optionen, aufgrund deren einvernehmliche Lösungsmöglichkeiten erarbeitet werden. Im Rahmen der anschließenden Verhandlung wird die BATNA, die „Best Alternative To a Negotiated agreement", gefunden und vereinbart. Die im Verfahren verwendeten Techniken wie Spiegeln, Paraphrasieren, aktives Zuhören, NLP und Körpersprache sind in jeder Verhandlung nutzbar.

Bei der Mediation handelt es sich um ein international anerkanntes und erprobtes Verfahren. Ein Blick über nationale Grenzen nach Österreich und in die Schweiz offenbart zwar verschiedene Formulierungen und Schwerpunkte, der Grundgedanke der mediatorischen Streitbeilegung ist jedoch in allen Nationen präsent. Aus der vorgestellten Vielfalt können national sowie international tätige Unternehmen und Organisationen ersehen, wie intensiv Mediation praktiziert wird und welche Organisation für etwaige Konfliktfälle in Betracht kommen könnte.

Die ausführliche Mediations-Checkliste vereint die verschiedenen Aspekte und führt alle wichtigen Punkte der Mediation zusammen, damit das in der Mediation wirkende Team aus Unternehmensvertretern und Beratern alle Details beachten kann.

Sinnbildlich stehen die Eckpfeiler der Mediationsverhandlungen:

- ❑ Respekt vor den Beteiligten
- ❑ Respekt vor dem Konflikt

Die Mediation wird in Deutschland in den nächsten Jahren immer mehr Bedeutung gewinnen und auch von den Gerichten genutzt werden.

Zukunftsorientierte Unternehmen jedweder Branche und jedweder Größe, die bereits heute mediatorische Verfahren verwenden, werden im internationalen Konkurrenzkampf besser bestehen können. Mit motivierten und kommunikativen Mitarbeitern unter einer zukunftsorientierten Unternehmensführung wird der Wirtschaftsstandort Deutschland in Europa seine Position festigen und verbessern können. Die rasant zunehmende Internationalisierung und die Schnellebigkeit der Wirtschaft wird für die Unternehmen, die das Verfahren der Mediation nutzen, kein Hindernis, sondern eine große Herausforderung sein und sich in sinkenden Aufwendungen für die Bewältigung von Konflikten niederschlagen. Die Vorteile der Mediation sprechen für diese Entwicklung und werden durch die hinzukommenden positiven Erfahrungen der Unternehmen untermauert werden.

Die Autoren wünschen den Unternehmen bei der Einbeziehung dieses zukunftsorientierten Verfahrens Erfolg und viele Gewinner-Gewinner-Lösungen.

Merksatz

Mediation bedeutet: zukunftsorientierte kooperative Lösungen statt vergangenheitsorientierter Aufrechnung von Ansprüchen.

14 Anhang

14.1 Literaturverzeichnis

Achland, A., A Sudden Outbreak of Common Sense: Managing Conflict through Mediation. Hutchinson, London, 1990

Augsburger, David W., Conflict Across Cultures. Westminster Press, 1995

Baruch, Bush Robert A., Promise of Mediation, Responding to Conflict Through Empowerment and Recognition. Jossey Bass & MacMillan, 1994

Baumbach/Lauterbach/Albers/Hartmann, Zivilprozeßordnung, Beckscher Kurzkommentar, 57. Aufl., 1999

Bercovitch, Mediation in Intern Relations. MacMillan Press, 1994

Bergmann/Volkerna, Understanding and Managing Interpersonal Conflict, zit. nach Gleason (Hrsg.), Workplace Dispute Resolution, Directions for the 21st century

Besemer, Christoph, Mediation in der Praxis – Erfahrungen aus den USA. Heidelberg/Freiburg, 1997

Breidenbach, Stephan/Henssler (Hrsg.), Mediation für Juristen, Konfliktbehandlung ohne gerichtliche Entscheidung. Verlag Dr. Otto Schmidt, Köln, 1997

Breidenbach, Stephan, Mediation. Struktur, Chancen und Risiken von Vermittlung im Konflikt. Verlag Dr. Otto Schmidt, Köln, 1995

Bücken, Eckart, Zuhören können, Die Ruhe ins Spiel bringen. Burckhardthaus-Lätare Verlag, Offenbach, 1996

Cote, M.S./Robert, E., Kill the Conflict, not the Opponent, Dispute Resolution through Mediation. Perceptions Magazine, Winter 1994

Crowley, Thomas E., Settle It Out of Court: How to Resolve Business and Personal Disputes Using Mediation, Arbitration. John Wileys & Sons, 1994

Domann, Dieter, Faire und unfaire Verhandlungstaktiken – und wie man sich gegen unfaire Praktiken wehren kann. VWEW/Frankfurt VDE, Berlin, 5. Aufl., 1987

Dulabaum, Nina L., Mediation: Das ABC – Die Kunst in Konflikten erfolgreich zu vermitteln. Beltz Verlag, 1998

Dunlop, John T., Mediation & Arbitration of Employment Disputes. Jossey Bass & MacMillan, 1997

Duve, Christian, Mediation und Vergleiche im Prozeß – Eine Darstellung am Beispiel des Special Master in den USA. Verlag Dr. Otto Schmidt, Köln, 1999

Falk, Gerhard, et al., Die Welt der Mediation. Entwicklung und Anwendungsgebiete eines inter-disziplinären Konfliktregelungsverfahrens. Alekto Verlag, Klagenfurt, 1997

Fisher, Roger/Brown, Scott, Gute Beziehungen – Die Kunst der Konfliktvermeidung, Konfliktlösung und Kooperation. Campus Verlag, 1997

Fisher, Roger/Ury, William/Patton, Bruce, Das Harvard Konzept, Sachgerecht Verhandeln – Erfolgreich Verhandeln. Campus, Frankfurt, 17. Aufl., 1998

Folberg, J./Taylor, A., Mediation, A Comprehensive Guide to Resolving Conflict Without Litigation. Jossey Bass Publishers, San Francisco, 1988

Fulton, M., Commercial Alternative Dispute Resolution. The Law Book Company, Sydney, 1989

Glasl, Friedrich, Konfliktmanagement: Ein Handbuch zur Diagnose und Behandlung von Konflikten für Organisationen und ihre Berater. Verlag Paul Haupt, Bern, 4. Aufl., 1994

Gottwald, Walther/Haft, Fritjof, Verhandeln und Vergleichen als juristische Fertigkeiten. Attempo-Verlag, Tübingen, 2. Aufl., 1993

Gottwald, Walther/Strempel, Dieter/Beckedorff/Linke (Hrsg.), Außergerichtliche Konfliktregelung (AKR-Handbuch). Dt. Kommunal Verlag, 1996

Gottwald, Walther/Strempel, Dieter, Streitschlichtung. Köln, 1996

Gottwald, Walther/Treuer, Wolf-Dieter, Vergleichspraxis – Tips für Anwälte und Richter. Richard Boorberg, Stuttgart/München/Hannover/Berlin, 1991

Haft, Fritjof, Juristische Rhetorik. Alber, Freiburg/München, 5. Aufl., 1995

Haft, Fritjof, Verhandeln. C.H.Beck-Verlag, München, 1992

Hanrock, William A., Corporate Counsel's Guide to International Alternative Dispute Resolution. Business Laws, Inc., Ohio, 1993

Heintel, Peter, Managementprobleme eines Familienunternehmens. Fallbeispiele und allgemeine Konsequenzen, in: Nagel, Reinhart: Consulting 94. Das Handbuch für Unternehmensberatung in Österreich. Falter Verlag, Wien, 1993

Heussen, (Hrsg.), Handbuch Vertragsverhandlungen und Vertragsmanagement. Verlag Dr. Otto Schmidt, Köln, 1997

Hoffmann-Riem, Wolfgang/Schmidt-Aßmann, Eberhard (Hrsg.), Konfliktbewältigung durch Verhandlungen, Bd. I und II, Baden-Baden, 1990

Holznagel, Bernd, Konfliktlösung durch Verhandlungen – Ausharrungsprozesse als Mittel der Konfliktverarbeitung bei der Ansiedelung von Entsorgungsanlagen für besonders überwachungsbedürftige Abfälle in den Vereinigten Staaten und der Bundesrepublik Deutschland. Baden-Baden, 1990

Jandt, Fred E./Gillette, Paul, Konflikt-Management: Ich gewinne – Du gewinnst. Deutsche Ausgabe Albert Müller, Rüschlikon-Zürich, 1988

Jossey Bass, Bush Folger, The Promise of Mediation. Responsibility to Conflict through Empowerment and Recognition. Library of Congress, 1994

Kessel, Pruitt, et al., Mediation Research, The Process and Effectiveness of Third Party Intervention. Jossey Bass Publishers, San Francisco, 1988

Kolb, Deborah, When Talk Works. Profiles of Mediators. Jossey Bass Publishers, San Francisco, 1997

Kremenyuk, Victor A., International Negotiation. Jossey Bass Publishers, San Francisco, 1991

La Mediation: Un mode alternatif de résolution des conflicts? / Mediation als alternative Konfliktlösungsmöglichkeit? / Mediation: an alternative method of conflict resolution? Veröffentlichungen des Schweizerischen Instituts für Rechtsvergleichung, Nr. 19. Schulthess Polygraphischer Verlag AG, Zürich, 1992

Lax A. David/Sebenius, James K., The Manager as Negotiator: Bargaining for Cooperation and Competitive Gain. The free press, New York, 1986

Leviton, Sharon C./Greenstone, James L., Elements of Mediation. Brooks-Cole Publishing Co., 1997

Long, Brian G./Reck, Ross R., The Win-Win Negotiator – How to negotiate favourable agreements that last. Pocket Books, New York, 1989

Mackie, K., A Handbook on Dispute Resolution: ADR in Action. Routledge, New York, 1991

Maggiolo, W., Techniques of Mediation. Oceana Publications, New York, 1985

Maslow, Abraham, Motivation und Persönlichkeit, Rowohlt Verlag, Reinek bei Hamburg, 1981

Moore, Christopher W., The Mediation Process, Practical Strategies for Resolving Conflicts. Jossey Bass Publishers, San Francisco, 1986

Palandt, Beck'scher Kurz-Kommentar zum Bürgerlichen Gesetzbuch, 57. Aufl., 1998

Ponschab, Reiner/Schweizer, Adrian, Kooperation statt Konfrontation, Neue Wege anwaltlichen Verhandelns. Verlag Dr. Otto Schmidt, Köln, 1997

Pühl, Harald, Supervision und Organisationsentwicklung. Handbuch 3. Aufl., Leske u. B. Verlag, 1999

Pühl, Harald, Team- Supervision. Von der Subversion zur Institutionsanalyse. Vandenhoek und Rupprecht, 1998

Salacuse, Jewald, International erfolgreich Verhandeln. Campus, Frankfurt, 1992

Schmeckenbecher, Manfred, Kostenübersichtstabellen. Boorberg Verlag, 1998

Schwarz, Gerhard, Konfliktmanagement. Sechs Grundmodelle der Konfliktlösung. Gabler, Wiesbaden, 1990

Singer, Linda, Settling Disputes. Westview Press, 1990

Strempel, Dieter (Hrsg.), Mediation für die Praxis, Haufe Verlag, Freiburg, 1998

Thomann, Christoph, Klärungshilfe – Konflikte im Beruf. Rowohlt Verlag, Reinbek bei Hamburg 1998
Ury, William/Fisher, Roger, Das Harvard Konzept. Campus, Frankfurt, 1997
Ury, William, Konfliktmanagement. Campus, Frankfurt, 1997
Ury, William, Schwierige Verhandlungen. Campus, Frankfurt, 1997

14.2 Glossar

Anwaltsverhandlung
Besprechung zwischen zwei Anwälten mit dem Versuch, den Konflikt außergerichtlich einvernehmlich beizulegen.

BATNA
Beste Alternative zu einer ausgehandelten Vereinbarung (engl.: Best Alternative To a Negotiated Agreement). Wunschergebnis aus Sicht einer Streitpartei während einer beliebigen Verhandlung.

Co-Mediation
Eine besondere Form der Mediation, bei der zwei oder mehr Mediatoren sich bei komplexen Fällen gegenseitig unterstützen. Auf eine geeignete Aufgabenteilung ist dabei zu achten.

Gerichtsverhandlung
Termin vor einem staatlichen Gericht, bei dem die Parteien ihre juristischen Ansprüche begründen und mittels offiziell zugelassener Beweise untermauern müssen, um vom Richter eine bindende Entscheidung verkündet zu bekommen.

Mediationsvereinbarung
Die Vereinbarung, die die Streitparteien *nach* Abschluß einer Mediation untereinander schließen. Sie beinhaltet die während der Mediation erzielten Ergebnisse.

Mediationsvertrag
Vertrag, der zwischen dem Mediator und den Streitparteien *vor* Beginn der Mediation geschlossen wird. Er beschreibt die Randbedingungen und regelt den Ablauf der Mediation.

Mediator
Neutrale Person, die die Verhandlungen während einer Mediationssitzung leitet.

Parteianwalt
Volljurist, der nach dem formalen Akt der Zulassung als parteiischer Rechtsvertreter tätig wird, entweder im Rahmen eines Gerichtsprozesses oder außergerichtlich als Berater, Vertragsgestalter oder Verhandler.

Schiedsgerichtsverfahren
Durch eine Klausel eingeleitetes Verfahren, das häufig von Wirtschaftsunternehmen genutzt wird, um eine schnelle, aber bindende Entscheidung herbeizuführen, die durch die Schiedsrichter getroffen wird.

Schlichtung
Außergerichtliches Verfahren, bei dem ein Richter oder Anwalt aufgrund seiner Erfahrung und Rechtskenntnisse den Parteien das voraussichtliche Ergebnis eines Gerichtsverfahrens darlegt und ihnen daraufhin eine wirtschaftliche Lösung vorschlägt.

WATNA
Schlechteste Alternative zu einer ausgehandelten Vereinbarung (engl.: Worst Alternative To a Negotiated Agreement). Katastrophales Ergebnis aus Sicht einer Streitpartei während einer beliebigen Verhandlung.

14.3 Abkürzungsverzeichnis

AAA	American Arbitration Association
ADR	Alternative Dispute Resolution (dt.: Alternative Streitlösung)
ADRR	ADR and Mediation Resources
AKR	Außergerichtliche Konfliktregelung
AnwBl	Anwaltsblatt
ATA	Außergerichtlicher Tatausgleich
AVM	Anwaltsvereinigung für Mediation und kooperatives Verhandeln
BAFM	Bundesarbeitsgemeinschaft für FamilienMediation e. V.
BATNA	Best Alternative To a Negotiated Agreement (dt.: Beste Alternative zu einer ausgehandelten Vereinbarung)
BMWA	Bundesverband für Mediation in Wirtschaft und Arbeitswelt
BORA	Berufsordnung für Rechtsanwälte
BRAGO	Bundesrechtsanwaltsgebührenordnung
BRAK	Bundesrechtsanwaltskammer
CEDR	Center for Dispute Resolution
CPR	Center for Public Resources
DAV	Deutsche Anwaltsvereinigung
EEE	Economically, Efficiently, Effectively (dt.: ökonomisch, effizient, effektiv)
GbR	Gesellschaft bürgerlichen Rechts
gwmk	Gesellschaft für Wirtschaftsmediation und Konfliktmanagement e.V.
MAS	Mutually Agreed Solution (dt.: Beiderseitig einvernehmliche Lösung)
MDR	Monatszeitschrift des deutschen Rechts
MIT	Institut für Mediation, Identitätsentwicklung & Training
NIDR	National Institute for Dispute Resolution

NJW	Neue Juristische Wochenzeitschrift
NJW-RR	Neue Juristische Wochenzeitschrift – Rechtsprechungsreport
NLP	Neurolinguistisches Programmieren
RA	Rechtsanwalt
Rdnr	Randnummer
SAPUZ	Sachverständiger, Augenschein, Partei, Urkunde und Zeuge
SDMC	San Diego Mediation Center
SMART	Specific, Measurable, Achievable, Realistic, Timed (dt.: Spezifisch, Meßbar, Ausführbar, Realistisch, Termingerecht)
WATNA	Worst Alternative To a Negotiated Agreement (dt.: Schlechteste Alternative zu einer ausgehandelten Vereinbarung)
WIPO	World Intellectual Property Organization

14.4 Wichtige Adressen

AVM (Anwaltliche Vereinigung für Mediation und kooperatives Verhandeln)
Reisnerstr. 5
A-1030 Wien

Ansprechpartner
RA Dr. Josef Allmayer-Beck
Tel: +43-1-71057220
Fax: +43-1-710572220
E-mail: office@awak.at

BMWA (Bundesverband für Mediation in Wirtschaft und Arbeitswelt)
Am Kamm 5
18209 Bad Doberan

Ansprechpartner
RAin Martina Wurl
Tel: 038203-9123-0
Fax: 038203-9123.23
http://www.bmwa.de
E-mail: infoqbmwa.de

forum wirtschaftsmediation
Trazerberggasse 6
A-1130 Wien

Ansprechpartner
Mag. Gerhard Fürst
Tel: +43-1-8763296
Fax: +43-1-8763296
E-mail: forum.wirtschaftsmediation@aon.at

gwmk (Gesellschaft für Wirtschaftsmediation und Konfliktmanagement)
Brienner Str. 9
80333 München

Ansprechpartner
RA Dieter W. Lüer, Sieglinde Fürstenberg
Tel: 089-290970
Tel: 089-29097200
E-mail: mediation@gwmk.org (Institut für Mediation)

IfM
Marktgasse 50
Postfach 881
CH-3000 Bern 7

Ansprechpartner
Dr. rer. Pol. Jürg M. Schwarz
Tel: +41-31-3114626
Fax: +41-31-3124041

MEDIARTIS AG
Fraumünsterstr. 19
CH-8001 Zürich

Ansprechpartner
Ulrich Egger
Tel: +41-1-2186035
Fax: +41-1-2186033
http://www.eggerphilips.ch
E-mail: eggerphilips@bluewin.ch

MIT (Institut für Mediation, Identitätsentwicklung & Training)
Hauptstr. 44
A-4040 Linz

Ansprechpartner
Mag. Wolfgang Vovsik
Tel: +43-732-7122221
Fax: +43-732-7122224
E-mail: mit.linz@netway.at

Rechtsanwältin und Mediatorin
Anita von Hertel
Rolfinckstr. 12 A
22391 Hamburg
Tel: 040-53679-11
Fax: 040-53679-90

WIPO (World Intellectual Property Organization/Weltorganisation für geistiges Eigentum)
Chemin des Colombettes 34
CH-1211 Genf
http://www.arbiter.wipo.int
E-mail: arbiter.mail@wipo.int

Ansprechpartner
Erik Wilbers
Tel: 0041-22-3389743
Fax: 0041-22-7403700
http://www.wipo.int
E-mail: erik.wilbers@wipo.int

14.5 Stichwortverzeichnis

A
Ablauf, zeitlicher, 198
Ablenkungsfrage, 216
Alternative, 295
Alternativ-Frage, 215
Analyse, 61, 114
Anforderungsprofil, 131
Anordnung, gerichtliche, 298, 305
Anwalt(s-), 127, 195
-verhandlung, 58, 64
Auftakt,
-aktiver, 110
-passiver, 110
Ausforschung, 100
Auswahl des Mediators, 297, 299
AVM, 289

B
BATNA, 86, 267
Bedürfnis-
-befriedigung, 37
-pyramide, 38
Beratungsanwalt, 117, 122, 144
Beschwichtigung, 60
Besprechungsgebühr, 145
Beweisverwertungsabrede, 243
Beziehungskonflikt, 35
BMWA, 128, 289

C
Chance, 28
Co-Mediation, 184, 287
Computer, 225

D
Deeskalation, 115
Disstreß, 28
Durchsetzungsvermögen, 131

E
Eigeninitiative, 112
Eignungsprüfung, 108
Einfühlungsvermögen, 131
Einsparung, 283
Entscheidungsgewalt, 73
Erbstreit, 169
Ergebnis, 86
Eröffnungsstatement, 199, 299, 306
Eskalation(s-), 102
-stufen, 44
Eustreß, 28

F
Fair play, 91
Familienunternehmen, 158
Fehlerquote, 26
Flexibilität, 88, 91
Flip-chart, 223
Flucht, 60
Förderverein Umweltmediation e.V., 128
forum wirtschaftsmediation, 290
Frage,
-geschlossene, 213
-offene, 207, 213
-provozierende, 214
Franchise-System, 161

G
Gebührentabelle, 143
Gegenfrage, 214
Geltendmachung, gerichtliche, 243
Gerichtsverfahren, 64, 85
Geschäftsbeziehung, 89, 156
Gesprächsbereitschaft, 33
Gewinner-Gewinner-Bereich, 45
Gewinner-Gewinner-Lösung, 77, 91, 104
Gewinner-Verlierer-Bereich, 45
gwmk, 128, 288

H
Harvard-Konzept, 266
Heidelberger Institut für Mediation, 128
Hemmung, 256
Hierarchie, 19
Honorar, 142, 198

I
IfM, 291
Image, 83
Informations-
-austausch, 27
-konflikt, 34
Interessenkonflikt, 35
Internationalisierung, 156
Interventionsstrategie, 33

K
Kampf, 59
Klausel, 228
Klienten-Einzelgespräch, 299, 303, 307
Kommunikation(s-), 50, 207, 225, 264
-direkte, 74
-offene, 284
-regel, 271
-störung, 27, 30
Kompromiß, 29, 76
Konflikt(-), 20, 50, 68, 193, 294
-aktiver, 29
-analyse, 21, 279
-art, 33
-baurechtlicher, 180
-behandlung, 19
-innerbetrieblicher, 155
-lösung, 37
-management, 18, 51, 156, 262, 284
-nachbereitung, 281
-partei, 196, 263
-partner, 76
-passiver, 29
-potential, 270
-strategie, 76, 78
-struktureller, 34
-systematik, 18
-vermeidung, 281
Konkurs, 311
Kontrolle, 84
-parteiliche, 280
Kooperation, symbiotische, 174
Körpersprache, 220
Kosten-
-einsparung, 95
-vereinbarung, 245
Kreativität, 140

L
Leistungsverweigerungsrecht, 257
Lorenz, Konrad, 30
Lösung(s-), 193, 204

-individuelle, 73
-konsensuale, 115
-möglichkeit, 42
-weg, 68

M
Mahnverfahren, 94
Massenklage, 158
Mediation(s-),
-Ablauf einer, 188
-Beginn der, 87
-Checkliste, 294, 297
-Einleitung einer, 119
-ergebnis, 252
-fünf Phasen einer, 199
-gegenstand, 240, 252
-internationale, 287
-klausel, 49, 120, 229, 282
-organisation, 286
-Prinzipien der, 192
-problem, 312
-Techniken der, 188, 205
-vereinbarung, 118, 251, 259
-verfahren, 197
-verhandlung, 72
-vertrag, 123, 197, 238, 242, 259
-Voraussetzungen für eine, 195
-Vorzüge der, 155
-zwei Stadien der, 194
Mediator, 48, 126, 133, 139
Mediatorenpool, 287
Medien, technische, 223
Meta-Plan, 224
Methoden, juristische, 65
Mobbing, 275
Motivation, 26

N
Neutralität, 141, 201
NLP, 217

O
Offenheit, 100
Option, 204
Organisation, 127

P
Pacing, 208
Paraphrasieren, 211
Parteianwalt, 139
Pauschalhonorar, 142
Personenschaden, 309
Präambel, 197, 238
Produktivität, 26
-Steigerung der, 99
Prozeßkostenrisiko, 144

R
Rechtsanwalt, 103
Rechtsstellung, 244
Reframing, 211
Respekt, 265
Risiken, vermeidbare, 100
Risikominimierung, 82

S
Scheiternsklausel, 235
Schiedsgerichtsklausel, 49
Schlichtung, 314
Schnelligkeit, 184
Small-talk-Frage, 213
Spannung, unternehmensinterne, 177
Steinbeis-Transferzentrum, 128
Streit-
-behandlung, konfliktnahe, 277
Streit-
-kultur, 70, 77

-partei, 252
-schlichtung, 65
Struktur, zielgerichtete, 117
Stundung, 257
Suggestiv-Frage, 215
Syndikus, 117

T
Test-Frage, 216
Treu- und Glaubensgrundsatz, 258

U
Unterbrechung, 254, 256
Unterlagen, gegnerische, 296
Unternehmens-
-erfolg, 90
-kultur, 83
-partnerschaft, 172

V
Vereinbarung, 205
Verfahren(s-),
-ordnung, 240
-problem, 312
-unbürokratisches, 92
-vertrauliches, 92
Vergleich(s-), 311
-gebühr, 145
Verhandlung(s-), 205
-außergerichtliche, 62
-form, 54
-gerichtliche, 62
-methode, 56
-moderierte, 58, 63
-technik, 33
-ziel, 59
Verjährung, 103, 243, 254
Verlierer-Verlierer-Bereich, 45
Verschwiegenheitspflicht, 103
Verständnistriade, 30
Vertrag(s-), 228
-partei, 239
Vertraulichkeit(s-), 118, 137, 184, 202
-erklärung, 198, 242
Vierer-Gespräch, 58
Vollstreckungs-
-bescheid, 94
-klausel, 253
Vorab-Mediation, 298, 303
Vorbereitung, 135, 295, 315
Vorteil, 74, 82, 84

W
Wahrheitssuche, 61
Wertkonflikt, 35
Wettbewerb, 71
WIPO(-), 290
-Datenbank, 133
Wirtschafts-
-mediation, 30, 154
-prozeß, 310
-unternehmen, 70

Z
Zeit-
-einteilung, freie, 88
-ersparnis, 93
-honorar, 141
Zeuge, 102
Zick-Zack-Frage, 215
Zuhören, aktives, 221
Zukunft, 106
Zwangssituationen, Vermeidung von, 138